KB041034

故 김세원 교수님(1939-2021)

유럽통합 탐구의 반세기 여정

김세원 교수 추모 논문집

한국EU학회 연구총서 제2권

한국EU학회

박영사

본 도서는 집필진을 포함한 한국EU학회 회원들이 김세원 교수님을 추모하는 마음을 모아 발간되었습니다.

EU학 연구의 스승님을 추모하며…

한국EU학회 연구총서 제2권을 특별히 김세원 교수님을 기리며 발간하게 되어 매우 영예롭게 생각합니다.

김세원 교수님께서 유명을 달리하신 지 벌써 2년이 가까워지고 있습니다. 교수님께서는 우리에게 학문적 스승이셨을 뿐만 아니라 세상을 보는 눈과 살아가는 지혜를 가르쳐주신 인생 나침반이셨습니다. 교수님의 빈자리가 안타까움으로, 그리움으로 크게 느껴집니다.

교수님께서는 한국이 가난에서 벗어나 경제발전의 길로 들어서려고 애쓰던 1960년대 초, 한국인으로서는 그 누구도 생각지 못했던 유럽 경제통합 연구에 뜻을 품고 브뤼셀대학교에 유학하셔서 국제경제 및 유럽 경제통합에 대한 탁월한 연구성과로 경제학 박사학위를 취득하셨습니다. 천부적 친화력으로 당시 브뤼셀의 각계 지식인들과 학술연구 이상의 돈독한 관계도 맺으셨습니다.

교수님께서는 서울대학교 무역학과(현 경제학부)에 부임하신 이후, 한국이 선진국이 되기 위한 경제발전 전략의 수립과 실행에 큰 관심을 가지셨습니다. 특히, 유럽 경제통합 역사의 현장 경험을 토대로 한국이 책임 있는 국제사회의 일원이 되는 데 필요한 것이 무엇인지를 항상 생각하시며, 세계 경제의 변화 흐름을 정확하게 분석하여 우리 정부가 어떠한 선택을 해야 할 것인지에 대한 많은 혜안을 제시하고 설파하셨습니다.

1980년대에는 수출 주도형 발전을 추구하던 한국에 필요한 무역정책은 무엇인지를 제시하셨습니다. 1990년대에는 WTO 및 OECD 가입과 금융시장 개방 등의 전환기 한국경제가 나아가야 할 산업, 통상 및 금융정책의 방향을 예시하셨습니다. 특히 정보화 사회의 도전을 간파하시고 정보통신 정책에 대한 선구자적 제언과 그 실행방안을 마련하셨습니다. 2000년대에는 유럽 경제통합 연구를 집대성하시고, 이를 동아시아에 적용하여 동아시아 경제통합의 필요성과 실행방안을 제시하셨습니다. 2010년대에는 앞만 보고 달려온 한국 사회가 명실상부한 선진국으로 나아가려면 "기회가 균등한 사회(fair society)"가 되어야 한다는 큰 화두를 던지기도 하셨습니다.

교수님께서는 한국EU학회를 창립하셔서 불모지나 다름없었던 유럽 경제통합 연구 영역에 뜨거운 바람을 불어넣어 주셨습니다. 제자들이 프랑스, 독일 등 유럽에서 공부할 수 있도록 유럽 학자들을 소개해주시고 장학금도 마련해주시는 등 유럽 연구자들의 아버지로서 항상 든든하게 후원해주셨습니다.

저희 제자들은 교수님의 가르침을 가슴에 새겨 국제경제, 유럽경제, 한국경제 연구에 매진하고 저희 역시 한국 사회에 필요한 밀알이 되도록 더욱 노력하겠습니다. 강대국에 비해 많은 것이 부족했던 대한민국의 장래를 걱정하시며 실사구시의 자세로 최선을 다하셨던 교수님의 뜻을 계승해 나가겠습니다. 이 추모 학술집이 도전적 의지와 큰 사랑을 실천하셨던 교수님의 삶을 닮아가고 되새기는 계기가 되도록 하겠습니다.

2022년 11월
한국EU학회 회장
이성봉

Professor Cae-Won Kim

It is an honour to introduce this volume of papers and essays dedicated in memory to the life work of Professor Cae−Won Kim, Korea's leading EU scholar of his generation, as well as one of Asia's most influential academics in the field of European Integration.

I first came into contact with Professor Kim after the creation of the EU Studies Association of the Asia Pacific (EUSA AP) in 1999. He served as the inaugural President and, as such, in May 2003 he convened the Association's first international EU Studies conference−European Integration and the Asia−Pacific Region. I still remember vividly his unique combination of academic stature, dignity and human kindness to one and all−fellow academics, graduates and administrative staff. I was particularly struck by the importance he placed on combining academic expertise with senior policy makers in a policy relevant way. His calm demeanour and incisive intellect were on display and he has served as a role model for my own behaviour and research ever since this first meeting.

In 2018, the EU Studies Association of the Asia Pacific decided to undertake a unique innovation in recognition of the service of "seniors" and their contribution to the promotion of EU studies across Asia. Professor Kim was one of just three recipients reflecting his unmatched role in Korea, with Professor Toshiro Tanaka and Professor Bingran Dai fellow recipients for Japan and China respectively. Professor Cae−Won Kim was a leading voice in this early generation of EU scholars and the health of European Integration studies today is our legacy. While himself an economist, Professor Cae−Won Kim was instrumental in promoting an interdisciplinary approach to EU research and was an influential mentor for successive generations of scholars, many of whom are contributors to this collected volume. This characteristic is no better illustrated than by reference to the wide diversity of subjects presented here covering energy, regional policy, trade, strategic autonomy, climate change, colonialism, bilateral ties, privatisation, the Euro and even EU wine! The theme of this collection also pays homage to the importance Professor Cae−Won Kim placed on lessons for future policy directions for the EU and the implications for Asia.

An enduring contribution and an example of Professor Cae−Won Kim's wider role was his support for the launch of a local journal to promote EU research scholarship in our region (initially supported financially by Korea). In its two decades of existence, this Asia−Pacific Journal of EU Studies has become the undisputed leading journal of its kind in Asia.

The pioneering endeavours of Professor Kim cannot be underestimated. Studying the EU at the turn of the 21st century was neither an obvious nor easy academic choice and the importance of the EU in our region has gone through peaks and troughs−from the unrealistic euphoria and expectations of the 2004 enlargement to the successive and compounding crises — monetary, migration and war. It is only because of his leadership and prescience that Korea is still blessed with a large cohort of academics — senior and junior — who can analyse the EU's current and future trajectory. His passing caused great sadness but his legacy will continue to guide EU studies in the Asia — Pacific for many years to come.

November 2022.
Professor Martin Holland
Secretary — General
EU Studies Association of the Asia — Pacific(EUSA AP)

추모사

智慧의 源泉이신 金世源 先生님

  선생님은 이제 우리 곁을 떠나셨으나 그분의 따뜻한 눈길은 아직도 생생하게 남아있다. 아낌없이 베풀어 주신 선생님의 사랑, 세월이 흐를수록 그 무게가 더 소중하게 다가온다.

  선생님은 배움의 세계에서 그 누구도 범접할 수 없는 개척자이며 혁신가셨다. 뛰어난 성적으로 서울법대를 다녔으면서도 법관이나 관료의 길을 마다하고 경제학을 공부한 일, 남들이 다 가는 미국이 아닌 유럽으로 유학을 떠난 일, 당시에는 완전한 미개척 분야이던 경제통합에 관한 연구로 박사학위를 취득한 일, 서울대학교에 부임해서 경제통합론과 EU 경제론을 창설해서 수많은 제자를 키우는 한편 그중 수십 명을 프랑스 정부 장학생으로 유학 보낸 일, 그리고 본인이 전공했던 경제통합론과 EU 경제론에 머물지 않고 정보통신 경제학, 환경/기후 경제학, 통화금융 경제학, 공기업 경제학 등으로 연구와 교육의 지평을 넓힌 데서 선생님이 지니신 개척자/혁신가로서의 면모를 엿볼 수 있다.

  개척자/혁신가(trail blazer/innovator)로서의 선생님의 모습은 그러나 그보다 훨씬 더 근본적인 데 있는데, 그때까지 국내 학계에서 통용되던 경제학의 방법론을 바꾸어 놓은 게 바로 그것이다. 신고전학파가 주류를 이루는 미국에서 공부한 경제학자 대부분은, 규범 제도 정책 등의 경제 환경이 주어진 가운데서 개인이나 기업과 같은 개별 경제주체들이 어떤 원리를 좇아서 경제생활을 영위해 나가는

지 설명하고자 한다. 그러나 김세원 선생님은 규범·제도·정책 등의 소위 환경 요소 역시 경제주체들의 선택 대상임을 인지하고 사람들이 그것들을 어떻게 선택하고 변화시켜 나가는지 그리고 그 과정에서 경제가 어떻게 영향을 받는지 규명하고자 하였다. 신고전학파 경제학 훈련에 익숙한 학자들은 선생님의 그러한 노력을 무모한 일로 여겼으나 이는 경제를 보는 그들의 시야가 매우 좁음을 증명하는 일에 불과하다.

인간의 경제생활에 영향을 주는 중요한 요소인 규범, 제도, 정책 등을 환경 변수로 취급하던 경제학계의 관행을 지양하고 정치 사회 문화 등과 경제와의 상호관계를 총괄적으로 연구해온 학문적 자세는 김세원 선생님이 단순한 경제학자(simple economist)가 아닌 폭넓은 정치경제학자(political economist)였음을 보여준다. 법학도에서 진로를 바꿔 경제학자가 된 일과 미국이 아닌 유럽에서 경제학을 공부했다는 사실이 선생님의 학문적 성향 형성에 영향을 준 듯하다. 수십 년 전 미국에서 갓 돌아와 배움의 길을 걷던 필자도 초기에는 선생님의 방식을 잘 이해하지 못하였으나 지금은 그렇게 하는 것이 경제를 공부하는 바른 자세임을 깨달아 가고 있다. 그러나 깨달음을 제대로 실행에 옮기지 못하고 있으니 필자가 선생님을 좇아가기는 아예 그른 일이다.

선생님은 서울대학교에서 봉직하는 동안에 사회과학연구소장, 경제연구소장, 사회과학대학장을 맡아서 학교 발전에 도움을 주었으며, 한국국제경제학회장, 비교경제학회장, 정보통신정책학회장, 한국경제학회장, 한국 EU 학회장, 아시아-태평양 EU 학회장을 맡아서 경제학 발전에 공헌하였고, 통신개발연구원(현 정보통신정책연구원) 원장, 금융통화운영위원회 위원, 경제인문사회연구회 이사장 등의 중책을 맡아서 국가 발전에 이바지하였다(두 개의 EU 관련 학회와 정보통신연구원은 선생님이 주도해서 창설한 것임을 밝혀둔다).

선생님께서 생전에 이루신 일 가운데서 가장 빛나는 것은, 지금 각계에서 맹활약 중인 제자를 길러내신 일인데 그중에서도 수십 명에 달하는 제자를 프랑스 정부 장학생으로 유학 보내서 그들 모두가 일류 경제학자로 성장할 수 있는 길을 열어주신 게 단연 압도적이다. 선생님을 기리기 위해 펴내는 이 책에 스무

명이 넘는 후배와 제자가 집필진으로 참가하고 있는데 이는 스승이라고 해서 누구나 다 할 수 있는 일이 아니다.

본서에는 선생님의 논문 한 편과 제자들이 쓴 여섯 편의 수필과 열여덟 편의 논문이 실려 있다. 실린 글들은 그 주제와 내용과 서술 형식이 다양하다. 선생님의 제자가 집필한 글들이 이처럼 다양성을 보이는 것은, 자율과 창의를 강조하신 선생님의 가르침을 따라서 저마다의 분야에서 연구 주제를 찾고자 노력한 결과라 하겠다. 다양성 가운데서 공통점을 찾자면 실린 글의 학문적 수준이 상당히 높다는 점을 들 수 있다. 제자의 수가 많을 뿐만 아니라 그들 하나하나가 일당백의 학문적 자질을 갖추고 있음에서 선생님의 가르침이 얼마나 훌륭한 것인지 짐작할 수 있다.

본서의 권두 논문은 Asia Pacific Journal of EU Studies, Vol. 16 No. 2(2018)에 실렸던 "A View on EU's Future and its Lessons for Asia-Pacific Region in Promoting Economic Integration"이다. 이 글에서 선생님은 유럽 경제통합의 과정을 회고하면서 경제통합의 논리와 철학이 무엇인지 설명한다. 그는 EU가 영국의 자진 탈퇴와 재정 파탄에 빠진 그리스의 강제 탈퇴 가능성 같은 심각한 문제에 봉착하고 있음을 지적하면서도 바로 그러한 도전들이 EU를 더 발전시켜 유럽의 정치와 경제와 사회적 통합을 촉진하는 기회임을 설파하고 있다. 수많은 난제를 극복해온 게 유럽 통합의 과정이며 그동안 제기된 난제들을 성공적으로 해결해온 성과를 볼 때 EU가 작금에 제기된 난제도 충분히 극복할 것이라고 한다. 그러나 EU의 성공 포뮬러를, 정치, 문화, 역사, 지정학적 여건 등에서 공통점을 찾기 어려운, 아시아-태평양 지역의 통합에 그대로 적용하는 것은 무리라고 본다. 문화와 역사에서 공통점을 가진 서유럽 국가들이 현재의 EU에 이르는 데 반세기 이상 걸렸으며 BREXIT과 GREXIT 사태에서 보듯이 유럽의 온전한 통합이라는 목표에 도달하려면 아직 갈 길이 멀다는 현실을 볼 때 그보다 사정이 훨씬 열악한 아시아-태평양 지역의 통합은 시기상조라고 판단한다.

선생님이 내린 분석과 평가가 우리에게 주는 교훈이 많다. 금세기에 들어와서 아시아-태평양 지역에서 미국과 중국 그리고 양 진영을 지지하는 국가 간의 대립과 경쟁이 첨예화하고 있다. 패권국가가 되려는 야심을 드러내는 중국이 역내 중심 국가의 하나라는 사실이, 아시아－태평양 지역의 통합에 있어서 가장 큰 장애 요인이 되고 있다. 현재로서는 역내 통합 가능성이 매우 낮다. 그렇지만 아시아－태평양 지역을 통합하자는 이상을 포기할 수는 없다. EU가 수백 년 동안 전개되었던 수많은 역내 분쟁 속에서 신음하던 서유럽을 장기 평화로 이끄는 데 성공했다는 사실을 아태지역 통합의 반면교사로 삼아야 할 것이다.

본서에 실린 글이 독자에게 경제통합, EU 경제, 아태 지역 경제협력과 같은 이슈를 더 잘 이해하는 길잡이가 되기를 소망한다. 김세원 선생님과 그의 제자들이 천착해온 경제통합에 관한 연구 성과는 대한민국 국민의 최대 염원인 남북한 경제통합 그리고 더 나아가서 남북한의 완전한 통일을 모색하는 이들에게 유용한 지침서가 될 것이다.

2022년 11월
서울대학교 경제학부 명예교수
이지순

故 김세원 교수님 약력
(1939-2021)

학력

1961. 2. 서울대학교 법과대학 법학 학사

1969. 9. 벨기에 브뤼셀대학교 국제(정치)경제학 석사 및 박사

주요 경력

2004. 9. - 2021. 2.   서울대학교 경제학부 명예교수

1971. 5. - 2004. 8.   서울대학교 경제학부 교수

1995. 2. - 1996. 2.   서울대학교 사회과학대학 학장

1993. 10. - 1995. 2.   서울대학교 경제연구소 소장

1986. 5. - 1988. 4.   서울대학교 사회과학연구소 소장

1982. 1. - 1982. 2.   파리제13대학교 초빙교수

1968. 1. - 1969. 11.   브뤼셀 대학교 유럽연구소 연구원

2008. 7. - 2011. 7.   국무총리 산하 경제·인문사회연구회 이사장

2006. 1. - 2010. 1.   국제평화재단 초대 이사장

1999. 4. - 2004. 3.   한국토지공사 이사

1998. 3. - 1999. 1.   금융감독위원회 위원

1995. 6. - 1998. 5.   공업발전심의회 위원장

1987. 6. - 1998. 4.   금융발전심의회 위원 및 국제금융분과 위원장

1995. 2. – 1998. 2.	세계화추진위원회 위원
1992. 10. – 1996. 2.	정부투자기관 경영평가단 단장
1994. 4. – 1994. 12.	기업세계화지원기획단 단장
1994. 2. – 1994. 7.	농어촌발전위원회 위원
1991. 2. – 1994. 5.	금융통화운영위원회(現 금융통화위원회) 위원
1991. 6. – 1991. 12.	제7차 경제·사회 5개년 계획 조정위원회 위원장
1988. 3. – 1991. 3.	한국전기통신공사 이사
1988. 2. – 1991. 3.	통신개발연구원(現 정보통신정책연구원) 원장
2002. 2. – 2004. 9.	아시아태평양 EU학회(EUSA AP) 회장
1994. 4. – 2004. 4.	한국EU학회 회장
2000. 2. – 2001. 2.	한국경제학회 회장
1995. 2. – 1997. 12.	정보통신정책학회 회장
1995. 2 – 1997. 2.	비교경제학회 회장
1988. 2. – 1989. 12.	한국국제경제학회 회장

상훈

1985. 3.	프랑스 정부 학술부문 기사 훈장
1986. 3.	매일경제 이코노미스트상
1989. 3.	벨기에 국왕 수여 기사 훈장
1990. 9.	프랑스 정부 국가 최고 훈장(레지옹 도뇌르)
1991. 12.	대한민국 국민훈장 목련장
1998. 2.	대한민국 국민훈장 동백장
2003. 10.	다산경제학상
2004. 8.	대한민국 옥조근정훈장

학문 업적

김세원, *La CEE dans les Relations Commerciales Internationales: L'analyse de la Politique Commerciale Commune*, Presses Universitaires de Bruxelles, 1971

김세원 외, 환태평양 경제통합기구설립에 관한 고찰, 한국무역협회, 1980

김세원, EC의 발전과 對EC권 경제협력 개선의 방향, 대한상공회의소, 1983

김세원, 이천표, 국제경제학입문, 매일경제신문사, 1984

김세원, 국제경제질서, 무역경영사, 1986

김세원, 한국의 국제경제정책, 무역경영사, 1986

서울대학교 사회과학연구소 편, *South—South Cooperation in the Asia—Pacific Region*, Seoul National University Press, 1987

김세원, 무역정책, 무역경영사, 1988

김세원, 한국적 경제윤리의 정립, 경제연구총서 제20호, 대한상공회의소 경제연구센터, 1989

김세원, 하용출, 외국인 저자, *Economic Reforms in the Socialist World*, MacMillan Press, 1989

김세원, 국제경제질서의 변화와 한국경제의 선택, 대한교과서 주식회사, 1989

김세원, EC의 경제·시장통합, 한국경제신문, 1994

김세원, 전환기를 맞는 한국경제, 무역경영사, 1995

김세원·김기영 외, OECD 가입과 금융시장 개방, 비봉출판사, 1995

김세원·안세영, 산업정책론－산업구조조정을 중심으로, 박영사, 1996

김세원 편, 국제경제의 이론과 현실, 서울대학교 출판부, 1998

김세원·박성훈 외, ASEM(The Asia—Europe Meeting), Conference Proceedings, EUSA—Korea, 1998

김세원·윤덕용·채희율 외, 유로(Euro)화의 출범과 한국경제, 박영사, 1999

김세원, EU 경제학－유럽경제통합의 이론과 현실, 2004, 박영사 김세원, 동북아 시장통합은 가능한가?, −유럽경제통합의 경험에서 얻을 수 있는 시사점을 중심으로−, 한국경제연구원, 2005

김세원·박명호·김흥종, 동아아시아 자유무역지역의 성공조건 −제도적 접근, 지역연구시리즈 06−01, 대외경제정책연구원, 2006

김세원, EU의 세계통상전략, 연구자료 07−11, 대외경제정책연구원, 2007

김세원·박길성 외, 페어 소사이어티(Fair Society), 기회가 균등한 사회, 한국경제신문, 2011

국내외 학술지에 120여 편의 논문 게재

차례

제1부
학문탐구의 여정

제2부
삶의 여정

제 1 부

학문탐구의 여정

A View on EU's Future and Its Lessons for Asia-Pacific Region in Promoting Economic Integration*

Cae-One Kim**

This paper reviews the development of the European integration from its beginning and argues its logic and philosophy. This integration model faces the unprecedented challenges such as Brexit and Grexit. However, these challenges are also opportunities for a further development of the European integration. The Asia Pacific region has a different back−ground and development model from what Europe had. However, the European experiences provide some lessons to East Asian countries that have been negotiating free trade agreements between them with their own pragmatic approach.

Keywords: European Union, Euro, Debt Crisis, East Asia, Free Trade Agreement

* 이 논문은 故김세원 교수님의 마지막 논문이며 *Asia−Pacific Journal of EU Studies*, 16(2), Winter 2018에 게재된 원문이다.

This paper is developed from the keynote speech for 4th Workshop and 3rd Public Roundtable Seminar of Jean Monnet Network NEAR Project led by Korea University, held at National Centre for Research on Europe, University of Canterbury, Christ−Church, New Zealand, on February 26−27, 2018. The author would like to thank Moon, Woosik (Seoul National University) and Kang, Yoo−Duk (Hankuk University of Foreign Studies) for their helpful comments.

** Professor Emeritus, Seoul National University

1. INTRODUCTION: RETROSPECT ON THE DYNAMIC ECONOMIC INTEGRATION OF THE EU

The EEC, the predecessor of the EU, was established in 1958 with the aim to pursue economic integration among European countries and was designed as a first step toward the European integration. The Treaty of Rome, known as 'Treaty－cadre,' prescribed in detail targets setting Customs union at its axis to be achieved progressively during the transitional period (1958－1968). At that time, the Treaty simply stated a general guideline for common policies for future and their orientation and did not go in detail. All the achievements in the economic integration thereafter were consolidated successively by the consecutive revisions of EU treaties until the Lisbon Treaty (2009).

Looking back the history, the EU has, meanwhile, achieved the most parts of the economic integration that was conceived in its early period: 'internal market' with four freedoms (goods, services, people and capital movement) and common policies in some important areas. Particularly regarding on the common policies, the EU (hereafter alternatively EU or Community) exercises exclusive competence since the Member States have already transferred parts of their sovereignty in policy areas such as agri－culture, market regulations, external trade and monetary issues. On the other hand, for most economic policies, Member States still have their own competences, but they are not fully independent from the EU's competence. In that sense, the areas of 'common European policy' go beyond EU's exclusive competences. EU's basic mechanism to achieve economic integration lies in promoting the process through vertically 'deepening' the already initiated sectors and horizontally 'widening' for other related sectors (Nugent, 1992; Meunier and Nicolaidis, 2002). Once backed up by European laws, those achievements are consolidated as *'acquis communautaire'*.

The horizontal widening of the EU was supported by the necessity to prevent 'market distortion' resulting from the different policy regulations between the Member States. In order to secure a smooth functioning of the internal market, it was necessary to 'level playing field' for fair competition either by including more policies at European level or by creating coordination mechanism of different national policies. However, this process has been based on the 'principle of proportionality'.

This peculiar approach of the Community seems to be derived from the flexibility needed to reflect changing circumstances in the integration development process. Achievements during the transitional period (for example, Customs Union) relied much upon the Cartesian way of thinking (Breslin, 2002; Lim, 2011). Yet, the founding fathers of Rome Treaty in the 1950s couldn't predict, in designing a unique project in history, how European and international circumstances would develop for years to come. That was the reason, therefore, why the EU, entering 'definitive period', began to adopt at the same time so−called 'pragmatic approach' which allows them to address the unexpected changing situations. In this regard, the most salient case is the monetary area which was at the beginning as a subject of simple cooperation between the Member States and later has become at last the most advanced 'one' common policy area.

The Rome Treaty was launched under the fixed exchange rate regime of the Bretton Woods System and it did not include detailed provisions about monetary policy. It regarded monetary matters as a subordinate instrument to facilitate well−functioning of the common market. However, the advent of flexible exchange system on a worldwide scale since the early 1970s began to menace the efforts to pursuing intra−EU free movement including the common agricultural policy (Buiter, Corsetti, and Pesenti, 2001). After having incessantly numerous trials and errors nearly about during 25 years, EU Member States could arrive at the economic and monetary union (EMU) by introducing the Maastricht Treaty (1993). Summing up, the EU starting with a Cartesian method for implementing the economic integration has also relied upon the pragmatic approach to meet changes in circumstances. And market integration makes progress gradually by repeating widening and deepening. Considering this *sui generis* approach, EU's economic integration can be defined as 'continuously evolutive partial economic Federation.'

2. INHERENT NATURE OF EU'S ECONOMIC INTEGRATION

The historical performance of EU attests that the textbooks of the international economics, which traditionally categorize economic integration as various forms, do not correspond to the reality (Balassa, 1961; Pelkmans, 2001). In the case of EU, its economic objective is to pursue one large market, and approximation of member countries' policies aims to prohibit any impediment (such as the market distortion) of the policy goal. In that sense, promoting common policies as a means to achieve one market appears to be inevitable (Pelkmans, 2001; Baldwin, 2009). Following this empirical observation, economic integration itself is a continuous process which should be understood as a very long−run project. Inevitably it tends to seek on one integrated economic system between the Member States comparable to a country's one. This could be compared with the logic of bicycle. In order to stand up in a stable way, we have to keep pedaling (Ash, 1998).

In this context, when there was a controversy surrounding the settlement of Greece's sovereign debt after the Global Financial Crisis (2008), the German Chancellor and other specialists rightly analyzed and predicted for the future plans. For example, the German Chancellor said 'if Euro fails, Europe fails' (BBC, 2011). It implies that EMU's successful development is a key to overcome the most of the challenges the EU is facing. In addition, some EU specialists claim that EU's future depends on how the EU and its Member States successfully tackle with the challenges revealed by the Eurozone Crisis (Farrell and Quiggin, 2011; Dervis and Mistral, 2014; Stiglitz, 2016). If the EU succeeded in improving economic governance of the EMU, strengthening the current Euro system, the EU will develop further towards the economically prosperous and politically stable regional entity. If the EU cannot come up with the challenges from the Eurozone Crisis, the EU would go ahead into uncharted waters.

These opinions confirm again the particularity of EU's inherent evolutive characteristics. As we can witness, one of the serious obstacles to EU's development comes from the inconsistency between economic sectors of Member States (De Gros, 2012; Holinski, Kool, and Muysken, 2012). For example, despite the common monetary policy, the fiscal and financial policies of each country differ. While the latter remains for the most part in the realm of members states, the former enter into EU's own competence in case of Euro Area. Moreover, the trend in economic convergence, once achieved shortly during the period of introducing Euro, reversed during the mid−2000s. This divergence in macroeconomic situations between the Member States was one of the main reasons for Eurozone Crisis.

Recent efforts of the European Commission demonstrate how to correct this reversed phenomenon and lead to reconvergence (Andor, 2014). Among the measures conceived by the Commission to make progress of EMU, European Semester (of economic policy coordination) seems to be an innovative and a consistent system with the EU's path.

3. CHALLENGES AND LONG-TERM PERSPECTIVE

How will the EU overcome the challenges the EU is facing and ultimately promote its further development? The major challenges are as following; Brexit, Greek debt crisis, long−term sustainability of Euro, migration including refugee crisis and rise of 'Eurosceptic' and populism. In fact, these challenges are interrelated. Let's check two of them; Brexit and the implications of the Greek debt crisis.

The most immediate challenge is UK's leave from the EU. The UK is an important member in terms of both the economy and politics. From the viewpoint of purely EU's integration efforts, leaving out possible economic loss (for example, contraction of the internal market size and extra− EU bargaining power), Brexit may create a positive effect. In fact, in most of the cases, UK has been the least cooperative member of the EU regarding EU's integrative approach (Spiering, 2015; The Guardian, 2016) Therefore, the Brexit was accepted by many including EU policymakers without big surprise. So, it seems to be reasonable to expect that UK's leave would reduce some burdens in EU's decision−making process and as a result, contribute to the Community Solidarity.

Brexit is rooted deeply in British traditional attachment to its sovereignty.[3] But nonetheless, even after UK's leave, the 'sovereignty' issue will continue to be a source of conflict in the EU, probably with less intensity. As mentioned before, EU's supra－nationality is based on pooling of a part of national economic sovereignty which Community executes on its own behalf. The competence of adopting supra－national common policies belongs to EU's original decision－making mechanism, so－called, 'weighted voting system', and their management is underpinned by compact and organically well－ordered EU institutions.

Thus, the size of supra－national common policies depends on that of apportioning of competences between the EU and the Member States, and also mostly political deal between the Member States. This process could be comparable to the zero－sum game. As a number of common policies grow, member countries' competences in economic matters inversely decrease.

This phenomenon explains why some EU countries have a passive attitude toward these policies. Recent surveys in several European countries made on EU's perspective witness the paradoxical phenomenon in this respect. According to them, a large part of civilians shows negative perception against the constraint of sovereignty while favoring especially economic gains resulted from European economic integration. This observation tells us the necessity for European leaders to persuade the public that the benefits (mainly economic side) from European integration far exceed the costs (mainly constraint on national sovereignty).

---

3) For the discussion of the UK's position on the European integration, see Thatcher (1988).

On the other hand, the risk of Grexit, originating from excessive sovereign debt and lack of economic policy discipline, is a completely different case compared to the Brexit. Greek debt crisis provided an opportunity to improve the economic governance in the Euro Area and to seek for the solution to complete EMU (Buti and Carnot, 2012). This situation led the European Commission to propose the implementation of the Economic financial and fiscal union by 2025. Facing those challenges European Commission concluded the needs to define EU's position under the direction of EU's long−term development and suggested five possible scenarios in its White Paper last March 2017 (European Commission, 2017).

The idea of two (or multi−) speed integration seems to contradict the 'spirit of Community.' The Lisbon Treaty already allows advanced co−operation and some member countries exceptionally make use of 'optouts' for some policies, for example, single currency, Euro. Another example is the Schengen agreement (acquis) which operates outside of the EU's jurisdiction. If, in addition to this situation, a new de jure system of two (or multi−) speed is introduced, there is a risk of spillover to other areas, considering diverging forces in the Member States (Agh, 2016). This kind of complex system, if introduced, could lead to producing disharmony between advanced and lagged countries, and consequently create 'core−periphery' phenomenon in the long−run. The adverse effect will retrograde against the establishing purpose of EU which constantly insists on ever closer Union among the people. Moreover, in practice, it will not be easy for the EU authorities to handle already−disentangled Community operations among sub−grouping Member States with differentiated speeds.

Next, as one of the alternatives, the European Commission suggests focusing on the sectors producing more common benefits than others in advancing integration. Yet, this selective or 'à la carte' method looks to be doubtful to implement, since, in reality, economic actions are closely interrelated to one with the other in social life. As explained above, the history of EU's integration, in a word, explains well why and how it had to repeat inevitably 'widening' and 'deepening' mechanism.

To sum up, again, for the EU to successfully overcome recent challenges depends, for most of them, on whether it consistently pursue step by step the goal and the vision defined by the EU Treaty. Importantly, it is noteworthy that without carrying out 'evolution' progressively, EU's innate nature, that is the European 'construction project,' will go away from the initial objective. For this reason, it is desirable to develop toward the fifth alternative explained in the White Paper of the European Commission. Therefore, EU stands at a crossroad for the moment and for further development. It is necessary to create a second 'Relance européenne' (European vitalization) after the first one in the early 1950s, which reflects European 'needs' and 'will'. At this juncture, to meet the requests of the times, strong European leaders equipped with a grand vision should take initiative toward this direction, and the political decision of Member States should also be preceded.

4. MAIN LESSONS FROM EUROPEAN EXPERIENCE TO ASIA-PACIFIC TENTATIVE PROMOTING ECONOMIC INTEGRATION

The EU was born historically in special circumstances after the World War II and it is unique in the contemporary history. Being based on

European identity and values, supra–nationalism was also conceived by the authors of the EU Treaty on this foundation. In contrast, in the Asia–Pacific region, there exist between countries considerable differences in social value, national culture, political and economic systems, let alone huge economic and social discrepancies and non–existence of regional identity. Taking into account of this situation of the Region, it appears to be as imperative precondition to respect mutual national sovereignty between countries concerned in initiating economic integration (Kim, 2007).

Consequently, it is excluded, at this moment, to begin with a genuine economic integration involving any damageable restraint to sovereignty. Rather, an FTA, a pre–stage of economic integration, aiming to seek economic benefits by removing obstacles to trade among participating countries seems more feasible. In this sense, we can define EU's integration as 'future–oriented pragmatism' model, while Asia–Pacific could be based on free trade (Kim, 2011). This model in Asia–Pacific can be termed as 'reciprocity–based functionalism.'

Recently, two series of negotiations on multilateral FTAs are under their ways in this Region: the TPP (Trans–Pacific Partnership) and the RCEP (Regional Comprehensive Economic Partnership). In the case of TPP, the agreement was signed between concerned countries and after US's withdrawal from it, 11 member countries decided (May 2017) to reopen the last stage of negotiation for ratification. While the TPP includes some Latin American countries, the RCEP is composed of 16 countries including East Asian countries, Australia and New Zealand. The related Agreement is expected to be signed by November 2018. Both regional projects aim to form a multilateral free trade area respectively by abolishing or lowering diverse trade barriers.

An FTA possesses a well−known merit, above all, mitigating maximum the burdensome issue of constraint to national sovereignty. In the framework of FTA, all decisions to be adopted require in general a consensus and moreover, it is possible to include, for market liberalization, on common agreement, items representing each country's interest by negotiation.

In the process of trade liberalization, EU's experience to pursue the common market (internal market), by adopting an effective and pragmatic method to remove trade barriers which reflected market reality provides the A−P region good lessons. In fact, after the Customs Union achieved and until the late 1980s, most Europeans couldn't feel in actual life 'one market' in Europe. It was only after the execution of 'Completing the Internal Market Plan' in 1992 focusing on the removal of diverse non−tariff barriers (NTB) had been accomplished that an effective common market was realized.

On the other side, a multilateral FTA is earnestly needed in the A−P region, which will take an efficient role of WTO plus, replacing actual WTO. This is because existing WTO has become inert and ineffective in sponsoring multilateral negotiation. In addition, unfortunately, even though NTBs have proliferated producing more and more market distortions instead of tariffs, WTO couldn't tackle these thorny issues in an effective way. Nonetheless, the FTA provides the possibility of 'small club' which allows participating countries to deal easily with sensitive agendas like NTBs.

In addition, EU's philosophy of integration putting a high weight on the so−called 'Community spirit' shows a good example to A−P Region where intensive economic co−operation is strongly needed. The EU, in accordance with its fundamental purpose of peace and prosperity in Europe, has continued common economic assistance to the lagged member countries and regions. The outstanding example has been its continued economic support to the Central and Eastern European countries immediately after entering the preparatory period for their accession to the EU. Intensive economic co−operation between the EU and these countries has been operating through diverse structural funds and facility mechanisms.

In A−P Region, the discrepancy in economy between the countries is much more salient than in Europe, not to say even beyond comparison between the two Continents. Taking the case of RCEP, the population belonging to this region approaches nearly 50% of that of the whole world, and in particular, the gap in the state of economic development and income is enormous, which reminds us of a microcosmic feature of the UN. Without concentrated common efforts to narrow these obvious differences especially in income by intensive co−operation, it can hardly be expected to remove trade barriers and promote multilateral FTA in this region. For this aim, the establishment of common funds with multiple purposes can be one of the possible alternatives. And, in this sense, RCEP can be a forum where its promoting countries materialize actively the spirit of Sustainable Development Goals, adopted in September 2015 by United Nations, in a limited part of the world.

5. CONCLUDING REMARK

The slogan, "if goods don't cross borders, armies will", is often attributed to Frédéric Bastiat, French political economist in the 19th century. This means that free trade is perhaps the surest way to peace and prosperity between countries, because, the more countries trade and invest in each other, the less likely countries go to a war. Throughout history, the protectionism, represented by high tariffs had been a major cause of conflicts between countries. However, as tariff and non−tariff barriers lowered, cross−border trade and investment increases and interests of many firms and individuals, as well as those of Governments, became interdependent. The possibility of international conflicts is considerably reduced by increasing interdependence. Of course, the realities are much more complex than the period of the past experiences. But this basic idea of the economic integration through trade and investment is still effective.

Despite the challenges mentioned above, the European integration project is still underway and its past experiences will provide some references to the integration projects in other continents. The economic integration model in East Asia has been characterized by increasing regionalization in the multilateral trading system and bilateral regionalism through a number of FTAs. Two multilateral FTAs, TTP and RCEP are efforts to multilateralize the bilateral FTA network that East Asian countries have built up so far. However, they need a new impetus now: the US decided to withdraw from the TPP in January 2017, while the negotiations for the RCEP advance slowly. The trade protectionism is re−emerging amid trade conflicts between the US and other trade partners. In this context, it is high time that policymakers and scholars in East Asia discuss further our achievement and the final outcome that we've been seeking for through the economic integration. The experiences in Europe can still provide meaningful lessons to this discussion about how to achieve a stable regional market and prosperity.

REFERENCES ···

Agh, A. (2016), "The Increasing Core−Periphery Divide and New Member States: Diverging from the European Union's Mainstream Developments", In José M. Magone, Brigid Laffan and Christian Schweiger, *Core−periphery Relations in the European Union: Power and Conflict in a Dualist Political Economy*, Routledge.

Andor, L. (1998), *Countering Divergence within the Economic and Monetary Union*, Lecture delivered at Helsinki University Helsinki, October 7, 2014.

Ash, T. G., "Europe's Endangered Liberal Order", *Foreign Affairs*, March/April Issue.

Balassa, B. (1961), *The Theory of Economic Integration*, Richard Irwin, Homewood.

Baldwin, R. and C. Wyplosz (2009), *The Economics of European Integration*, McGraw−Hill.

BBC, *Merkel: 'If the euro fails, Europe fails'*, September 7, 2011, https://www.bbc.com/news/av/business−14827834/merkel−if−the−euro−fails−europe−fails.

Breslin, S. (2002), "Regions in Comparative Perspective", In S. Breslin, ed. *New Regionalism in the Global Political Economy*, Routledge, London.

Buiter, W., G. Corsetti, and P. Pesenti (2001), *Financial Markets and European Monetary Cooperation: The Lessons of the 1992−93 Exchange Rate Mechanism Crisis*, Cambridge University Press.

Buti, M. and N. Carnot (2012), "The EMU Debt Crisis: Early Lessons and

Reforms", *Journal of Common Market Studies*, Vol.50, No.6, pp. 899−911.

De Gros, D. (2012), "Macroeconomic Imbalances in the Euro Area: Symptom or Cause of the Crisis?", *CEPS Policy Brief*, Vol.266.

Dervis, K. and J. Mistral (2014), *Europe's Crisis, Europe's Future*, Brookings Institution Press.

European Commission (2017), *White Paper on the Future of Europe: Reflection and Scenarios for the EU27 by 2025*, COM(2017)2025, March.

Farrell, H. and J. Quiggin (2011), "How to Save the Euro−and the EU: Reading Keynes in Brussels", *Foreign Affairs*, May/June Issue.

Holinski, N., C. Kool, and J. Muysken (2012), "Persistent Macroeconomic Imbalances in the Euro Area: Causes and Consequences", *Federal Reserve Bank of St. Louis Review*, Vol.94, No.1, pp. 1−20.

Kim, C. (2007), "Fifty Years of European Economic Integration: what lessons for East Asia (keynote speech)", *Asia−Pacific Journal of EU Studies*, Vol.5, No.1, Summer, pp. 1−8.

Kim, C. (2011), "New Developments in EU's External Trade Policy and Implications for Asia−Europe Relations", *Journal of East Asian Economic Integration*, Vol.15, No.4, Winter, pp. 3−18.

Lim, C. L. (2011), *Who's Afraid of Asian Trade Regionalism, and Why?* In Ross P. Buckley, Richard Weixing Hu, and Douglas W. Arner, East Asian Economic Integration: Law, Trade and Finance, Edward Elgar Publishing, Cheltenham, pp. 25−48.

Meunier, S. and K. Nicolaidis (2002), "Who Speaks for Europe? The Delegation of Trade Authority in the EU", *Journal of Common Market Studies*, Vol.37, No.3, pp. 477−501.

Nugent, N. (1992), "The Deepening and Widening of the European Community: Recent Evolution, Maastricht, and Beyond", *Journal of Common Market*

Studies, Vol.30, No.3, pp. 311−328.

Pelkmans, J. (2001), *European Integration − Methods and Economic Analysis*, Pearson.

Spiering, M. (2015), *A Cutural History of British Euroscepticism*, Palgrave MacMillan.

Stiglitz, J. (2016), *The Euro: And its Threat to the Future of Europe*, Allen Lane.

Thatcher, M. (1998), *Speech to the College of Europe* (*The Bruges Speech*), September 20, Margaret Thatcher Foundation, https://www.margaretthatcher.org/document/107332.

The Guardian (2016), British Euroscepticism: a brief history, February. https://www.theguardian.com/politics/2016/feb/07/british−euroscepticism−a−brief−history.

The Development of a Strategic Partnership between the EU and Korea*

Sunghoon Park**

1. Introduction

The official diplomatic relationship between the Republic of Korea (referred to as Korea hereafter) and the European Union (EU) was inaugurated in November 1963, and has since been upgraded continuously to reach the status of a strategic partnership in 2010. This positive evolution has largely been influenced by a number of developments that took place in the two parties. Since the beginning of the bilateral diplomatic relations, Korea has successfully transformed itself from a war−devastated country to one of the most industrialized economies in the world. After 2000, Korea hosted a number of summit meetings of regional and global significance, such as the Asia-Europe Meeting (ASEM) Summit in 2000, Asia-Pacific Economic Cooperation (APEC) Summit in 2005, and the G20 Summit in 2010, which elevated the leadership qualities of the country

* 본 논문은 Oxford University Press가 2021년 발간한 Laursen, Finn (Ed.), The Oxford Encyclopedia of European Union Politics, Vol. 4, pp. 2370−2384에 "South Korea and the European Union"이라는 제목으로 발표된 논문을 전재한 것입니다.
** 고려대학교 국제대학원 교수, shpark@korea.co.kr

(Park, 2012), while the EU deepened, widened, and enlarged its regional integration successively. Above all, the EU has been able to expand its membership from the mere six founding members to 28 countries to encompass most of the Eastern European countries. In addition, the launch of the Euro as a single currency for 19 of 28 member countries has been another remarkable achievement.

In a retrospective observation, however, the 2000s and 2010s have been most dynamic and productive in terms of fortifying the Korea–EU bilateral relationship. It is noteworthy in this context that the EU issued the first serious strategy paper regarding Korea in 1993 (EC, 1993), followed by a series of strategy papers regarding East Asian region and countries, including the New Asia Strategy in 1994 (EC, 1994), Japan (EC, 1995A), China (EC, 1995B), and the Association of Southeast Asian Nations (EC, 1996). These series of Asia related strategic considerations of the EU have been instrumental in inaugurating the inter－regional (or inter－governmental) cooperation body called ASEM, which both expanded and deepened not only the Asia–Europe relations, but also the Korea–EU policy contacts considerably.

Korea's weight in EU's Asia－related and global strategy has been elevated significantly through the launch of bilateral free trade agreement (FTA) negotiations in 2007, based on the EU's new trade policy agenda of "Global Europe" adopted officially (EC, 2006). Korea, in fact, was the first Asian country that was both mentioned in Global Europe strategy as a priority negotiation partner and had negotiated successfully an FTA with the EU. With the Korea–EU FTA having entered into force in July 2011, the EU's journey with strengthened regionalist approaches has been initially brought to meaningful fruition. The European Commission (EC,

2015, p. 9) later identified the Korea–EU FTA as a "a prime example of the kind of new generation agreements the EU can negotiate" in pursuit of boost- ing the EU economies. As a result, the political cooperation between the two parties have been fortified through the strengthened economic partnership, thereby leading to upgrading of the bilateral relationship to a Strategic Partnership in 2010.

The objective of this article is to sketch the evolution of the Korea–EU relationship, to analyze factors underlying its continuous upgrading, and discuss the future prospects. First, the evolving process and main characteristics of the Korea–EU relationship are investigated by discussing in greater details the important milestones and periodical developments. The strategic partnership that entered into force in 2010 is then discussed. Potential agenda for further strengthening and upgrading the bilateral relationship are finally tentatively identified, and are followed by conclusions.

2. Evolution and Main Characteristics of the Korea–EU Bilateral Relationship

2.1 EU's Basic Approach Towards Korea

The 1993 Korea strategy paper of the EU includes a few important connotations that are implicative of future developments in the bilateral relationship. First, the EU welcomed the democratization process of Korea, which overcame a number of political turbulences during the 1980s after the assassination of the dictatorial president Park, Chung – Hee who ruled the country for 18 years between 1961 and 1979. His successor, Chun, Doo−Hwan came to power through a military coup d'état, which was controversial in the Korean society and therefore triggered a series of anti−government demonstrations. The inauguration of the Roh, Taewoo administration in 1988 and more importantly that of the Kim, Youngsam administration in 1993 were both welcomed as a signal of democratization of the country. This paved a firm foundation for Korea to start a "normal" relationship with other countries. Second, the Korea-EU economic interactions were under developed for an extended period, compared to the global economic weights of the two parties (Kim & Lee, 2004), so that the EU felt the necessity to expand the bilateral economic relations significantly. Third, the EU wanted to maintain the bilateral relations on the basis of a more equal partnership, considering the rapid economic growth and development achieved in Korea during the 1970s and 1980s.

The evolution of the Korea-EU bilateral relationship in the 1990s had largely been framed by this basic approach of the EU. In fact, the relationship underwent profound changes during the mid−1980s−late 1990s period, and more specifically around 1996. For example, the EU's long−lasting provision of the one−sided preferential access for Korean products to EU markets under the generalized system of preferences (GSP) scheme terminated in 1996. In the same year, Korea became a full−fledged member of the Organization for Economic Cooperation Development (OECD), and Korea and the EU adopted their first Framework Agreement on Trade and Cooperation (FATC). These two incidences were especially strong signals for footing the Korea-EU bilateral relationship on an equal partnership.

The first decade of the new millennium was the period when the EU continuously pursued to bring Korea to a normal and more equal partnership. The start and successful completion of the bilateral FTA negotiation was a prime example of such EU efforts, which then resulted in the launch of the strategic partnership between the two parties. In fact, the Korea–EU bilateral relationship was incrementally upgraded since the early 1990s, mainly fueled by the EU's increasingly proactive approaches towards Korea.

2.2 Important Milestones of the Bilateral Relationship

Even though a substantial part of the Korea–EU bilateral relationship should be investigated in the context of the EU's Asia strategy, there have been continuous bilateral encounters and policy contacts ever since the inauguration of the official diplomatic relations in 1963. Table 1 illustrates important milestones of Korea–EU bilateral relations.

The official diplomatic relationship was inaugurated in 1963, after a series of European countries restarted diplomatic relations with Korea after its liberation in 1945 from the Japanese colonial ruling. Considering the nation's division between South and North Korea, EU member states successively acknowledged Korea as the only legitimate country on the Korean peninsula, including the United Kingdom (1949), France (1949), Spain (1950), Germany (1955), and Italy (1956). The start of EU official diplomatic relations with Korea in 1963 was preceded by a number of significant political incidences, both inside and outside Korea. The 10 years after the end of the Korean War were especially an extremely turbulent period from Korea's perspective, including the Students' Revolution in 1960, the military coup d'état and inauguration of the Park,

Table 1 | Important Milestones of Korea-EU Relationship

1963	Launch of "Official" Diplomatic Relationship
1983	Establishment of Minister-level Regular Policy Dialogue
1989	Establishment of Korea's Permanent Mission to the Euro-pean Commission
1990	Opening of the Office of the European Commission's Delegation to Korea
1993	First Strategy Paper on Korea adopted by the European Commission
1996	Framework Agreement on Trade and Cooperation (FATC) adopted Korea graduated from EU GSP scheme
1997	Joint Political Declaration (JCD) signed EU became a member of the Executive Board of the Korean Peninsula Energy Development Organization (KEDO)
2001	Merge of FATC (1996) and JPD (1997) into Comprehensive Framework Agreement
2006	EU's Global Europe strategy designates Korea as a Priority FTA Negotiation Partner
2007	Start of the Korea-EU FTA Negotiations
2010	"New" Framework Agreement signed Strategic Partnership (Politico-Economic) inaugurated
2011	Entry into force of the Korea-EU FTA
2014	Upgraded Framework Agreement entered into force
2016	Entry into force of the Framework Agreement on the Participation in the Crisis Management Operations of the EU

Source: Various documents. Author's own compilation.

Chung－Hee regime in 1961, and the start of the first five－year economic development plan in 1962. It was the official endorsement of the new Park regime by the United States that gave the EU the needed confidence to officially engage with Korea, thus leading to the start of the official diplomatic relations in November 1963.

The 1960s and 1970s were a "white spot" of the Korea-EU official diplomatic relations and did not register any meaningful policy contacts between the two parties. This "calm" period in the bilateral relations was mainly caused by the tremendous gap observed between Korea and the EU, both in the level of economic development and political democratization. It was only in 1983 that the two parties launched a regular high−level policy dialogue of foreign ministers. Also around the end of 1980s, Korea and the EU seconded their respective diplomatic corps to each other, by establishing the "permanent mission" and the embassy, which can be interpreted as a real start of a "more equal and normal" Korea–EU bilateral relations.

The bilateral relationship has been upgraded continuously throughout the 1990s. The Korea strategy paper adopted by the EU in 1993 was the first serious strategic concept in the bilateral relationship, and had contributed to adopting the first version of the bilateral Framework Agreement in 1996. Especially from the EU perspective, the Framework Agreement is often regarded as a foundation for a more upgraded strategic partnership. Around the same period, Korea officially "graduated" from the list of recipient countries of the GSP scheme of the EU, which for an extended period had provided preferential market access for Korean products, thus opening the door for a more equal partnership between the two parties.

From the start of the official diplomatic relations between Korea and the EU, the 2000s have been the most dynamic and productive decade. The adoption of the Global Europe strategy was the manifestation from the EU side that it would deviate from its traditional multilateralism−first approach in its trade policy and prefer to negotiate free trade agreements in order to enhance market access and job creation (EC, 2006). It is noteworthy that the Global Europe strategy presented Korea as one of few priority FTA negotiation partners. As a consequence, the Korea–EU negotiation for an FTA started in May 2007, and the FTA was brought into force in July 2011 effectively. Together with the signing of the new and upgraded version of the Framework Agreement and the inauguration of the strategic partnership based on it, the implementation of the FTA marked an important milestone in the Korea–EU bilateral relationship.

The strategic partnership between Korea and the EU also has contributed to the expansion and deepening of the bilateral relations. For example, the two parties have been exploring the possibility of cooperation in the security fields. Whereas the first EU contribution to the peace building process on the Korean peninsula had been provided through its financial participation in the Korean Peninsula Energy Development Organization (KEDO) during the second half of 1990s, the recent security cooperation is stretching to the EU crisis management operations, as well. The Framework Agreement on Korea's Participation in the Crisis Management Operations of the EU (hereafter referred to as the Framework Participation Agreement) in 2016 is underpinning this bilateral engagement in the security fields. As a result, Korea is currently the only country that has signed and implemented three important agreements with the EU—the Framework Agreement, the FTA, and the Framework Participation Agreement. These three agreements, in fact, are the integral parts and backbone of the Korea–EU strategic partnership.

2.3 Periodical Evolution of the Bilateral Relationship before the Launch of the Strategic Partnership

The Korea–EU bilateral relationship since the end of the Second World War has undergone tremendous transformation since the 1960s. Han (1998) was one of the first to attempt to investigate the evolution of the bilateral relationship based on the depth of the contacts and dialogues. The author divided the period between 1945 and 1998 into three sub–periods: (1) the soliciting period (1945–late 1960s); (2) strengthened contacts (early 1970s–mid–1980s); and (3) matured bilateral relationship (mid–1980s–1998). As the analysis of Han (1998) was published in the late 1990s, it could not include the next two decades of Korea–EU bilateral relations. In addition, one of the flaws of his analysis is not to have considered important milestones such as the official launch of the Korea–EU diplomatic relations in 1963, the increase in both cooperative and competitive contacts, and disputes due to a strengthened regional and global profile of Korea enabled by Korea's continuous economic rise and democratization during the 1980s. Considering the limitations of the approaches under study, this article endeavors to adopt a different and more updated periodical classification, and divides the period of 1945–2018 into five sub–periods. The first four sub–periods will be analyzed, followed by a more detailed discus- sion on the strategic partnership.

2.3.1 Unofficial Relationship, 1945–1963

Korea was liberated from the Japanese colonial regime, which was in place between 1910 and 1945, as a result of Japanese defeat in the Second World War. In addition, the fate of the liberated Korea was once again aggravated by the Korean War in 1950–1953. As a war–devastated country, the first priority for the newly established Republic of Korea was to overcome the extreme poverty that the country had undergone since 1945. However, Korea has since then been long confronted with the antagonistic and aggressive posture from the North Korean regime. As a consequence, a strong alliance relationship with the United States was developed in the southern part of the Korean peninsula, mainly as a guarantor for the security of Korea. The Korea–United States alliance was also pivotal in motivating the Korean government to take a policy direction toward integrating its economy into the world division of labor that was newly emerging with the official launch of the general Agreement on Tariffs and Trade (GATT) in 1948.

The European continent during the same period was also preoccupied with the idea of economic recovery and political reconstruction in the aftermath of the Second World War. The US−led development aid program under the name of the Marshall Plan was rigorously launched as a means of containing the communist regimes neighboring the European continent, namely the Soviet Union. It was also instrumental in motivating the European nation states to gather their forces to overcome the economic and security threats they had been confronted. The idea of European integration was influenced by these new environments, in addition to their internal desire to enable "peace" on the European continent. The start of the European integration with two treaties—Treaty of Paris and Treaty of Rome—has been successfully negotiated under these circumstances.

As a result of preoccupations of both parties with their own economic development and security agenda, as well as integration programs the European countries have been paying enormous attention to, the EU and Korea could not find enough resources and time to initiate dialogues to launch an official diplomatic relationship. As Korea was consistently seeking foreign aids to help its economy to take off, the bilateral relationship between the EU and Korea in this period was characterized by a high degree of imbalance and EU's unilateral preferential treatments for Korea's few products. As one of poorest countries in the world for an extended period of time, Korea was unable to emerge as a significant ac- tor in the world political arena, which in turn inhibited the country throughout this initial period to engage more seriously with the European countries and the European Community. However, it is reported that during this period Korea was able to enter into an official diplomatic relationship with six founding members of the European Economic Community (EEC; with France in 1949, Germany in 1955, Italy in 1956, Belgium and the Netherlands in 1961, and with Luxembourg in 1962), which provided a welcomed environment for the launch of the official diplomatic relationship with the EEC in 1963.

2.3.2 Initial Phase of Official Relationship, 1963–mid–1980s

In the two decades after the launch of the official bilateral relationship, the Korea–EU relations have been characterized by the unilateral preferences provided by the EU, both in terms of economic and political relations, despite the slowly growing conflict potentials in trade relations.

Most outstanding in the economic relations was the EU's provision of preferential treatments for Korean products to accede the EU markets, under the GSP scheme. Having started as an official but temporary instrument in 1971, the GSP scheme has since 1979 been instituted as a permanent exemption measure from the non–discrimination principle of the GATT, thereby granting a better access to the EU (and other developed countries') markets for products originating in developing and least–developed countries. Korea, classified as a developing country for an extended period until the end of the 1990s, enjoyed this preferential market access until the mid–1990s. However, the increasing import penetration of textile and apparel products from developing countries, including Korea, caused structural adjustment problems in most of the developed countries, which led to the adoption of a series of restrictive measures. The Multi−Fiber Arrangement (MFA), which regulated the worldwide textile and apparel markets in the 1974-2004 period, was one of most prominent examples of this kind, and Korea was a main target for this market regulation. This negative event notwithstanding, the Korea-EU economic relationship during this period was basically featured by the one−sided preferences provided by the EU in favor of Korea.

In political and diplomatic relationship, the behavior of the EU and EU member states in international organizations, more specifically vis−à−vis South and North Korea, was outstanding. For instance, it was during this period that the regime competition between the two Koreas was fiercely carried out, before they jointly joined the United Nations (UN) in 1991. South Korea surpassed North Korea only in 1974 in terms of per capita income, and the two parties had a number of military and non−military conflicts during the 1970s and 1980s. In most of the UN debates on the issues surrounding the Korean peninsula, EU member states supported the positions of South Korea, including the subsequent joint application for the UN membership submitted in 1990. The continuous and consistent sup- port for the South Korean position by the EU and its member states in the UN and other international organizations was one of most significant contributions that helped Korea to establish as the sole democratic entity representing the Korean peninsula.

Reflecting the infantile stage of Korea-EU official diplomatic relations, the policy contacts between Korea and Europe were observed in two distinctive tracks during this period. This also was influenced by the unclear division of work between the EU and its member states. As a consequence, the trade relations were more between Korea and the EU whereas other relationship was more international than Korea–EU.

2.3.3 Matured Relationship with Conflicting Signals, mid–1980s–late 1990s

The economy of Korea has grown rapidly, and the international competitiveness of Korean companies and products have enhanced substantially since the mid−1980s, resulting in a profound change in Korea–EU bilateral relationship. The era of one−sided preferences given by the EU in favor of Korea, which constituted the traditional feature of the bilateral relationship until the mid−1980s, elapsed, and the new era started to emerge, which can be characterized by the co−existence of conflicting and complementary interests. Also, following the inauguration of the ASEM in 1996, the channel of Korea–EU bilateral contacts has been expanded, because the EC secured the official membership from the beginning, in addition to its then existing 15 member states.

In economic fields, unlike the 1960s and 1970s, a few Korean companies have successfully established as new competitors in a number of industries for which the European companies had held competitiveness, such as shipbuilding, automobile, and semiconductors. A consequence of this new development was an increasing number of trade disputes between Korea and the EU and other developed countries. The number of anti−dumping and anti−subsidy investigations against Korean companies has increased substantially, too.

The OECD, initiated by the United States and supported by the EU, had also convened a series of meetings to regulate the subsidies and dumping practices in the world shipbuilding industry, thereby attempting to reduce the competitive pressures coming from Japan, and more specifically Korea. The EC (1993) not only issued the Korea strategy paper pointing to the increasing strategic value of Korea, but also expressed concerns over the variety of non−tariff barriers (NTBs) as an obstacle to achieving better market access to Korea and the necessity to more consistently apply the principle of reciprocity in economic relations vis−à−vis Korea. All these events can be interpreted as factors that have con- tributed to making the Korea-EU economic relationship be more and more footed on an equal partnership rather than being governed by EU's one−sided preferential treatments. Korea's accession to the OECD in 1996 was welcomed by the EU and its member states as an additional signal that Korea also wanted to play on a "level−playing field" as far as economic matters are concerned.

In political and diplomatic fields, the Korea-EU relations have expanded considerably, in contrast to the economic fields where more conflicting than cooperative signals were observed. For instance, Doo−Hwan Chun, the then Korean president, paid the nation's first− ever presidential visit to the EU in 1986, which was actually the second visit of the Korean president on European soil, after President Park, Chung−Hee visited Germany in 1964. In fact, Korea was a latecomer in Asia in terms of bilateral relations with the EU, lagging far behind Japan and India. Both this relatively belatedly established equal partnership and the fast−increasing strategic value of Korea were the decisive factors that led to the relative speedy expansion of the political relationship (EC, 1993). The crowning moment in this respect was the adoption in 1996 of the first version of the bilateral FATC, which should later be revised and upgraded to become the Framework Agreement, which in turn became the foundation for the forthcoming Strategic Partnership between Korea and the EU. A number of additional political contacts preceded, including the regularization of the minister—level policy dialogue in 1983 and the mutual exchange of diplomatic representations in the capital of each party. The self—recognition by the Korean government that Korea's international relations were too much focused on the United States and Japan provided another welcomed impetus to diversify the nation's diplomatic orientation to other countries and regions, which, in turn, provided enough motivations for Korea to strengthen its ties with the EU.

A special attention should be paid to the EU's contribution to the peace—building process in the Korean peninsula. The EU secured an important seat in the Executive Board of the Korean Peninsula Energy Development Organization (KEDO) on September 19, 1997 (and served until 2006, with an annual financial contribution of Euros 15-20 million), which was established as an international endeavor to avoid the nuclear bomb development program of North Korea. EU's KEDO participation has attracted interests of EU member states in the inter—Korean affairs and related developments in South Korea, thereby enhancing the Korea–EU relationship. Also to be mentioned is the 1997 Asian Financial Crisis (AFC), which has led to deep—going reforms in the economic and financial governance system in Korea, and subsequently brought about fundamental changes in Korea's entire economic policy. Korea now started to more seriously embrace basic values, and this gave signals to the EU to upgrade its relationship with Korea.

2.3.4 More Equal Relationship with Korea's Increasing Regional and Global Profile, 2000–2010

The period of 2000–2010 saw the consolidation of an equal partnership between Korea and the EU. A few Korea－specific factors, together with a new development in Asia–Europe relationship, contributed to this favorable change in the bilateral relationship.

First, starting from the Third ASEM Summit in 2000, Korea was designated as a host country of a series of international summit meetings, including the 2005 APEC Summit, 2010 G20 Summit, and 2011 Nuclear Safety Summit. This was received very positively in the Korean society as a sign of increased national profile and regional and global leadership (Park, 2012). Second, Korea officially joined the Development Assistance Committee (DAC) of the OECD in January 2010, which opened a wide window of opportunities to cooperate with the EU and its member states in this field. Also, the DAC membership of Korea provided a strong pressure for Korea to adopt more and more "global standards" in the international development cooperation activities, leading to a substantial increase in its official development assistance (ODA) budget and a strong reduction in the "binding" elements in the deployment of its ODA activities. These events have been instrumental in making Korea embrace increasingly the "basic values" and "global standards," which was welcomed by the international community, and more specifically by the EU and its member states.

The adoption by the EU of the Global Europe strategy in 2006 marked an important turning point in this regard (EC, 2006). Conceived as a strategic concept to strengthen market access and economic growth potential, the Global Europe strategy opened the way for the EU to more aggressively negotiate FTAs with important emerging markets. Korea was designated, together with the ASEAN and India, as a priority negotiation partner, so that the strategy could be interpreted as a renewed interest of the EU in the Asian region. As analyzed in greater detail in Park (2017), the Korea–EU FTA negotiations started in 2007, and the Korea–EU FTA was brought into force on July 1, 2011, as the first successful FTA based on the Global Europe strategy, which constituted one of three fundamentals that led to the establishment of the strategic partnership between the two parties.

3. Analysis of the Strategic Partnership between Korea and the EU

Renard (2012) presented 10 guiding principles of the EU's strategic partnership, stressed the necessity of a clear−cut strategic direction, and argued that the strategic partnership could be used as a "a milestone on the path to a more strategically capable Europe." Korea is one of the EU's 10 strategic partners, through the cooperation with which the EU intends to achieve common regional and global strategic goals. This section investigates the background and detailed contents of the Korea–EU strategic partnership.

3.1 Background of the Korea−EU Strategic Partnership

The bilateral relationship between Korea and the EU has transformed from an economy−focused and unilaterally preferential one to a more equal and comprehensive relationship, and finally reached the status of a strategic partnership in 2010. A few background factors have been instrumental in bringing about this change. First, as Park (2012) argued, Korea's growing regional and global leadership has inspired the EU to continuously upgrade its relationship with Korea. It is noteworthy in this context that since the early 21st century Korea has been taking an increasing international responsibility, both actively and passively. For example, Korea expanded its international development cooperation programs with the view to sharing the experiences of its rapid economic development with the developing world. The launch of the knowledge sharing program (KSP) in 2004 is a manifestation to the international community that Korea was ready to contribute to international development assistance activities by using Korea's development experiences. After the G20 was assigned to play the role of the premier economic forum since the outbreak of the global financial crisis, Korea was invited as a full member of the G20. In fact, especially since the beginning of the 21st century, Korea took the responsibility of hosting a few important summit meetings, including the ASEM Summit in 2000, APEC Summit in 2005, and G20 Summit in 2010. Through these increasing international responsibilities, Korea could gain confidence to play more affirmative regional and global leadership roles (Park, 2012).

The EU's changed approach to trade policy was decisive in upgrading the Korea–EU bilateral relationship into a strategic partnership as well. In fact, the Global Europe strategy designated Korea as one of few priority FTA partners for the EU (EC, 2006). As a consequence, the negotiations on the Korea–EU FTA started in May 2007, and were successfully completed in July 2009. Together with the Framework

Agreement and the Framework Participation Agreement, the Korea–EU FTA constitutes one of three pillars of the Korea– EU strategic partnership. As Park (2017) argued, a certain degree of competition between the EU and the United States was observed, especially in making a trade deal with Korea. The timing of the two FTA negotiations—Korea–EU FTA and Korea–US FTA—overlapped, and they both envisaged to take advantage of the "first mover," especially based on the concept of the "contentious market regulations" (Park, 2017). It is also remarkable that Korea enjoys a very special status as the only country that entered into three important agreements with the EU in the economic (FTA), political (Framework Agreement), and security fields (Framework Participation Agreement).

This unique status of Korea motivated the EU to elevate its relationship with Korea to the level of strategic partnership, which has been instituted in 2010.

3.2 Main Features of Strategic Partnership

The upgraded Framework Agreement that was adopted in 2010 and officially went into force in 2014 does form the legal basis of the Korea–EU strategic partnership. The Framework Agreement encompasses largely political, but also economic and socio－cultural areas as comprehensive cooperation subjects. The strategic partnership is, in fact, flanked by a number of specific agreements in several fields, which provide an expanded scope for cooperation between Korea and the EU.

3.2.1 Political Relations

The political relations between Korea and the EU within the

framework of a strategic partnership are largely governed by the Framework Agreement. As the European External Action Service (2016) elaborated, this Framework Agreement is "the first Agreement of its kind between the EU and an Asian country," and sets out basic philosophy, concept, and approach of Korea–EU partnership in diverse fields. Especially, a priority is given to

(i) commitment to democracy; (ii) respect for human rights; (iii) fundamental freedoms; (iv) the promotion of peaceful solutions to international or regional conflicts; and (v) the strengthening of the UN and other international organizations.

The Framework Agreement includes the security cooperation in Title II (Political Dialogue and Cooperation), allocating a total of four articles. The two parties especially mention the importance of cooperation in the fields of (i) countering the proliferation of weapons of mass destruction (Article 4); and (ii) combatting terrorism (Article 7). Korea and the EU have established a Joint Committee based on the Framework Agreement, in order to ensure the maximum effectiveness and overall coherence of the cooperative activities.

3.2.2 Economic and Trade Relations

Since the dawn of diplomatic relations in the 1960s, Korea and the EU have become important economic partners for each other. In 2016, Korea was the ninth largest export market for EU products and the eighth largest supplier, whereas the EU was Korea's second largest supplier and third largest export market. While the total amount of EU investment into Korea doubles that of Korea's investment into the EU, the speed of increase of Korea's recent foreign direct investment into the EU was higher than the other way around. The under−developed trade and investment relations observed in the 1980s, once identified by the EC (1993), seem now largely overcome, to which the bilateral FTA has contributed significantly.

The Korea–EU FTA, which was negotiated during the period between May 2007 and July 2009 and went into force in July 2011, constitutes the backbone of the bilateral economic relations. The Korea–EU FTA was welcomed by the EU policymakers for a number of different reasons. First, from the EU perspective, this FTA was "the first trade deal with an Asian country and the most ambitious and comprehensive trade agreement implemented by the EU" until the EU negotiated an FTA with Canada (Majchrowska, 2017). As the group of very open and advanced trading nations, the Korea–EU FTA was setting some standards to be achieved in the following trade negotiations. Second, after the FTA went into force, the trade deficit of the EU vis−à−vis Korea turned into a sizable surplus, so that the EC (2015, p. 9) gained confidence in negotiating high quality FTAs and proudly identified the Korea–EU FTA as "a prime example of the kind of new generation agreements the EU can negotiate and of the concrete results they produce." (See Cherry, 2017, for find- ing some clues on how the expectations over the Korea–EU FTA were framed and to what extent the expectations were fulfilled.)

3.2.3 Security Cooperation

The security cooperation is probably the most under−represented point in the Korea–EU bilateral relations. As Richey (2017) argued, the two parties are both "underappreciated international security partners," and have been facing security−related challenges of their own. From the EU perspective, the refuge and immigration issues, as well as the Brexit negotiations, have taken a great part of EU's policy capacity, whereas the North Korea's nuclear weapons issue has been burdening Korea's security－related policy activities, thus preempting the potential for further engaging with each other in security areas. The Framework Agreement, however, has acknowledged the importance of security cooperation and consultation, and allocated a total of four chapters to this area. These policy endeavors notwithstanding, the security areas appear under－developed in the Korea-EU bilateral relationship, mainly due to the predominant roles played by the regional and global big powers, such as the United States and China.

Security cooperation is regarded by the Korean and EU policymakers as a part of the broad－based political dialogue and cooperation. Apart from the Korea-EU Framework Agreement, the Global Strategy of the EU adopted in 2016 would provide more concrete span for EU's security cooperation with Korea (Richey, 2017). The EU's 2016 Global Strategy acknowledges the direct connection between European prosperity and Asian security and explicitly mentions the importance of EU efforts to scale up its security role in Asia, which should include its policy support in promoting "non－proliferation in the Korean peninsula." Therefore, the Korea-EU cooperation in security fields is expected to strengthen in the coming years.

3.3 Priority Cooperation Areas for the Future Korea–EU Relationship

3.3.1 Sustainable Development: Climate Change and Energy

The Framework Agreement attaches great importance to the policy areas, especially those of climate change and energy, in fostering the future Korea–EU bilateral relationship. Under the heading "Title V: Sustainable Development" of the Framework Agreement, the two parties adopted meaningful future direction of the bilateral cooperation for climate change (chapter 24) and environment and natural resources (chapter 23). Lee and Chung (2019) are supportive of the idea that climate change issues entail an excellent area for future cooperation for Korea and the EU, too.

Based on concrete action plans in diverse sub–fields, Korea and the EU have pledged to cooperate in matters of regional and global significance. Chapters 23 and 24 of the Framework Agreement provide that the two parties should strengthen mutual cooperation in implementing the agreements adopted in relevant international meetings. Especially, the World Summit on Sustainable Development (WSSD) and the United Nations Framework Convention on Climate Change (UNFCCC) are mentioned in these chapters as priority commitments that Korea and the EU have to pay stronger attention to, in order to contribute to increasing the energy efficiency and protecting environment, as well as promoting environmental technologies and collaborating in developing and diffusing the low–carbon technologies.

The cooperation in this field is expected to generate mutually beneficial outcome for the two parties, as they are bringing complementary expertise and comparative advantages. In fact, a number of EU member states are world leaders in sustainable development and environmental protection. Also, the EU itself is regarded as the most competent policy maker and policy leader in these fields. Therefore, Korea will be provided with an excellent opportunity to learn from best practices of the EU and EU member states. Conversely, Korea is able to add different qualities to the cooperation. In fact, Korea has played an important initiator role for worldwide discussion on green growth, especially during the Lee, Myung—Bak administration. The establishment of both the Global Green Growth Institute (GGGI) and the Green Climate Fund (GCF), both in Korea, was one of path—breaking policy actions ever made by the international society in this regard, making Korea an excellent cooperation partner for the EU.

3.3.2 Culture and Education

Culture and education are channels for enhancing the people—to—people contacts, which is also identified as one of channels and vehicles to build up and strengthen identities (Park, Yoon, & Kim 2008). The Korea-EU strategic partnership was very keen in enhancing the bilateral cooperation in these fields, and has set out a few meaningful instruments, by allocating the whole Title VI to two chapters (chapters 28 and 29). In addition, the Korean and EU policymakers have gone further to adopt the Protocol on Cultural Cooperation as an integral part of the Korea-EU FTA package. Outstanding in this cooperation initiative is the agreement to establish a specialized Committee on Cultural Cooperation that should meet at least once a year in order to oversee the implementation of the Protocol (Article 3.3).

The protection of EU member states' interests in the audiovisual sector has been of enormous concern for the EU in negotiation on both the Framework Agreement and FTA with Korea. The European External Action Service (2016) is supportive to the idea of granting preferential treatment for co−production and promoting audiovisual works of the EU and Korea. In the educational cooperation, too, Korea and the EU shared common visions. The Framework Agreement has particularly emphasized cooperation in the higher education sector, and agreed upon developing and promoting joint study programs and student mobility, as well as exchanges of administrative staff. For this, the respective educational authorities have introduced an excellent supporting program under the title of ICI−ECP, and the EU has been expanding the participation of Korean educational institutions in the Erasmus Mundus program.

3.3.3 International Development Assistance

The Framework Agreement provides "Development Assistance" as one of priority cooperation areas between the two parties, which needs to be explored more actively in the future (Article 27). Even though the provisions in the Framework Agreement are relatively scanty, Park (2014) acknowledges enormous potential for bilateral cooperative projects, which can be effectively pursued based on a great complementarity between Korea and the EU in this field. More specifically, the author argues that the two parties should develop concrete programs that can combine the financial capability (EU) and development experiences (Korea) in implementing the programs, which is seen as a way to ensure the maximum effectiveness of such cooperation. The financial capacity of the EU and EU member states can be verified by the fact that currently more than half of the funds made available for ODA activities are financed by the EU and its member states. However, as a relatively new donor, Korea possesses unique qualities to become an influential player in this field; namely the status of the country that had been successful in overcoming ex- treme poverty within a relatively short period of time. The Korean government introduced the KSP in 2004 to share its development experiences and policy implications. Within the framework of the KSP so far, more than 600 projects have been conducted. Also, there is an increasing demand from the developing world to learn and emulate the policy recipes used by the Korean government to upgrade its economy so rapidly.

4. Conclusion

This article analyzed the period of official diplomatic relationship between Korea and the EU, discussed the underlying environment and background factors, and elaborated its future direction. The following conclusions can be drawn.

First, the bilateral relationship has transformed from an economy−focused and one−sided preferential relationship to a more equal and comprehensive strategic partnership. Various imbalances observed in the early phase of diplomatic relationship have been dismantled continuously and incrementally throughout the 1990s. During the 2000s, the most dynamic and productive period in the Korea–EU relationship, various policy activities were initiated by both parties for the purpose of upgrading the relationship into a strategic partnership.

Second, it seems that Korea has long enjoyed a unique status in the EU's foreign policy. Especially, Korea as the first Asian partner has negotiated an FTA with the EU that is frequently praised by EU policymakers as "a successful case" which should be benchmarked when conducting new negotiations with other partners. Korea also could establish a strategic partnership supported by three distinguished agreements that are not found in any other countries at the same time— Framework Agreement, Free Trade Agreement and Framework Participation Agreement.

Third, Even though the strategic partnership was instituted in 2010, it appears still under-utilized. Whereas the trade and economic relations have been put to the core of the strategic partnership, political relations still show enormous potential to expand. This de- ficiency may be due to incoherent political activities of the EU and its member states, thereby leading to a certain degree of confusion from the Korean side. This confusion on both the competence areas of the EU and its member states and the different voices heard in EU and member states foreign policy was observed in a few EU-focused perception surveys conducted (Park & Kim, 2006; Park & Yoon, 2010).

Fourth, despite certain successes in various policy efforts to reduce the imbalances in Korea-EU bilateral relationship, there still exists a relatively strong discrepancy. Especially compared to the policy attention paid by the EU to Korea, Korea's policy engagement with the EU still shows potential to expand. Korea is advised to devote more human resources and policy attention to the EU and EU affairs, in order to rebalance the country's too strong political and economic, as well as security-related, dependence on the United States and China.

Finally, this article presented (i) climate change and energy; (ii) culture and education; and (iii) international development cooperation as three most promising areas for future cooperation between Korea and the EU. Through the expansion of policy contacts and consultations as well as concrete cooperation between the two parties, Korea and the EU will be able to make common efforts for "raising the roles and profiles of both Parties in each other's regions and of fostering people−to−people contacts between the Parties," as stipulated in the Framework Agreement. If this is done appropriately and in a timely and cooperative manner, the bilateral relationship is well poised to go beyond the FTA, contrary to the rather pessimistic arguments brought in Kelly (2012).

REFERENCES ···

Cherry, J. (2017), The Hydra revisited: Expectations and perceptions of the impact of the EU－Korea free trade agreement. *Asia Europe Journal, 16,* 19－36.

EC (European Commission) (1993), Relations between the European Community and the Republic of Korea. Communication of the Commission to the Council, unpublished document, Brussels, Belgium.

EC (European Commission) (1994), Towards a New Asia Strategy. Communication from the Commission to the Council, COM(94) 314 final, Brussels, Belgium.

EC (European Commission) (1995a), Europe and Japan: The next steps. Communication from the Commission to the Council, COM(95)73 final, Brussels, Belgium.

EC (European Commission) (1995b), A long－term policy for China-Europe relations. Communication from the Commission, COM(95)279 final, Brussels, Belgium.

EC (European Commission) (1996), Creating a new dynamic in EU-ASEAN relations, Communication from the Commission to the Council, the European Parliament and the Economic and Social Committee, Final Text, Brussels, Belgium.

EC (European Commission) (2003, December 13), *The European Union in a better world. The European security strategy.* Brussels, Belgium.

EC (European Commission) (2006), Global Europe: Competing in the world－A contribution to the EU's growth and jobs strategy. COM(2006) 567, Brussels, Belgium.

EC (European Commission) (2015), *Trade for all. Towards a more responsible trade and investment policy.* Brussels, Belgium.

EC (European Commission) (2016), *Shared vision, common action: A stronger Europe. A global strategy for the European Union's foreign and security policy.* Brussels, Belgium. European External Action Service. (2016). The Republic of Korea and the EU.

Han, J.−S. (1998), The European Union and Korea. Seoul: Dongsung (in Korean).

Kelly, R. E. (2012), Korea-European Union relations: Beyond the *FTA? International Relations of the Asia−Pacific, 12,* 101-132.

Kim, H., & Lee, C. (2004), Korea-EU trade relations: Over−traded or under−traded? *Asia−Pacific Journal of EU Studies, 2*(2), 137-148.

Lee, J., & Chung, S. (2019), Building the pillars of EU−Korea strategic partnership. *Asia Europe Journal, 17*(3), 326-340.

Majchrowska, E. (2017), EU-South Korea FTA as one of the new generation agreements: An overview of the effects of the agreement. Research Papers No. 486, Wrocław University of Economics, Poland.

Park, S. (2012), Quest for a stronger regional leadership and an upgraded global profile: Korea's opportunity in the crisis. *Asia Europe Journal, 9*(2-4), 225-236.

Park, S. (2014), Korea and the EU: A promising partnership for development cooperation? *FRIDE Policy Brief* 15, November.

Park, S. (2017), The new politics of trade negotiations: The case of the EU-Korea FTA. *Journal of European Integration, 39*(7), 827-841.

Park, S., & Kim, H. (2006), The European Union in the eyes of Korean elites.

Asia−Pacific Journal of EU Studies, 4(2), 185−198.

Park, S., & Yoon, S.−W. (2010), EU perceptions through the FTA lens: Main results of inter- views among the Korean "elites." *Asia Europe Journal*, 8(3), 177−191.

Park, S., Yoon, S.−W., & Kim, J. (2008), The impact of the EU cultural policy on European integration and its implications for East Asia. SNU−KIEP EU Centre Research Series 08−03, Seoul (in Korean).

Renard, T. (2012), The EU strategic partnerships review: Ten guiding principles. ESPO Policy Brief 2, FRIDE and Egmont, Brussels.

Richey, M. (2017), EU−South Korea security relations: The current state of play. Security Policy Brief No. 87, Egmont Institute, Brussels.

유럽연합 에너지 전환 정책

1. 배경

    유럽연합은 2050년까지 기후 중립을 달성할 것을 2018년 공식적으로 선언하였다. 따라서 장기 기후 및 에너지 정책을 추진하여 이 목표를 달성하는 것을 법제화하여 의무화하였다. 유럽연합이 추진하는 기후 중립 및 탄소중립이라는 장기목표를 달성하기 위해서는 에너지 전환이 필수적이며 이를 실현하기 위한 가장 중요한 전략 중 하나가 에너지 체제의 전기화(Electrification of Energy System)이다. 이는 탄소중립을 실현하는 데 환경 친화적 에너지를 생산하기 위한 전력생산 체제가 2050년까지 완전히 탈탄소화를 달성하여야 한다는 의미이다(Brouwer & Bergkamp, 2021).

    유럽연합이 기후 중립을 달성하는 데 에너지 전환이 필수적인 이유는 화석연료 중심의 에너지 생산은 온실가스를 배출하고 청정기술 개발을 달성한다고 해도 배출량이 대기에 남기 때문에 탄소중립을 달성할 수 없다. 그러나 재생에너지 및 원자력발전은 온실가스 배출을 최소화하고 동시에 지속적인 기술 개발을 통해서 에너지 생산에서 발생하는 온실가스 배출을 완전히 제거할 수 있다. 따라

* 한국공학대학교 지식기반기술에너지대학원 교수, scpark@tukorea.ac.kr

유럽연합 에너지 전환 정책　53

서 화석연료 중심의 에너지 생산에서 환경 친화적 에너지 자원인 재생 에너지 생산으로 에너지 생산 및 소비구조를 전환하여야 한다. 이러한 에너지 소비 및 생산의 방향 전환이 에너지 전환의 핵심이다.

유럽연합 회원국은 에너지 전환을 위해서 자국의 전력 생산 방식의 전환을 위한 에너지 정책에 초점을 맞추고 있다. 그 이유는 전력 생산이 유럽연합이 배출하는 온실가스에서 차지하는 비중이 약 1/3에 달할 정도로 가장 많은 온실가스를 배출하는 부문 중 하나이기 때문이다. 따라서 발전 부문에서 에너지 전환을 달성하면 유럽연합의 장기 목표인 기후 중립 및 탄소중립을 달성하는 데 유리한 고지를 점령할 수 있다.

이외에도 발전 부문은 산업, 운송 및 농업 부문과 달리 에너지 전환을 통하여 온실가스 배출을 전혀 하지 않는 탈탄소화를 달성할 수 있는 유일한 분야이다. 즉, 에너지 전환을 통하여 온실가스 배출을 실질적이며 가시적으로 감소시킬 수 있는 부문이기 때문에 각 회원국이 정책적으로 추진하고 있다. 따라서 화석연료 중심에서 재생 에너지 중심의 전력 생산으로 에너지 전환이 이루어진다면 유럽연합은 2050년 세계에서 최초로 탄소중립을 달성한 지역이 될 것이다.

2. 에너지 전환 정책

2.1. 장기 목표 및 기본원칙

유럽연합이 2050년 기후 중립이라는 장기 목표를 달성하기 위해서는 2030년까지 에너지 전환을 위한 획기적인 진전을 이루어야 한다. 즉, 제1차 목표로 설정한 2020년 이후 제2차 목표연도인 2030년까지 에너지 전환을 위한 막대한 자본투자와 청정기술 개발을 계획하고 있다. 이처럼 2030년까지 유럽연합이 추구하고 있는 에너지 전환은 에너지 효율성 향상과 저탄소배출 및 탄소중립을 가능하게 하는 에너지 자원 개발을 통한 화석연료 소비의 점진적인 퇴출을 기초로 달성될 수 있도록 노력하는 것이다.

이러한 기본 목적을 달성하는 데 전 회원국이 같은 방법을 추진하는 것이 아니라 각 회원국이 처한 상황과 능력에 적합한 전략을 선택하여 에너지 전환을 달성하는 것이 핵심이다. 이는 유럽연합기능조약(Treaty on the Functioning of the EU: TFEU)에 역내 발전 부문은 에너지 정책과 연관되어 있다고 명시되어 있다. 따라서 발전 부문은 각 회원국이 보유하고 있는 전력 자원을 최대한 활용하여 에너지 공급구조를 형성하며, 이는 유럽연합 법률로 보호받고 있다. 단 모든 회원국이 만장일치로 채택한 방법론은 제외로 한다고 규정하고 있다. 이는 유럽연합 회원국의 에너지 자원 선택과 에너지 체제 구조 변화와 관련된 사항은 전 회원국이 만장일치로 채택되어야 한다는 조항 때문에 각 회원국 에너지 정책의 자율권이 인정받고 있다(Brouwer & Bergkamp, 2021).

이러한 유럽연합의 특수성을 기초로 판단할 때 에너지 전환 목표 달성이 쉽지 않은 선택이며 이를 위해서는 다양한 도전을 극복하여야 한다. 따라서 유럽연합은 기후 및 에너지 목표를 달성하기 위한 네 가지의 기본원칙을 설정하였다. 이는 회원국 간 연대(Solidarity), 에너지 공급 및 체제 유지를 위한 안보(Security),

그림 1 | 유럽연합 에너지 전환 추진 원칙

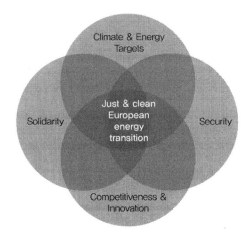

출처: Buck et al., 2019

산업 경쟁력 강화(Competitiveness), 기술혁신(Innovation)이다. 이 기본원칙은 유럽연합기능조약 제 194조 1항에 명시되어 있는 내용을 채택한 것이며 에너지 관련 정책과 환경을 개선하는 목적을 갖는다. 유럽연합은 기후 및 에너지 목표를 달성하는 과정에서 이러한 네 가지 원칙을 기초로 공공 정책의 가치를 준수하여야 한다(Buck et al., 2019; Brouwer & Bergkamp, 2021)(그림 1 참조).

2.2. 에너지 동맹 전략

유럽연합은 각 회원국의 에너지 정책 자율권을 보장하기 때문에 통일된 에너지 정책을 일률적으로 추진하는 것이 구조적으로 불가능하다. 따라서 이러한 단점을 보완하기 위해서 에너지동맹전략(Energy Union Strategy)을 추진하고 있다. 이 전략은 융커 위원회(Junker Commission) 핵심 추진 사항으로 에너지 동맹이 유럽연합 소비자에게 안정적이며 지속적인 가격 경쟁력을 갖춘 에너지를 공급하는 것을 목적으로 하고 있다. 따라서 에너지 동맹 전략을 기초로 유럽연합은 역내 에너지 시장 통합, 에너지 안보 강화, 에너지 효율성 향상 및 저탄소 경제체제 구축 등을 추구하고 있다. 이러한 목적을 달성하기 위해서 유럽연합은 에너지 동맹 프로그램을 구성하여 모든 정책 부문에서 신뢰할 수 있고 소비 및 지속 가능한 에너지 체제 강화를 위해 노력하고 있다(European Union, 2021). 에너지 동맹은 다음과 같은 다섯 가지의 구체적인 목표를 갖고 있다.

첫째: 유럽연합 역내 에너지 시장 통합

역내 에너지 시장이 통합되면 유럽연합 모든 지역에 기술 및 법률적 장벽 없이 전력 수송이 가능하며 동시에 에너지 관련 인프라를 통한 완벽한 수송이 가능하다.

둘째: 에너지 자원 다변화를 통한 에너지 안보 강화

화석연료 중심의 에너지 소비를 환경 친화적인 재생 에너지 중심으로 전환하여 화석연료 에너지 수입 의존도를 낮추어 에너지 안보를 강화한다.

셋째: 에너지 효율성 향상

에너지 효율성을 향상하여 총 에너지 소비를 감소시키며 이를 통하여 탄소 배출 감축을 실현한다.

넷째: 에너지 체제의 탈탄소화 추진

역내 회원국의 에너지 체제를 환경친화적 체제로 전환하여 탈탄소화를 추진하며 이를 통하여 탄소중립 경제체제를 구축한다.

다섯째: 에너지전환을 위한 연구개발(R&D) 재정지원

에너지 전환을 실현하기 위해서는 청정기술 부문의 연구개발이 지속되어야 가능하며 이를 통해서 탄소배출을 획기적으로 감축할 수 있다. 따라서 연구개발 (R&D) 활동을 강화하기 위하여 유럽연합 차원의 지속적인 재정 지원이 필수적이다(European Commission, 2021b).

이러한 에너지 동맹의 구체적인 목표를 효율적으로 달성하기 위하여 유럽연합의 2019년 전력 규정(2019 EU Electricity Regulation)이 기초가 되었다. 또한 이 규정은 에너지 효율성 향상, 재생 에너지 소비 비중 확대, 에너지 공급 및 안보 확립, 유연성, 지속가능성, 탈탄소화, 기술혁신 등을 창출할 수 있는 역내 에너지 통합 시장을 가능하게 하고 2030년 기후 및 에너지 체제를 구축에 중요한 역할을 한다.

2.3. 정책 연계 및 에너지 시장 통합

유럽연합은 정책의 일관성을 유지하기 위하여 에너지 정책을 타 정책과 조정하여 추진하고 있다. 특히 기후 정책과는 매우 밀접하게 연계되어 있으며 에너지 체제의 탈탄소화는 그 대표적인 사례이다. 이외에도 유럽연합 전력시장법률은 에너지 체제의 전기화(Electrification of Energy System)를 추구하는 유럽 그린 딜 전략의 목표를 가능하게 하는 것을 목적으로 하고 있다. 이외에도 기후 정책이 추진하는 유럽 그린 딜 커뮤니케이션에서는 에너지 안보와 산업 경쟁력의 중요성을 인정하고 있다(Brouwer & Bergkamp, 2021).

유럽연합 에너지 정책의 결과 역내 에너지 시장의 통합은 가속화되었고 상

그림 2 | 유럽 전력망 및 전력수송 구도(2018년, Twh)

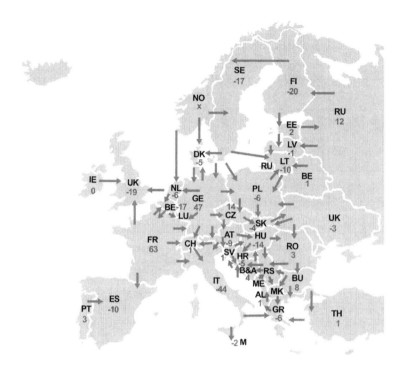

비고: 플러스는 전력수출량, 마이너스는 전력수입량
출처: Buck et al., 2019.

당한 진전을 이룩하였다. 그 결과 거의 모든 회원국이 최소 2개 이상의 천연가스 네트워크에 연결되어 있으며 17개 회원국은 전력 생산 능력에서 최소 10%는 타 회원국과 전력 수송을 위하여 그리드가 상호 연결되어 있다. 이처럼 회원국 간 전력망 연결은 전력 시장 통합을 가속화 하여 전력 도매가격으로 수렴되고 있다. 이처럼 역내 에너지 시장의 통합으로 유럽연합의 전력 및 천연가스 공급 충격이 발생하면 이를 극복할 수 있는 강력한 회복력을 보유하게 되었다. 또한 에너지 공급 주체 간 건전한 경쟁으로 인하여 소비자에게 더욱 다양한 선택권을 제공할 수 있게 되었다(그림 2 참조).

　　그러나 더 높은 수준으로 역내 에너지 시장의 통합을 위해서는 회원국 간 상호 에너지 의존성에 대한 합리적인 관리가 요구된다. 그 이유는 역내 에너지 시장의 통합으로 이미 회원국 간 상당한 수준으로 상호 의존성이 존재하기 때문에 개별 회원국의 에너지 정책이 특히 이웃 국가인 타 회원국에 직접적인 영향을 미치게 된다. 유럽연합의 최대 경제국인 독일과 프랑스의 석탄 및 원자력 발전 폐쇄에 관한 토론과 국가별 자동차세가 대표적인 예이다. 따라서 유럽연합의 에너지 전환을 성공적으로 추진하기 위해서는 회원국 간 합리적으로 조정된 에너지 정책을 추진하는 것이 매우 중요하다(Buck et al., 2019).

3. 에너지 전환 정책과 소비구조

3.1. 에너지 소비구조

유럽연합 내 에너지 소비는 1990년 이후 안정적으로 유지되고 있다. 그러나 에너지 소비 자원에 대한 변화는 획기적이다. 지난 30여 년간 석탄 소비는 약 50%가 감소하였으며 재생 에너지 소비는 300% 증가하였다. 또한 천연가스 및 원자력 에너지 소비도 증가하였다. 특히 재생 에너지 부문에서 수력 발전 소비는 거의 변화가 없이 안정적이나 바이오매스 소비는 3배가 증가하였다. 또한 풍력 및 태양광/열 발전 소비는 1990년대에는 매우 적은 비중을 차지하였으나 2010년대에는 재생 에너지 소비 부문에서 가장 중요한 위치를 차지하고 있다.

2015년 유럽연합은 약 16억 3,000만 톤의 에너지를 소비하였다. 이 중 94%는 에너지 소비 제품이고 나머지 6%는 에너지 소비 제품과 관련이 있는 화학 부문의 소비 비중이다. 총 에너지 소비 중 화석연료 비중은 약 3/4을 차지하였고 나머지는 원자력 에너지가 14% 그리고 재생 에너지가 13%를 차지하였다. 화석연료 중 석탄은 전력 생산의 약 1/4을 차지하고 있으나 탄소 배출량은 총배출량의 약 3/4을 차지하고 있다.

이러한 유럽연합의 에너지 소비구조에서 2050년 에너지 전환을 위한 장기 전략에서 2030년까지 에너지 부문에서 경제적 비용을 최적화하는 것이 매우 중요하다. 이를 위해서 유럽연합 집행위원회는 다음과 같은 네 가지의 접근방법을 제시하고 있다.

첫째: 에너지 효율성 향상

에너지 효율성 향상은 전력, 난방, 운송 부문에서 탄소배출을 감축하는 탈탄소화 과정에서 가장 중요한 요소 중 하나이다. 에너지 생산 및 소비에서 효율성을 향상하지 못하면 유럽연합이 추구하는 기후정책 및 에너지정책의 목표치를 달성하는 과정에서 막대한 경제적 비용이 발생하게 된다. 이외에도 계속해서 청정에너지 소비를 요구하는 소비자의 요구를 충족시키지 못하면 기후정책 및 에너지정책에 대한 소비자의 호응이 반대로 돌아서는 도전이 발생할 가능성도 있다.

따라서 유럽연합은 에너지 효율성 향상을 통하여 에너지 소비를 2005년 대비 2030년까지 26% 감소시킬 것을 목표로 하고 있다. 이는 2015년 대비 약 17% 감소하는 수치이다. 특히 2030년 이후 에너지 효율 향상의 역할은 더욱 중요해진다. 유럽연합은 2050년까지 에너지 효율성 향상을 통한 에너지 소비감소를 2005년 대비 최소 33%까지 낮추려 하고 있으며 2050년 탄소중립을 실현하기 위해서는 이를 50% 감소시켜야 한다(European Commission, 2018).

둘째: 재생 에너지 개발 확대

재생 에너지 개발 확대는 유럽연합이 에너지 전환 달성에 필수적이다. 이를 통하여 화석연료 수입을 감소시킬 수 있고 에너지 안보 확립에 중요하다. 따라서 유럽연합은 2015년 총 에너지 소비에서 재생 에너지가 차지하는 비중이 약 12.4%에서 2030년 25%로 두 배 이상 증가시킬 것을 목표로 하고 있다. 특히 풍력 및 태양광/열 발전은 3배 증가하여 재생 에너지 생산에서 약 50%를 차지하게 하는 목표를 설정하였다. 이외에도 유럽연합 집행위원회의 시나리오에 의하면 재생에너지 중 바이오매스는 약 50% 증가하고 수력발전과 지열발전(Geothermal)은 약간 증가하는 것이다(European Commission, 2018).

유럽연합 에너지 소비 중 재생에너지는 특히 발전 부문에서 매우 우월적 역할을 하고 동시에 난방 및 운송 부문에서도 그 수요가 증가할 것으로 예상한다. 재생 에너지 자원 중 바이오매스 전력 생산 증가는 2018년 총 전력 생산의 6%에서 2030년 11%로 증가할 것으로 예상하는데 이는 태양광/열 및 풍력 발전 증가보다는 상대적으로 낮은 증가이다. 이와 같은 이유는 안정적인 바이오매스 공급이 불가능하고 에너지 생산과 관련이 없는 산업부문의 수요와 경쟁 관계에 있기 때문이다. 따라서 바이오매스 이외의 재생 에너지 자원으로 발전된 전력을 통하여 생산된 바이오가스(Biogas), 바이오 메탄(Bio-methane), 전기 연료(Electro-fuels) 등이 에너지 소비 부문에서 중요한 역할을 할 것으로 예상한다. 특히 2030년 이후에는 재생 에너지로 생산된 대체 에너지 자원이 2050년 탄소중립을 실현하는데 핵심적인 역할을 할 것이다(Buck et al., 2019).

셋째: 전 부문 전력 사용 극대화 추진

전력이 경제적으로 가장 저렴한 탈탄소화 에너지 매개체로 작용하고 있어서 발전 부문의 에너지 전환이 타 부문의 탈탄소화를 추진에 가장 중요한 기회를 제공하고 있다. 발전 이외의 부문에 탈탄소화를 실현하기 위해서는 전력부터 난방, 전기 자동차, 전철 등 직접적인 전력 사용을 통한 전기화(Electrification)를 달성하는 것이 필수적이다. 또한 간접적인 전력 사용은 특히 환경 친화적 수소(Green Hydrogen)를 사용하는 전자 연료(Electro-fuels) 생산을 통하여 달성할 수 있다. 이러한 방식을 추진하면 대규모 재생 에너지 개발이 가능하며 이를 통하여 역내 경제체제도 전기화를 실현할 수 있다.

2050년 탄소중립을 달성하기 위하여 유럽연합 역내 경제체제 전기화를 추진하고 있다. 따라서 최종에너지 소비에서 전력 소비 비중이 2015년 21%에서 2030년 28%로 증가할 것으로 예상하며 2050년에는 2030년 전력 소비의 최소 두 배 이상이 될 것으로 예상한다. 이외에도 발전, 주택 및 상업용 건축물, 운송, 산업부문 간 상호연계가 강화되어 각 부문별로 분리되어 있던 전력망의 차이가 궁극적으로 사라지게 될 것이다(European Commission, 2018).

넷째: 화석연료 사용 중지

유럽연합은 에너지 소비가 필요한 모든 부문에서 화석연료 소비를 감소시켜 이를 2050년에는 최종적으로 사용을 중지하려는 목표를 설정하였다. 이처럼 유럽연합이 화석연료 사용을 완전히 폐지하려는 가장 중요한 이유는 화석연료 소비가 탄소배출의 가장 중요한 원인이기 때문이다. 화석연료 소비에 대한 유럽연합의 장기 전략은 2030년까지 2015년 대비 50% 감소시키고 2050년에는 화석연료 소비를 완전히 폐지하는 것이다. 이 전략 중 석탄 소비와 관련해서는 유럽연합 개별 회원국의 전략과 대비된다. 특히 독일은 유럽연합의 목표보다 석탄 소비를 2030년까지 약 2/3를 감축하고 2040년에는 완전히 폐지할 것을 목표로 설정하여 유럽연합 목표연도보다 이른 시기에 석탄 사용을 중지하려고 하고 있다. 석유와 천연가스 소비는 2030년까지 2015년 대비 약 1/4을 감소시키고 나머지는 2050년까지 재생에너지 개발 확대와 바이오가스 등과 같은 저탄소 가스연료로 충족시킬 것을 목표로 하고 있다.

이와 같은 네 가지 전략을 추진하여, 유럽연합은 2021년부터 추진한 2050년 탄소중립 실현을 위한 제2기 목표 달성에 주력하고 있다. 유럽연합 집행위원회는 탄소중립 제2기 목표 달성이 2050년 최종 목표를 달성하는 데 중요한 전환점이 될 것으로 예상한다(Buck et al., 2019).

3.2. 탄소중립 경제체제 한계 및 에너지 전환 목적

2050년 탄소중립과 탈탄소화 경제체제를 달성하기 위해서는 위에서 언급한 네 가지 전략을 가능한 이른 시기에 달성하여야 한다. 이 전략을 통해서 목표를 완전히 달성한다고 해도 기후 중립을 달성하는 데는 한계가 있다. 그 이유는 에너지 부문에서 탈탄소화를 달성한다고 해도 농업 및 운송 부문 등에서는 탄소배출이 2050년에도 지속되거나 증가할 것으로 예상되기 때문이다. 이러한 잔여 부문의 탄소배출을 중립화시키기 위해서는 지속적인 연구개발과 기술 혁신을 통한 새로운 첨단기술의 배치가 필수적이다.

이처럼 잔여 부문의 탄소배출 등과 같은 완전한 온실가스 배출 감축을 위해서는 삼림 확대 등과 같은 조림 사업, 토지경영 향상 등과 같은 자연적으로 온실가스 배출을 감축할 수 있는 수단이 필요하다. 이외에도 탄소배출을 억제하는 기술인 탄소 포집 및 저장(CCS)과 바이오 에너지 소비 등과 같은 탄소 억제 기술

(Negative Emission Technology) 배치 등이 더욱 필요하다. 이러한 기술과 필수 인프라가 효율적으로 작동하기 위해서는 경제적으로 지속 가능한 체제가 구축되어야 한다(ASSET, 2020).

유럽연합이 2050년 탄소중립을 실현하기 위한 장기 목표를 추진하는 것은 다양한 이유가 있다. 특히 이를 실현하는 데 에너지전환이 필수적이며 이를 달성하는 과정에서 유럽연합은 다양한 도전을 극복하면서 경제, 사회, 노동, 환경 등의 부문에서 새로운 기회를 창출할 수 있을 것으로 예상한다. 유럽연합의 에너지전환을 위한 공공부문의 다양한 사업추진을 실질적으로 재정 지원하고 있는 유럽투자은행(European Investment Bank: EIB)은 에너지 전환의 이유를 다음과 같은 일곱 가지로 분석하여 설명하고 있다.

첫째: 신규 고용 창출

유럽연합은 2019년까지 청정에너지 부문에서 약 400만 명의 고용을 창출하였다. 유럽연합이 2050년 탄소중립을 실현하기 위한 기후 및 에너지정책을 지속하면 492,000명의 신규 고용이 더 창출될 것으로 유럽연합 집행위원회는 예상한다. 이외에도 에너지전환을 추진하는 과정에서 2050년까지 0.3%의 신규 고용이 부수적으로 창출될 수 있으며 현재 추진하는 더욱 야심 찬 온실가스 감축 시나리오를 적용하면 부수적 신규 고용 창출이 0.9%까지 가능하다.

둘째: 신규 산업부문 성장

재생에너지 부문은 산업 초기 단계를 넘어서 유럽연합 차원의 보조금 지급이 없이 성장하는 단계로 접어들었다. 2010년에서 2018년까지 태양광/열 발전비용은 75% 감소하였고 풍력 발전은 35%가 감소하였다. 이처럼 빠른 속도로 경제성을 증가시키는 재생 에너지 부문 경쟁력이 화석연료 발전 비용과 같은 경제성을 나타내는 시기가 늦어도 2020년대 중반부터는 시작될 것으로 예상된다.

셋째: 에너지 의존도 감소

유럽연합 집행위원회의 장기 탄소 전략 심층 분석에 의하면 탄소중립을 실현하기 위한 기후 및 에너지 정책을 추진하고 에너지 전환을 이루면 유럽연합은 2019년 약 55%의 에너지 수입 의존도를 2050년 20%로 낮출 수 있다. 이처럼 에너지 수입 의존도를 획기적으로 낮출 수 있는 것은 재생 에너지 개발 확대로 가능하며 2030년 이후에는 재생 에너지 생산비용이 화석연료와 비교할 때 충분한 경쟁력을 확보할 수 있을 것으로 예상한다.

넷째: 산업 경쟁력 향상

유럽연합은 상품 생산에 필요한 에너지 소비를 감소시키기 위하여 산업의 에너지 집중도를 낮추도록 노력하고 있다. 그 결과 2017년에는 전 산업의 평균 에너지 집중도가 20%로 감소하였다. 물론 산업의 특성상 에너지를 과다하게 소비하는 철강, 시멘트, 화학 유리산업 부문에서는 에너지 집중도가 평균보다 높다. 이러한 산업부문의 에너지 효율성을 향상하기 위하여 공정 과정을 디지털 및 자동화로 진행하고 있으며 자원의 재활용 비율을 높이려고 노력하고 있다. 이로써 유럽연합 전 산업의 에너지 효율성이 향상되고 산업 경쟁력도 한층 강화되리라 예상한다.

다섯째: 소비자 권한 강화

에너지 전환 과정에서 소비자는 전력의 소비 방식 및 공급에 대한 전력망 건설 등에 관해서 적극적인 역할을 예상한다. 따라서 이 과정에서 전력 소비자는 단순히 전력을 소비하는 소비자의 입장에 그치는 것이 아니라 재생에너지를 생산하여 잔여 전력을 공급하는 전력 공급자의 역할도 수행한다. 대다수의 유럽연합 회원국은 이러한 상황 변화를 위해서 법적인 체제를 구성하였다.

여섯째: 탈탄소화 글로벌 리더

유럽연합은 탈탄소화 과정을 미국과 중국 등 타 경제 대국보다 역사적으로 훨씬 이른 시기에 시작하였고 그 성과도 이들 국가와 비교할 때 독보적으로 높다. 유럽연합은 이미 20년 전부터 탈탄소화 과정을 추진하여 경제성장과 탄소배출 간의 비례적 관계를 탈피하였다. 그 결과 2000년 대비 탄소배출을 20% 감축하였다. 그 결과 2018년 유럽연합 경제는 에너지 집중도가 미국보다는 20% 그리고 중국보다는 70% 낮은 수준을 유지하고 있다.

일곱째: 기후변화 위기 증명

지난 20여 년간 재생 에너지 부문에 대한 투자는 지속하여 증가하였다. 또한 이 부문에 대한 투자는 2008년 글로벌 경제위기, 2010/2011년 유럽연합 재정위기 하에서도 타 투자 부문과 비교할 때 가장 적은 영향을 받았다. 이는 기후변화의 심각성을 인식하고 있는 반증이다.

이처럼 에너지 전환을 위하여 유럽투자은행(EIB)은 2019년 11월 신규 에너지 대출 정책을 추진하였다. 동시에 환경의 지속성과 기후변화 대응 행동을 장려하기 위한 노력을 장려하는 방향을 강조하고 있다(EIB, 2019).

4. 결론

2050년 유럽연합 탄소중립 실현을 위한 장기목표를 달성하기 위하여 각 회원국은 자국의 경제적 상황에 적합한 에너지 전환 정책을 추진하고 있다. 따라서 각 회원국의 정책 추진 결과는 상이하다. 특히 경제발전 단계의 차이로 인하여 서유럽 회원국과 동유럽 회원국 간의 격차는 상대적으로 큰 편이다.

이러한 현실적인 격차가 존재함에도 회원국 중 에너지 전환 정책을 추진하면서 괄목할 만한 성과를 나타내고 있는 사례를 주목할 필요가 있다. 이를 기초로 유럽연합의 장기 목표 달성에 대한 가능성을 판단할 수 있으며 이들 성공적인 사례가 타 회원국에 에너지 전환 정책의 모델로 작용할 수 있기 때문이다. 이외에도 이들의 우수사례는 한국의 에너지 전환 정책에도 많은 시사점을 제공해 줄 수 있다.

유럽연합 내 에너지 전환 정책 우수사례 회원국으로 역내 최대 경제국이며 유럽연합 기후 및 에너지 정책을 주도하고 있는 독일의 사례이다. 두 번째는 영국의 사례로 2021년 1월 1일부터 유럽연합을 공식적으로 탈퇴하였으나 2020년 말까지 서유럽 회원국 중 화석연료 사용 비중이 가장 높은 국가에서 에너지 전환 정책을 통하여 재생 에너지 비율을 빠르게 증가시켜 탄소배출을 크게 감축시킨 사례이다. 마지막으로 역내 기후 및 에너지 정책의 모범국가인 스웨덴의 사례이다. 역내 탄소배출 감축 비중이 가장 높고 유럽연합의 2050년 탄소중립 목표를 훨씬 이른 시기인 2045년에 조기에 달성하려는 전략을 추진하고 있다.

따라서 이들 세 나라가 2050년 유럽연합 탄소중립 경제 체제 달성을 주도할 수 있는 핵심 국가이며 타 회원국에 에너지 전환 정책 성공 가능성을 제시하고 있다. 또한 탄소중립 경제 체제 구축과 에너지 전환 정책 추진은 그 최종 목표가 단순히 기후 중립을 달성하는 것이 아니라 이를 위한 유럽연합의 경제 체제 및 산업구조를 획기적으로 질적 수준을 향상하여 유럽연합 통합을 더욱 강화하고 글로벌 경쟁력을 강화하는 것이다.

참고문헌 ···

Advanced System Studies for Energy Transition (ASSET) (2020), Sectoral Integratio
n: Long − Term Perspectives in the EU Energy System, Final Report, No
v., https://ec.europa.eu/energy/studies_main/final_studies/sectorial−integrati
on−long−term−perspective−eu−energy−system_en, (2022년 5월 1일 검색)

Brower, K. M. & Bergkamp, L. (2021), Road to EU Climate Neutrality by 2050,
Brussels: ECR Group

Buck, M., Graf, A., and Graichen, P. (2019), European Energy Transition 2030:
The Big Picture, Berlin: Agora Energiewede

European Commission (2018), "In−depth Analysis in Support of the
Commission Communication COM(2018)773 − A Clean Planet for All:

A European Long−Term Strategic Vision for a Prosperous, Modern, Competitive
and Climate Neutral Economy,
https://ec.europa.eu/energy/en/topics/energy−strategy−and−energy−union/
2050−long−term−strategy, (2022년 4월 17일 검색)

European Commission (2021a), A European Green Deal,
https://ec.europa.eu/info/strategy/priorities−2019−2024/european−green−deal
_en, (2022년 4월 19일 검색)

European Commission (2021b), Energy Union,
https://ec.europa.eu/energy/topics/energy−strategy/energy−union_en?redir＝1,
(2022년 4월 24일 검색)

European Investment Bank (2020), The European Fund for Strategic
Investments: The Legacy, https://www.eib.org/en/publications/efsithe−legacy,

(2022년 5월 2일 검색)

European Union (2021), Energy,

　https://europa.eu/european−union/topics/energy_en (2022년 4월 24일 검색)

탈러시아 에너지 전략을 추진 중인 유럽*

강유덕**

1. 지정학적 변화에 직면한 유럽

　　러시아의 우크라이나 침공은 유럽의 안보환경에 큰 변화를 불러일으켰다. 우크라이나를 둘러싼 지정학적 리스크가 군사적 충돌로 표출된 원인에 대해서는 여러 시각이 있다. 미국과 동맹국인 유럽의 주요 국가들은 러시아 푸틴 정부의 영토 확장 정책을 그 원인으로 지목했다. 이에 서방 국가들은 우크라이나에 대한 군사적 지원을 실시했고, 북대서양조약기구(NATO)를 중심으로 단합을 강화했다. 반면에 러시아는 NATO의 동진과 유럽연합(EU)의 확대가 러시아의 특수한 안보 의식을 지속적으로 자극했고 자국이 수용할 수 있는 임계점을 넘었다고 주장했다. 미－중 패권경쟁 속에서 양국은 기술, 외교안보 등의 분야에서 치열한 경쟁을 준비하면서도 적어도 상호 간의 의존 관계를 유지했다. 반면에 러시아의 우크라이나 침공으로 촉발된 에너지 위기는 상호의존적이던 유럽－러시아 관계를 돌이킬 수 없을 정도로 악화시켜버렸다 미국과 유럽은 군사적으로 우크라이나를 지원하였고, 러시아는 중국과 연대를 강화하고 있다. 일각에서는 새로운 냉전체

* 이 글은 저자의 기존 발표 논문과 기고문을 바탕으로 재작성되었다.
** 한국외국어대학교 Language & Trade학부 교수, ydkang@hufs.ac.kr

제가 도래했다고 단정한다. 경제적 영역에서도 세계화의 전격적인 후퇴 가능성이 높다. 미-중 패권경쟁과 코로나19 사태로 취약해진 글로벌 공급망이 재차 흔들리게 된 것이다. 특히 거의 모든 국가들은 2022년에 공급충격으로 물가 급등세에 직면했다.

유럽연합(EU)은 정치(외교·안보)와 경제 양 측면에서 큰 도전에 직면했다. 우선 정치적 측면에서는 유럽의 안보 지형이 급속도로 바뀌고 있다. 러시아가 우크라이나 침공을 결정하게 된 공식적인 이유는 우크라이나의 북대서양조약기구(NATO) 및 유럽연합(EU) 가입 시도이다. 즉 NATO와 EU의 동진 현상에 제동을 걸기 위한 것이다. 반면에 오히려 반대의 결과가 나타났다. 우크라이나는 2022년 6월 23일 EU 후보국 지위를 부여 받았다. 스웨덴과 핀란드는 70년 이상 유지해온 외교적 중립노선을 포기하고, 5월에 NATO 가입을 신청했다. 경제적 측면에서는 EU의 에너지 공급망이 위협을 받으면서 대대적인 재편을 앞두고 있다. 유럽은 본래 에너지 자립도가 낮은 지역이다. 노르웨이, 영국 등이 북해에서 원유를 생산하지만, 유럽 전체의 수요를 충족시키기에는 턱없이 모자란다. 이로 인해 EU는 부족한 에너지를 러시아로부터 수입해 왔다. 따라서 EU-러시아 관계의 악화는 유럽의 에너지 안보에 큰 문제를 불러일으킨다.

2. 유럽-러시아 관계: 에너지의 수요자-공급자

러시아는 세계적인 에너지 생산국으로 EU는 전체 에너지 수요(energy-mix)의 25%를 러시아에 의존한다. EU의 에너지 수입 중 러시아가 차지하는 비중은 천연가스가 41%, 석유가 27%, 석탄은 47%에 달한다. 즉 유럽 경제는 러시아의 에너지 없이는 정상적으로 작동하기 힘들다. 이러한 물량을 당장 대체할 수 있는 수입원이 없기 때문이다. 물론 러시아 입장에서도 유럽은 대체가 어려운 시장이다. 러시아의 에너지 수출 중 유럽이 차지하는 비중은 석유는 49%, 천연가스는 74%에 이른다. 이러한 불가분의 수요자-공급자 관계는 지정학적 리스크에도 불구하고 양측의 경제관계가 유지되는 배경이 되었다.

EU – 러시아 무역이 에너지 수입 위주의 구조를 갖게 된 것은 동서 냉전시기로 거슬러 올라간다. 소련과 이념적, 군사적으로 대립했던 미국과 달리 지리적으로 소련 및 그 위성국가들과 국경을 맞대고 있던 서유럽은 유연한 대응이 필요했다. 서유럽의 정부들은 소련의 위협에 대응하기 위해서는 일정 수준에서 소련과 협력하는 것이 효율적이라고 판단했다.[1] 마침 등장한 소련의 천연가스는 동서 관계를 개선시킬 수 있는 중요한 수단으로 인식이 되었고, 1960년대 말부터 소련과 서유럽 국가 간에 가스 공급 협상이 시작되었다. 이 협상은 정치적인 동기에 의해 시작된 것만은 아니었다. 1970년대에 소련의 천연가스는 노르웨이산 천연가스에 비해 저렴했고, 중동 및 북아프리카산 에너지원에 비해서는 정치적 위험도 적었다. 마침 외화 획득이 필요한 소련은 서유럽에 천연가스 수출을 희망했다. 이에 가스 매장 지역에 대한 개발과 국내 신규 파이프 건설을 적극적으로 추진했다. 초기에는 우크라이나 동부 지역의 가스전을 활용했으나, 이후 서시베리아 지역의 개발을 추진했다. 특히 이 과정에서 낮은 기술력을 극복하기 위해 유럽산 파이프와 승압 장비를 적극 도입했다.

소련으로부터 대량의 천연가스를 수입하게 된 점은 서유럽에 대한 소련의 영향력이 증가함을 의미했다. 소련이 서유럽의 통합과 NATO의 단합을 저해하고, 자본주의 진영의 분열을 목적으로 가스 수출을 외교적 도구로 활용할 수 있었기 때문이다. 미국 정부는 소련이 서유럽에 대한 가스 공급 중단 조치를 통해 정치·외교적 영향력을 행사할 수 있음을 계속 지적했고, 소련의 Yamal 프로젝트에 서유럽 국가들이 참여하는 것을 반대했다. 반면에 여러 문헌에 따르면, 적어도 냉전 기간 중에는 서유럽에 대한 소련산 천연가스의 공급이 차질을 빚은 경우는 소련 내의 기술적 문제가 대부분이었고, 소련이 정치·외교적 목적을 달성하기 위해 공급량을 의도적으로 줄인 경우는 없었다.[2]

---

1) 이성규·최영림, 「냉전시기 소련 – 서유럽 간 가스교역 추진 배경과 시사점」, 『세계에너지 현안 인사이트』 (2015), p.2.
2) 이성규·최영림(2015), pp.23 – 24.

반면에 천연가스 공급 중단 조치는 오히려 구소련이 붕괴된 후 우크라이나, 벨라루스 등 독립 국가들이 등장하고, 이 지역의 경제 상황과 역학 관계에 큰 변화를 겪고 나서부터였다. 특히 경제적 상황이 악화된 우크라이나에서는 가스 대금 체불 사례가 발생했다. 이에 러시아의 국영가스 회사인 가즈프롬(Gazprom)은 우크라이나에 대한 가스 공급을 중단했다. 반면에 유럽으로 공급되는 가스의 상당 부분이 우크라이나를 경유하는 상황에서 우크라이나에 대한 공급 중단조치는 유럽의 다른 국가들에 대한 공급 차질을 불러일으켰다. 러시아 입장에서는 체불 조치에 대한 대응이지만, 에너지 안보에 민감할 수밖에 없는 유럽 국가들 입장에서 이 조치는 러시아의 정치적 압박으로 간주될 수밖에 없었다. 경유국 리스크를 줄이기 위해 독일은 아예 러시아-독일 간의 직통 가스관인 노드스트림을 설치했고, 러시아 리스크 관리에 상당한 노력을 기울였다.

3. EU의 대러시아 에너지 의존

유럽은 에너지 자급률이 낮은 지역이다. 노르웨이와 영국에 인접한 북해에서 생산되는 원유, 가스는 유럽의 수요를 충당하기에 턱없이 부족하다. EU의 에너지 의존율은 장기적으로 57~58% 수준이다. 에너지 의존율은 사실상 부존자원의 양에 따라 결정이 되는 것이므로, 단시일 내에 바꿀 수 있는 것이 아니다. 적절한 공급원의 확보를 통해 에너지 수요와 공급을 안정적으로 관리하는 것이 중요하다. EU 회원국별로 살펴보면, 에너지 의존율이 상이한데, 에스토니아, 루마니아, 스웨덴 등의 의존율이 낮은 반면, 도서국가인 몰타, 키프로스, 그리고 룩셈부르크, 그리스 등의 의존율은 높은 편이다. 에너지 의존율은 감소하는 국가도 있는 반면, 증가 추세를 보이는 국가도 있다. 천연가스에 대한 의존율은 전체 에너지 의존율에 비해서는 높은데, 전반적인 증가 추세를 보였다. 1990년 51.8%였던 의존율은 1990년대 말부터 60%를 상회하기 시작했고, 2008년 이후에는 70%, 2017년부터는 80%를 상회하기 시작했다. 2020년 EU(27)의 천연가스 의존율은 83.6%(2019년 89.6%로 최대 기록)인데, EU 27개 회원국 중 5개국이 의존율이 100%이며, 90% 이상인 국가는 15개국에 이른다.

표 1 | EU 회원국의 에너지 의존율

에너지 의존율(%)				천연가스 의존율(%)		
	2000	2010	2020		2000	2010	2020
몰타	100.2	99.0	97.6	오스트리아	99.1	99.9	100.7
키프로스	98.6	100.6	93.1	스페인	100.0	100.0	100.3
룩셈부르크	99.6	97.1	92.5	크로아티아	101.9	61.8	100.1
그리스	69.1	68.6	81.4	아일랜드	100.0	100.0	100.0
벨기에	78.2	78.6	78.1	라트비아	100.0	100.0	100.0
리투아니아	57.8	79.0	74.9	루마니아	100.0	100.0	100.0
이탈리아	86.5	82.6	73.5	영국	99.3	99.3	99.4
아일랜드	85.4	87.5	71.3	핀란드	100.3	100.4	99.3
네덜란드	38.3	28.3	68.1	키프로스	99.3	100.3	99.1
스페인	76.8	77.0	67.9	슬로베니아	100.0	99.7	98.9
포르투갈	85.3	75.2	65.3	스웨덴	101.6	99.4	97.5
독일	59.4	60.0	63.7	룩셈부르크	93.5	92.6	96.4
오스트리아	65.5	62.8	58.3	덴마크	0.0	0.0	96.2
EU-27	56.3	55.8	57.5	포르투갈	100.0	92.8	94.7
헝가리	55.0	56.9	56.6	슬로바키아	81.1	90.5	92.8
슬로바키아	65.1	64.4	56.3	독일	79.1	81.2	89.1
크로아티아	48.5	46.7	53.6	불가리아	98.8	99.9	88.1
슬로베니아	51.9	49.3	45.8	리투아니아	99.8	84.8	86.0
라트비아	61.0	45.5	45.5	네덜란드	65.7	67.8	83.6
덴마크	-35.9	-16.0	44.9	폴란드	66.3	69.3	78.3
프랑스	51.2	48.6	44.5	EU-27	75.4	78.7	75.6
폴란드	10.7	31.6	42.8	몰타	80.6	75.3	73.2
핀란드	55.5	48.9	42.0	그리스	41.0	18.1	68.8
체코	22.7	25.4	38.9	헝가리	72.1	95.3	63.7
불가리아	46.4	40.1	37.9	에스토니아	-10.7	40.0	49.8
영국	-17.1	29.0	34.8	프랑스	-49.1	-60.4	45.0
스웨덴	39.3	38.0	33.5	이탈리아	-64.8	-68.3	37.4
루마니아	21.9	21.4	28.2	체코	19.8	16.8	16.6
에스토니아	34.0	14.7	10.5	벨기에	0.0	0.0	0.0

주: 1) 의존율이 높은 순서로 배열함. 2) 영국의 경우 2020년 자료 대신에 2019년 자료를 사용함. 3) 에너지 수출국인 경우에는 의존율이 마이너스(-)가 되며, 100을 넘는 경우에는 수요량보다 더 수입해서 저장하였음을 의미함.
출처: Eurostat, Energy imports dependency.

이러한 EU의 에너지의 수입 중 러시아가 차지하는 비중이 압도적으로 높다. 러시아는 3대 화석연료(천연가스, 석유, 석탄)에 있어 EU의 제1위 수입국이다. EU(27개국)는 2020년 기준 천연가스 수입의 38.7%, 석유의 22.6%, 석탄의 45.6%를 러시아로부터 수입했다. 이 중 에너지 의존과 관련하여 가장 큰 문제가 되는 것은 천연가스이다. 석유의 경우, 대러시아 의존도가 다른 천연가스에 비해서는 낮고, 러시아를 대체할 수입국을 찾는 것이 상대적으로 수월하다. 석탄의 경우 화력발전에 가장 많이 사용되는데, 대부분의 EU 회원국에서는 기후변화 대책의 일환으로 2030년까지 화력발전을 종료할 계획을 갖고 있다. 따라서 향후 수요량이 급감할 것이다. 반면에 천연가스의 경우 러시아의 높은 비중과 수송 인프라의 특성을 고려할 때 단기간에 대체하는 것이 어렵다.

표 2 | EU(27)의 에너지 수입(2020년)

	천연가스			석유			고체 연료(석탄)		
	국가	bcm	비중(%)	국가	백만 톤	비중(%)	국가	백만 톤	비중(%)
1	러시아	155.02	38.70	러시아	170.57	22.85	러시아	44.22	45.61
2	노르웨이	74.56	18.61	미국	52.56	7.04	미국	13.39	13.81
3	알제리	29.00	7.24	노르웨이	47.81	6.40	호주	11.86	12.24
4	비(非)명시	27.43	6.85	사우디	44.29	5.93	폴란드	9.12	9.41
5	네덜란드	22.94	5.73	영국	40.16	5.38	콜롬비아	5.06	5.22
6	카타르	16.39	4.09	카자흐스탄	37.55	5.03	캐나다	2.04	2.11
7	영국	15.68		나이지리아	34.60	4.64	카자흐스탄	1.65	1.70
8	미국	15.16	3.78	네덜란드	34.44	4.61	독일	1.52	1.57
9	나이지리아	11.46	2.86	벨기에	30.78	4.12	체코	1.52	1.56
10	독일	9.44	2.36	이라크	29.12	3.90	남아공	1.12	1.16
11	리비아	4.46	1.11	아제르바이잔	20.33	2.72	영국	1.02	1.05
12	트리니다드 토바고	3.11	0.78	알제리	18.33	2.46	네덜란드	0.87	0.89
13	프랑스	2.80	0.70	독일	17.68	2.37	모잠비크	0.75	0.77
14	헝가리	2.62	0.65	이탈리아	10.75	1.44	스페인	0.44	0.45
15	덴마크	1.87	0.47	스페인	10.51	1.41	인도네시아	0.40	0.41
	기타	8.64	2.16	기타	147.04	19.70	기타	1.98	2.04
	합계	400.59	100	합계	746.52	100	합계	96.94	100

출처: Eurostat. Imports of natural gas by partner country; Eurostat, Imports of oil and petroleum products by partner country; Eurostat, Imports of solid fossil fuels by partner country.

표 3 | EU(27)의 대러시아 에너지 수입 비중(2020년)

	천연가스(%)			석유(%)			고체연료(석탄)(%)		
		2013	2020		2013	2020		2013	2020
1	체코	100	100	슬로바키아	81.3	78.4	키프로스	0	100
2	라트비아	100	100	리투아니아	85.6	68.8	에스토니아	96.6	100
3	헝가리	95	95	폴란드	84.6	67.5	라트비아	97.5	97
4	슬로바키아	100	85.5	핀란드	71	66.9	덴마크	36.7	95.7
5	불가리아	100	75.2	헝가리	77.1	44.7	리투아니아	94.6	90.6
6	핀란드	100	67.4	루마니아	35.4	32.8	그리스	16.1	87
7	독일	40.9	65.2	에스토니아	16.3	32	불가리아	49.5	85.4
8	폴란드	77.1	54.9	독일	27.8	29.7	폴란드	60.1	72.1
9	에스토니아	100	46.2	체코	42.7	29.1	크로아티아	17.3	70.4
10	루마니아	91.7	44.8	그리스	31.9	26.3	루마니아	21.4	55.7
11	이탈리아	45.3	43.3	벨기에	29.4	22.2	네덜란드	16.2	53.3
12	리투아니아	100	41.8	네덜란드	24.5	21	이탈리아	20.9	52.7
13	그리스	66.6	39	라트비아	14.2	20.3	핀란드	68.1	50.4
14	네덜란드	14.1	30.3	덴마크	14.2	14.9	스페인	17.2	46
15	룩셈부르크	25.2	27.2	프랑스	14.5	13.3	독일	22.2	45.9
16	프랑스	19.5	16.8	슬로베니아	0.8	12.9	영국	39.2	33.6
17	스웨덴	0	12.7	스웨덴	31.4	12.9	벨기에	21.6	32
18	스페인	0	10.4	이탈리아	21.7	12.5	프랑스	15.7	31.8
19	포르투갈	0	9.7	영국	10.5	12.2	슬로바키아	22.9	30.4
20	슬로베니아	57.9	8.7	크로아티아	48.7	8.9	스웨덴	20.9	24.7
21	영국	0	6.7	몰타	30.3	8.2	아일랜드	0.3	20.7
22	벨기에	0	6.5	불가리아	78.8	8	헝가리	3.2	20
23	오스트리아	63.2	0	오스트리아	8	5.9	오스트리아	0.8	9.5
24	크로아티아	0	0	스페인	11.8	5.6	체코	1.8	8
25	덴마크	0	0	아일랜드	0.2	4.7	룩셈부르크	7.1	6.2
26	아일랜드	0	0	포르투갈	10.2	4	슬로베니아	0.3	4.5
27	몰타	-	0	키프로스	1.2	1.2	포르투갈	0.3	0
28	키프로스	-	-	룩셈부르크	0	0	몰타	-	-
	EU-27	36.7	38.7	EU-27	27.8	22.9	EU-27	23	45.6

주: 일부 국가의 수입은 상당량이 수입국을 '특정할 수 없음(not specified)'으로 표시된 경우
   가 있는데, 전후 맥락을 감안할 때 러시아산 에너지가 포함된 것으로 사료됨.

출처: Eurostat. Imports of natural gas by partner country; Eurostat, Imports of oil and
   petroleum products by partner country; Eurostat, Imports of solid fossil fuels by
   partner country.

대러시아 에너지 의존도는 회원국별로 상이하다. 주로 러시아와 지리적으로 가까운 중동부 유럽 국가들이 러시아에 대한 의존도가 높다. 천연가스를 기준으로 살펴보면 2020년 기준 체코, 라트비아, 헝가리, 슬로바키아 등 8개국이 대러시아 수입 비중이 50%를 상회한다. 특히 독일은 2013년 40.9%였던 대러시아 수입 비중이 2020년에는 65.2%로 오히려 증가하였다. 러시아산 에너지가 다른 국가를 경유해서 오는 경우도 있기 때문에 실제 러시아에 대한 에너지 의존도는 통계적으로 나타나는 것보다 더 높을 것이다.

4. 대러시아 에너지 의존을 축소하려는 노력

2014년 3월 러시아의 크림반도 병합 조치는 EU가 독자적인 에너지 대책을 서두르게 되는 결정적인 계기가 되었다. EU는 러시아 국적 인사의 입국 금지와 자산 동결, 23개 은행에 대한 거래 금지 조치를 실시하였다. 이에 맞서 러시아도 EU산 농산품에 대한 수입 금지 조치를 실시하였는데, 에너지 관련 분야는 제재 대상에서 전적으로 제외되었다. 가령 러시아와 독일을 직접 연결하는 노드스트림－2 사업은 기존 계획은 양측의 상호 제재 속에서도 계속 추진되었다. EU와 러시아의 상호 제재는 외교적 필요를 충족하되, 경제적 손실은 최소화하는 실리적인 판단이라는 평가를 받았다.

반면에 2010년대 중반부터 대러시아 에너지 의존도에 대한 EU의 불안감은 커졌다. 2014년 4월 폴란드의 도날드 투스크(Donald Tusk) 총리는 EU 차원의 에너지 동맹(Energy Union)을 구축할 것을 제안했다. 러시아의 크림반도 병합은 러시아－우크라이나 관계를 급속도로 악화시켰는데, 러시아에서 유럽으로 보급되는 천연가스의 50%는 우크라이나 영토를 통과하고 있는 상황이었다. 러시아가 우크라이나에 대한 에너지 공급을 차단할 경우, EU 회원국에 대한 공급도 위기에 처할 수 있기 때문에 공동 대응이 필요하다는 주장이었다. 투스크 총리의 제안은 러시아산 천연가스의 공동 구매를 위한 단일 기구를 설립하는 것이 골자였다. 러시아의 에너지 수출에서 유럽이 차지하는 비중은 원유가 49%, 천연가스는

74%에 이르며, 석탄도 32%에 이를 정도로 압도적으로 높다. 반면에 구매자로서의 유럽은 국가 단위로 구분되어 있고, 특히 유럽의 소국은 러시아의 공급중단 조치와 가격 인상 가능성에 위협을 느끼고 있었다. 이러한 상황에서 에너지 동맹은 천연가스 구매를 위한 단일 창구의 수립, 협상력의 제고, 수송 인프라의 확충, 부존 자원 개발을 위한 연대를 강화하는 것을 골자로 하였다. 이러한 노력이 처음은 아니다. 2010년 당시 유럽의회 의장이었던 예르지 부체크(Jerzy Buzek)와 1980년대에 EU 집행위원회 위원장을 역임한 자끄 들로르(Jacques Delors)에 의해 '유럽에너지공동체(European Energy Community)'라는 이름으로 제안된 바 있다.[3] 반면에 EU 집행위원회를 비롯하여 회원국들은 큰 관심을 기울이지 않았다.

2014년 중반에 차기 EU 집행위원회 위원장으로 지목된 장-끌로드 융커(Jean-Claude Juncker)는 에너지 동맹의 구축을 중요한 정책 목표로 설정했다. EU 집행위원회는 2015년 2월 에너지 동맹 패키지(Energy Union Package)를 발표했다.[4] 에너지 동맹은 에너지 정책과 기후변화 대응을 망라하는 종합적 정책패키지로 주요 영역과 정책 방향은 〈표 4〉에 정리된 바와 같다.[5] 파리기후협약에 따른 기후변화 대응 정책과 전력망 구축을 위한 2개의 정책 제안서 또한 동시에 발표되었다.[6] 기후변화 대응 정책은 2030년까지 온실가스 배출량을 1990년 수준 대비 40%로 줄이는 것이었고, 전력망 구축은 노후 전력망을 개선하고 회원국 간 전력망 연결 수준을 2020년까지 10%, 2030년까지는 20% 수준으로 높이는 것을 목표로 하였다.

---

3) Severin Fischer and Oliver Geden, "Limits of an Energy Union," SWP Comments (2015), pp.1-2.

4) European Commission, *Framework Strategy for a Resilient Energy Union with a Forward-Looking Climate Change Policy*, COM(2015) 80, February 25, 2015 (2015).

5) European Commission (2015), pp.19-21.

6) European Commission, The Paris Protocol - A Blueprint for Tackling Global Climate Change beyond 2020, COM(2015) 081, February 25, 2015 (2015); European Commission, *Achieving the 10% Electricity Interconnection Target Making Europe's Electricity Grid Fit for 2020*, COM(2015) 082 final, February 25, 2015 (2015).

표 4 | 에너지동맹(Energy Union)의 주요 영역과 정책

영역	정책 방향
에너지 안보 강화, 연대 및 신뢰 구축	- 에너지 공급처 다변화 - 에너지 안보 위한 연대 강화 - 글로벌 에너지시장에서의 유럽 역할 확대 - 가스 공급계약의 투명성 강화
유럽에너지시장의 완전한 통합	- 전기·가스 수송시스템 연결성 강화 - 에너지 관련 법안 재정비 - EU 내 공통 에너지 프레임워크 설립 - 소비자 역할 강화 및 에너지 취약계층 배려
에너지 효율 증대	- 건물·수송 분야의 에너지 효율 증대
기후변화 대응	- EU의 기후변화 대응 기여방안 성취 - 재생에너지 산업 발전
연구·혁신, 경쟁력 향상	- 재생에너지, 스마트 그리드, 에너지효율 등의 공동연구 추진

출처: European Commission (2015); 윤영주, 「EU의 에너지동맹(Energy Union) 구축 전략과 추진계획」, 『세계 에너지시장 인사이트』, 제15－18호 (2015), p.16.

에너지 동맹은 에너지 안보 문제를 비롯하여 에너지 분야의 단일시장 구축, 낙후 지역에 대한 에너지 인프라 개선, 기후변화 대응을 모두 망라하는 대러시아 에너지 의존도에 대한 인식의 변화가 동 계획의 추진에 영향을 끼친 것은 분명하다. 반면에 EU 차원의 에너지 정책과 단일시장 구축 등 유럽통합의 비전에 맞춰 설계되었고, Europe 2020의 기후변화 계획과 연계된 점은 동 제안이 포괄적 정책 프레임워크임을 보여준다. 이와 같은 에너지 동맹의 포괄적 성격은 회원국의 이해상충을 발생시킬 소지를 높여 오히려 한계로 작용할 수 있었고, 보다 구체적인 단계별, 분야별 행동 계획이 필요하다는 지적도 제기되었다.7) 에너지 동맹의 성과에 대해서는 평가가 엇갈린다. 재생 에너지 사용의 확대, 배출가스 감소 등 가시적인 성과를 도출한 반면, 에너지 의존도 감소에는 성과를 거두지 못했다. EU의 에너지 의존도는 2019년 60.6%로 지난 30년간 최대 수준으로 증가하였다. 특히 대러시아 에너지 의존도의 경우 대러시아 경제제재와 에너지 동맹 출범 기간 중에 오히려 높아지는 모습을 보였다.

---

7) Fischer and Geden (2015), pp.3－4; 윤영주(2015), p.24.

5. EU의 탈러시아 에너지 전략: REPowerEU

러시아의 우크라이나 침공에 대해 대부분의 유럽 국가들은 강력하게 비판했다. EU 탈퇴 후 2년 차에 접어든 영국은 더 적극적이었다. 러시아의 우크라이나 침공 직후부터 EU는 총 6차례에 걸쳐 대러시아 제재를 발표했다. 주목할 점은 이 제재 조치의 일부로 포함된 탈러시아 에너지 계획이다. 2022년 3월 8일 EU 집행위원회는 러시아로부터 에너지 수입을 중단하기 위한 중장기 로드맵 'REpowerEU'를 발표했다. 이 계획에 따르면 EU는 우선 2022년 말까지 러시아산 석유와 석탄 수입을 중단하고, 늦어도 2030년까지는 천연가스 수입조차 중단하게 된다. 실행 방안을 살펴보면 단기적으로는 중동, 미국 등으로 수입선을 전환하고, 중기적으로는 풍력, 태양광, 바이오메탄 같은 재생 에너지 비중을 대폭 늘릴 계획이다. 러시아산 가스를 대체하기 위해서는 원자력 발전을 늘릴 수도 있다. 또한 효율성을 높여 화석연료 소비량 자체를 줄이겠다는 계획이다. 이러한 EU의 탈러시아 에너지 전략을 급조된 것으로 보는 시각도 있다. 또한 러시아가 선별적인 에너지 공급 유지와 중단을 통해 유럽을 분열시킬 수 있다는 우려도 있다. 반면에 EU는 꾸준히 재생 에너지 사용 비중을 늘려왔다. 가령 1990년 전체 에너지 사용 중 재생 에너지의 비중은 5% 미만이었으나, 2020년에는 17% 이상으로 증가했다. 특히 EU는 유럽 그린딜(European Green Deal)에 따라 2050년까지 탄소중립 달성을 목적으로 다양한 영역의 정책을 조율하고 있다. EU의 탈러시아 에너지 전략은 유럽 그린딜을 가속화시키는 방식으로 추진된다.

REPowerEU는 내러시아 에너시 의존을 중단하기 위한 로드맵으로, 경제적 효율성(비용)을 배제하고 안보적 요인에 근거하여 이루어진 정치적 결단이다. 특히 러시아의 우크라이나 침공 후 불과 보름 만에 발표되었다는 점에서 서둘러서 준비된 것이다. 이러한 급박함은 러시아산 에너지 수입 중단에 대해 회의적인 시선이 많은 배경이 된다. 반면에 EU가 추진해 온 기존 정책의 연장선에서 볼 수 있는 점도 있다. 첫째, REPowerEU는 2021년 10월에 EU 집행위가 발표한 에너지 가격에 대한 입법안을 기반으로 작성된 것이다. 당시의 입법안은 코로나19 사태 이후 경제활동의 재개에 따라 에너지 가격이 급등하는 현실에 대응하기 위해

표 5 ┃ REPowerEU를 통한 탈러시아 에너지 전략

정책 분야	중점	Fit for 55를 통한 계획(2030년)	REpowerEU 조치	2022년까지의 대체 계획 (bcm 상당치)	2030년까지의 추가 중단 계획 (bcm 상당치)
천연가스 다원화 (Gas Diversification)	비(非) 러시아 천연가스	-	LNG 전환	50(예상)	50
		-	파이프 유입 다원화	10	10
	재생 에너지원 가스	바이오가스 17bcm: 소비 절감 17bcm	2030년까지 바이오가스 35bcm 생산	3.5	18
		그린 수소 5.6백만 톤: 9-18.5bcm 절감	수소 생산 확대 및 2030년까지 20mt 수입	-	25-50
전기공급 (Electrify Europe)	가정	에너지 효율 조치: 38bcm 절감	난방온도 1도 하향을 통한 에너지 절약: 10bcm	14	10
			지붕태양광 우선 설치: 연간 15TWh	2.5	조기 집행
		신규 열펌프 3천만 기 설치: 2030년 35bcm 절감	향후 5년간 천만 기 설치	1.5	조기 집행
	전력 분야	풍력 480GW, 태양광 420GW: 170bcm 절감 그린 수소 5.6MT	풍력, 태양광 20% 앞당기기: 가스 3bcm 절감, 2030년까지 80GW 증설	20	그린 수소 사용을 통한 절감
산업전환 (Transform Industry)	에너지 집약 산업	에너지원의 조기 전력화, 그린 수소 사용	혁신 기금 활용	그린 수소와 조기 목표달성을 통해 가스사용양 축소	

주: bcm: 천연가스 양을 나타내는 단위로 10억 입방미터를 의미

출처: European Commission, *REPowerEU: Joint European Action for More Affordable, Secure and Sustainable Energy*, COM(2022) 108 final, March 8, 2022 (2022). p. 6.

에너지 수급 문제, 빈곤층 지원 등 회원국의 국내외 문제에 대한 대처 방안을 제시하는 것이 목적이었다. 실제로 2021년 10월에 발표된 에너지 동맹에 대한 6차 보고서는 에너지 가격에 관한 입법안을 언급하고 있다. 둘째, REPowerEU는 유럽 그린딜을 구체화한 탄소감축 입법안 'Fit for 55'를 최대한 활용하고 있으며, 사실상 탄소감축 일정을 앞당기고 있다. 즉 EU는 러시아에 대한 높은 에너지 의존에서 탈피하고, 에너지 안보를 달성하는 데 있어서 기후대응 전략을 통해 대응하고 있는 것이다. 반면에 REPowerEU는 기존에 제시되었던 에너지 정책과는 큰 차별점이 있다. 기존의 정책은 그 목적이 기후변화 대응(환경), 에너지 효율 증대(비용), 에너지 빈곤 축소(포용) 등 복합적인 목적을 가졌던 데 반해, REpowerEU는 에너지 안보의 관점에서 수립된 계획이다.

REPowerEU 계획은 위기대응 계획(contingency plan)이 아니라 표방하는 정책 목표를 실현하기 위한 현실적 성격을 갖는다.[8] 동 계획의 발표 직후 EU는 대러시아 제재를 한층 강화했고, 우크라이나에 대한 무기 지원 또한 점차 확대했다. 반면에 EU의 리시아 에너지 수입 중단 계획은 이행과정에서 다음과 같은 어려움에 봉착할 가능성이 높다. 첫째, 동 계획은 천연가스 수입 중단에 초점을 맞추고 있다. 그런데 대러시아 의존도가 높은 석유와 석탄의 수입 중단 계획은 포함되어 있지 않다. EU는 5차, 6차 제재 패키지를 통해 러시아産 석탄 및 석유 수입을 중단할 것임을 발표한 바 있다. 석탄과 석유는 글로벌 시장의 통합 수준과 운송 방법 등을 고려할 때 천연가스에 비해 대체가 상대적으로 수월하며, 수입 중단이 EU 경제에 미칠 여파도 천연가스의 경우에 비해 상대적으로 낮다.[9] 그러나 상세한 수입대체 계획이 부족한 점은 리스크로 꼽힌다. 가령 석유의 경우

---

8) 가령 5월 10일 우크라이나의 키이우를 방문한 베어보그(Annalena Baerbock) 독일 외무부장관은 러시아에 대한 에너지 의존도를 완전히 탈피할 것이며, 영원히 그 상태를 유지할 것이라고 발언했다. DW, "German Foreign Minister Baerbock visits Ukraine," May 10, 2022, https://www.dw.com/en/german−foreign−minister−baerbock−visits−ukraine/a−61744819(검색일: 2022. 5. 20).

9) Ben McWilliams, Giovanni Sgaravatti, Simone Tagliapietra, and Georg Zachmann, "Can Europe Manage if Russian Oil and Coal are Cut off?" Bruegel Blog, March 17, 2022 https://www.bruegel.org/2022/03/can−europe−manage−if−russian−oil−and−coal−are−cut−off/(검색일: 2022. 5. 20).

수입원을 다원화해야 할 뿐만 아니라 러시아와 동유럽을 연결하는 파이프 라인 수송(Druzhba pipeline)을 대체하기 위한 방안을 마련해야 하며, 이 조치는 유럽 내 수송 인프라의 재편을 전제로 한다. 석탄 공급에 있어서도 EU 역내의 생산을 확대하고, 호주, 남아공, 인도네시아 등 주요 생산국으로 수입원을 다원화하는 조치가 필요하다.

둘째, 이 계획은 이행 과정에서 회원국 간 이견이 발생할 소지가 높다. 앞서 언급한 바와 같이 회원국 간의 산업구조와 에너지 수급 및 관련 인프라, 대러시아 의존도는 상이하다. 따라서 EU 차원의 종합계획과 세밀한 지원 계획, 회원국 간 연대에 입각한 재정 지원 등이 뒷받침되지 않을 경우 갈등이 발생할 가능성이 높다. 가령 대러시아 안보 불안이 강한 폴란드, 슬로바키아 등은 자국 경제에 타격을 주더라도 대러시아 에너지 수입 금지에 적극 찬성하는 입장인 데 반해, 헝가리, 불가리아 등은 반대의 입장을 보였고, 독일도 제재 초기에는 에너지 수입 금지에는 반대하는 입장을 보였다. 러시아산 에너지를 대체하는 과정에서 발생할 수 있는 비용 상승과 인프라 구축을 위한 재원 마련 방안, EU 기금의 분배는 회원국 간에 갈등이 발생할 수 있는 또 다른 영역이다. 가령 에너지 가격의 상승으로 국내에 에너지 빈곤층 문제가 대두될 경우, 이와 관련된 국내 정치화 현상은 도전 과제로 등장할 가능성이 높다. 러시아산 에너지 대체로 인해 발생하는 비용 문제는 EU의 경제회복 기금에 반영되어 있지 않고, EU의 중기 예산(2021~27년)에도 반영되어 있지 않기 때문에 EU 차원의 예산 마련이 시급할 것으로 보인다.

6. 글로벌 공급망에 미칠 영향

그렇다면 EU의 에너지 전환 계획은 글로벌 공급망에 어떠한 영향을 미칠까? 첫째, EU는 단기적으로 에너지 수입원의 다원화를 시도할 것이며, 이 조치는 인프라 신설과 수송 네트워크의 재편성과 병행하여 진행될 것이다. 기존의 파이프 가스(PNG) 대신에 액화 천연가스(LNG)를 수입하기 위해서는 항만에 LNG 터

미널과 보관 시설이 필요하며, 내륙국에 대한 수송을 위해 육로운송 시설 및 수송 수단의 정비도 필요하다. 이는 천연가스뿐만 아니라, 러시아산 석유 및 석탄의 대체에 있어서도 공통적으로 적용되는 문제이다. 따라서 EU 역내에 에너지 관련된 인프라 건설 계획이 추진될 가능성이 높다. 둘째, 중기적으로 재생에너지 생산의 확충이 이루어질 것이다. 우선 풍력, 태양광 발전의 비중을 높일 것이기 때문에 이 분야에 대한 지원이 강화되고, 설비 증설이 이루어질 것이며, 산업적으로 양산이 가능한 수소 에너지 개발도 보다 적극적인 추진이 이루어질 것이다. 셋째, EU의 탈러시아 에너지 정책은 세계 에너지 지형에 큰 변화를 불러올 것이다. 이 과정에서 불가피한 에너지 가격의 상승은 공급 충격의 장기화 현상을 불러일으키면서 수입 의존형 개발도상국에게 큰 부담을 줄 수밖에 없다. 무역수지가 악화될 가능성이 더 크기 때문이다. EU로 수출되던 러시아산 화석연료는 새로운 판로를 개척할 수밖에 없는데, 이 현상은 일종의 무역전환 효과와 같다. 따라서 에너지 수출－수입의 공급망이 재편될 가능성이 높다. 또한 에너지 안보와 기후변화 대책이 결합되면서 EU의 환경 관련 규제가 더욱 강화될 수 있는데, 이로 인해 개발도상국의 규제 순응 부담은 더욱 커질 수 있다.

한편 EU의 에너지 전환 계획은 그 실행 과정에서 막대한 인프라와 새로운 산업 수요를 창출하게 된다. 에너지 운송을 위한 인프라 및 장비 증설, 선박 수요의 증가 등이 대표적이다. 풍력, 태양광, 수소 발전, 에너지 절감 기술에 대한 수요도 대폭 증가할 것이다. 이러한 움직임은 이미 수년 전부터 진행 중인 공급망 복원 계획과 병행하여 진행된다. 마지막으로, 공급 충격은 중장기적으로 산업의 구조조정을 불러일으킨다. 중동 지역의 불안이 계속되자, 많은 국가들은 대안으로 원자력, 재생 에너지 사용을 늘린 바 있다. 또한 에너지 수입국을 다원화하고, 생산과 소비에 있어 에너지 효율을 강화했다. 즉 에너지 가격이 급등하자 화석연료 사용을 줄이거나 수입원을 다원화시킨 것이다. 이러한 움직임은 필연적으로 원자재를 둘러싼 국제관계에 큰 변화를 불러일으킨다.

러시아로부터 에너지 수입을 중단하는 계획은 EU와 유럽통합에 큰 시험을 안겨줄 것이다. 우선 유럽통합을 더욱 강화시키는 요인으로 작용할 가능성도 있다. 공동 외교안보 정책을 중심으로 EU 회원국이 단합, 공동으로 대응함으로써 외교 정책의 유럽화(Europeanization)를 이룩했기 때문이다. 또한 지난 10여 년간 추진 과정에서 동력을 다소 상실했던 EU 차원의 에너지 정책이 더욱 공고해질 수 있는 계기가 되었고, 기후변화 대응 조치와 유기적 결합이 이루어진 점에도 주목할 필요가 있다. 반면에 에너지 안보 계획의 추진 과정에서 회원국 간 이견이 노출되고, 이로 인해 오히려 유럽통합이 후퇴할 수 있다는 지적이 있다. 경제 위기, 난민위기가 대중 영합주의와 유럽 회의주의가 확산되는 배경이 되었던 과거의 사례를 감안할 때, 에너지 위기는 국가 간의 상이한 여건과 결부되어 유럽 회의주의 움직임을 부추길 수도 있다. 역사적 맥락에서 EU의 대응은 유럽통합을 더욱 강화할 수도 있지만 약화시킬 수도 있다고 보는 이유가 바로 여기에 있다.

참고문헌 ···

윤영주 (2015), 「EU의 에너지동맹(Energy Union) 구축 전략과 추진계획」, 『세계 에너지시장 인사이트』, 제15－18호, p.16.

이성규·최영림 (2015), 「냉전시기 소련－서유럽 간 가스교역 추진 배경과 시사점」, 『세계에너지현안 인사이트』, p.2.

DW, "German Foreign Minister Baerbock visits Ukraine," May 10, 2022, https://www.dw.com/en/german－foreign－minister－baerbock－visits－ukraine/a－61744819(검색일: 2022. 5. 20).

European Commission (2015), Framework Strategy for a Resilient Energy Union with a Forward－Looking Climate Change Policy, COM(2015) 80, February 25, 2015.

European Commission (2015), The Paris Protocol － A Blueprint for Tackling Global Climate Change beyond 2020, COM(2015) 081, February 25, 2015 (2015); European Commission, Achieving the 10% Electricity Interconnection Target Making Europe's Electricity Grid Fit for 2020, COM(2015) 082 final, February 25, 2015.

European Commission (2022), REPowerEU: Joint European Action for More Affordable, Secure and Sustainable Energy, COM(2022) 108 final, March 8, 2022. p. 6.

Eurostat, Energy imports dependency.

Eurostat. Imports of natural gas by partner country; Eurostat, Imports of oil and petroleum products by partner country; Eurostat, Imports of solid fossil fuels by partner country.

Fischer, Severin and Oliver Geden (2015), "Limits of an Energy Union," SWP Comments, pp.1–2.

McWilliams, Ben, Giovanni Sgaravatti, Simone Tagliapietra, and Georg Zachmann (2022), "Can Europe Manage if Russian Oil and Coal are Cut off?" Bruegel Blog, March 17.
https://www.bruegel.org/2022/03/can–europe–manage–if–russian–oil–and–coal–are–cut–off/(검색일: 2022. 5. 20).

EU 지역정책의 현황과 특징

김은경*

1. 개요

유럽연합(EU: European Union)의 지역정책(regional policy)은 회원국 간 수렴(convergence)을 목표로 하는 대표적인 공동정책이다.[1] EU 지역정책은 유럽의 사회적·역사적 배경을 반영하면서 유럽통합이라는 목적을 달성하기 위한 매우 유럽적인 정책으로 평가될 수 있다. 유럽공동체(EC: European Community) 조약은 전문과 제158조에서 회원국 간 경제적 유대를 강화하고, 유럽 내 다양한 지역과 낙후 지역 사이의 격차를 해소하여 조화로운 발전을 추구할 것을 목표로 제시하고 있다. 제159조에서는 회원국들이 경제정책에 있어서도 이러한 목표를 추구할 것을 규정하고 있다. 따라서 EU 지역정책은 회원국들의 결속력과 유럽통합의 강화를 위해 지역 격차의 완화를 목표로 공동체 의식에 기반한 형평성을 추구한다.

이러한 관점에서 EU의 지역정책은 흔히 결속정책(cohesion policy)이라고 규정된다. 결속정책이란 지역 간 격차를 완화 내지 해소하여 지역 간 통합을 강화

---

* 경기연구원 선임연구위원, ekkim@gri.re.kr

[1] 회원국 간 수렴이라는 지역정책의 목표에 기여하는 EU 정책에는 공동 농업정책(CAP: Common Agricultural Policy), 교통·통신 및 에너지 정책, R&D정책, 환경정책, 경쟁정책 등이 포함된다.

하는 정책을 의미한다. 1986년 단일유럽의정서(SEA: Single European Act)에서 단일시장뿐만 아니라 경제적·사회적 결속(economic and social cohesion)이 하나의 목표로 규정되면서 EU 지역정책의 핵심은 결속정책이 된다.[2] 따라서 EU의 지역정책은 일자리 창출, 비즈니스 경쟁력, 경제성장, 지속가능한 개발과 시민의 삶의 질 개선 등을 위해 EU의 모든 지역과 도시를 목표로 하는 정책으로 주요 목표는 지역 간 불균형 해소이다. 따라서 경제 구조가 상이하고 발전 수준도 다양한 회원국들로 구성된 EU 지역정책은 EU의 주요 투자정책이자 지역균형발전정책이다. 모든 지역에 대해 지역의 필요성에 따른 지원 정책을 추진하되 상대적으로 낙후지역에 대해 지원을 집중한다. EU 지역정책은 고용, 교육 및 사회적 포용 기회에 대한 접근성 제고, 사람에 대한 투자, 중소기업 육성 지원, 투자 및 연구 관련 직업을 통한 연구 및 혁신 강화, 주요 투자 프로젝트를 통한 환경 개선, 재생 가능 에너지와 혁신적인 교통 인프라 구축 및 현대화 등에 초점을 맞춘다.

EU 지역정책은 60년 이상의 역사를 거치면서 발전해왔다. 1957년 로마조약(Rome Treaty)은 유럽공동체의 주요 임무 중 하나로 '경제활동의 조화로운 발전' 촉진을 명시하였고, 이에 따라 1958년 유럽사회기금(ESF: European Social Fund)이 창설되었다. 1972년 10월 처음으로 공동체가 확대(아일랜드, 덴마크, 영국이 가입)되면서 경제화폐동맹(Economic and Monetary Union)을 달성하기 위해 1974년 유럽지역개발기금(ERDF: European Regional Development Fund)도 도입되어 1975년부터 시행되었다. 그리스(1981년)와 스페인 및 포르투갈(1986년)이 회원국으로 가입하면서 1986년 지역정책을 위한 법적 기반이 된 SEA가 제정되었다. 1993년 마스트리히트 조약은 지역 격차 완화를 위한 정책수단으로 결속기금(Cohesion Fund), 지역위원회(Committee of the Regions),[3] 보충성원칙(principle of subsidiarity) 등을 도입하였다.

---

2) EU는 낙후 지역지원정책이라는 프레임워크를 명시적으로 표방하지 않지만 EU의 지역정책 자체가 낙후된 지역의 캐치업을 통한 EU의 통합력 제고이기 때문에 낙후지역 지원이 EU 지역정책의 핵심이다.

3) 유럽지역위원회(CoR: European Committee of the Regions)는 EU의 지역(regions)과 도시들의 대표로 구성되며 지역과 도시에 영향을 미치는 EU의 입법에 대해 조언한다.

1994~1999년 결속정책 프로그램은 지역 기금을 2배로 증가시켜 지역 기금이 EU 예산의 1/3을 차지하게 되었으며, 1995년 핀란드와 스웨덴의 과소 인구 지역을 지원하기 위한 특별 목표가 추가되어 전체 예산은 1,680억 ECU에 달하였다.[4] 2000~2004년 결속정책 프로그램은 EU 사전 가입(pre−accession)을 지원하는 프로젝트 지원을 포함하였고, 2004년 동유럽 10개국이 EU에 가입하면서 기존 15개 회원국에는 2,130억 유로, 새로운 회원국에는 220억 유로(2004~06년)를 지원하였다. 2007~2013년 결속정책의 예산은 3,470억 유로로 25%는 연구와 혁신, 30%는 환경 인프라와 기후변화 대응 등을 위해 배분되었다. 2014~2020년 결속정책 예산은 3,518억 유로로 증가하였고 결속정책은 EU 구조기금의 개혁과 함께 추진되었다. 특히 2014~2020년 결속정책은 'Europe 2020 전략' 및 'EU 투자계획'과 긴밀하게 결합되어, 최초로 회원국들의 개별 경제정책 협력과 연계되었다. 결속기금은 고용, 혁신, 교육, 포용과 저탄소 경제로의 이동을 지원하는 주요한 투자 수단이 되었다. 결속정책과 광범위한 경제개혁을 연계하는 방법의 하나로 EU의 경제 준칙을 준수하지 않는 회원국에 대해 지역개발기금을 중지하는 제재도 도입되었다.

2. 지역정책의 실행을 위한 기본단위로서의 지역(region)

EU는 결속정책 프로그램의 효율적 관리와 관련 통계의 정리를 위해 NUTS(Nomenclature of Territorial Units for Statistics)에 근거하여 지역을 분류한다. 1970년대부터 EU는 객관적이고 정량적인 기준에 기초하여 지역 통계를 작성하고 EU 구조기금의 적격성을 평가하기 위해, 지리적으로 영역을 구분하는 단일하고 일관된 시스템으로 NUTS 분류를 도입하였다. NUTS 분류는 최소 인구와 최대 인구만을 기준으로 하며 특별한 지리적, 사회경제적, 역사적, 문화적, 환경적 상황이 있는 경우에만 예외가 적용된다. NUTS는 2003년에 법적 지위를 부여받

---

4) 에큐(ECU)는 유로(Euro)가 도입되기 이전 유럽공동체의 계산단위이다.

표 1 | NUTS 분류 기준(단위: 명)

	최소 인구	최대 인구
NUTS 1	3,000,000	7,000,000
NUTS 2	800,000	3,000,000
NUTS 3	150,000	800,000

자료: Eurostat(2020)

아 최소 3년간 분류체계를 유지한다. 모든 회원국은 인구 기준에 따른 통계 단위인 NUTS 지역으로 구분된다. NUTS는 회원국의 행정 체계에 기반하며 특정 수준에 조응하는 행정 층위가 없는 회원국들만 NUTS 분류를 위해 행정 지역들을 통합한다. 〈표 1〉은 NUTS 분류 기준이다.

2021년 1월 1일 기준 'NUTS 2021 분류'에 따르면 NUTS 1 지역은 92개, NUTS 2 지역은 242개, NUTS 3 지역은 1,166개이다. NUTS 1은 주요한 사회경제적 지역, NUTS 2는 지역정책의 적용을 위한 기본적인 지역, NUTS 3은 특정 진단을 위한 소규모 지역이다. 따라서 결속정책의 지원을 받는 지역들은 NUTS 2로 분류된다. 〈표 2〉는 NUTS 2021 기준 국가별 통계적 지역의 수이다.

표 2 | NUTS 2021 기준 국가별 통계적 지역 수(단위: 개)

	NUTS 1	NUTS 2	NUTS 3
EU 및 영국	92	242	1,166
벨기에	3	11	44
불가리아	2	6	28
체코	1	8	14
덴마크	1	5	11
독일	16	38	401
에스토니아	1	1	5
아일랜드	1	3	8
그리스	4	13	52
스페인	7	19	59
프랑스	14	27	101
크로아티아	1	4	21
이탈리아	5	21	107
사이프러스	1	1	1
라트비아	1	1	6

	NUTS 1	NUTS 2	NUTS 3
라트비아	1	1	6
리투아니아	1	2	10
룩셈부르크	1	1	1
헝가리	3	8	20
몰타	1	1	2
네덜란드	4	12	40
오스트리아	3	9	35
폴란드	7	17	73
포르투갈	3	7	25
루마니아	4	8	42
슬로베니아	1	2	12
슬로바키아	1	4	8
핀란드	2	5	19
스웨덴	3	8	21
영국	12	41	179
아이슬란드	1	1	2
리히텐슈타인	1	1	1
노르웨이	1	7	18
스위스	1		
몬테네그로	1	1	1
구 유고슬라비아 마케도니아공화국	1	1	
알바니아	1	3	12
세르비아	2	4	25
터키	12	26	81

자료: Eurostat(2020)

3. 결속정책의 특징

결속정책은 EU의 핵심적인 투자정책으로 지역의 특정한 문제를 해결하기 위해 필요한 수단을 제공한다. 결속정책은 일자리 창출, 기업 경쟁력, 경제성장, 지속가능발전, 시민의 삶의 질 향상을 지원하기 위해 유럽연합 내 모든 지역과 도시를 정책 대상으로 한다. 결속정책의 법적 기반은 EU 기능에 관한 조약 (Treaty on the Functioning of the European Union, TFEU)[5] 제13장(Economic,

---

5) TFEU는 EU조약(Treaty on European Union, TEU)와 함께 EU 조약들 가운데 가장 중요

social and territorial cohesion) 제174~제178조, 유럽구조투자기금 규정(European Structural and Investment Funds Regulations), 이행법, 위임법, 구조기금 이행을 위해 채택된 지침 등이다. 결속정책은 EU의 지역 간 불균형을 축소하기 위해 성장과 일자리에 투자하고 영토적 협력을 촉진하는 것이 목적이다. 1986년 이래 결속정책의 목표는 경제적, 사회적 결속 강화였고 리스본조약과 Europe 2020 전략[6]은 3번째 목표로 영토적 결속(territorial cohesion)을 도입하였다. 경제적, 사회적 결속은 1986년 SEA에서 정의된 대로 다양한 지역과 가장 취약한 지역의 격차를 줄이는 것이다.

결속정책은 EU의 가장 중요한 투자정책이자 EU와 회원국 간 연대를 상징한다. EU 결속정책은 7년 단위로 구성되며, EU 결속정책의 핵심 수단은 유럽구조투자기금(ESIF: European Structural and Investment Funds)이다. ESIF는 경제적·사회적·영토적 결속 강화를 목표로 유럽의 지역, 마을과 도시들을 좀 더 경쟁적으로 만들기 위해 투자된다. 구조적으로 취약한 지역에서의 성장과 고용의 촉진이 목표이다. ESIF 수혜 자격은 기업(특히 소기업), 공공기관, 단체와 개인들, EU에 기반을 둔 외국기업 등이다. ESIF는 유럽지역개발기금(ERDF), 유럽사회기금(ESF), 결속기금(CF), 농촌개발을 위한 유럽농업기금(EAFRD: European Agricultural Fund for Rural Development), 유럽해양어업기금(EMFF: European Maritime and Fisheries Fund) 등 5개의 기금으로 구성된다. 결속정책을 위한 핵심 기금은 ERDF, ESF, CF로, 3개의 기금에는 모두 동일한 프로그램화, 관리 및 모니터링 규칙 등이 적용된다. ERDF와 ESF는 주제별 목표하에 주요한 우선순위에 따라 지원된다. EU는 결속정책을 위해 ERDF와 결속기금 재원의 65~85%를 지역개발 투자에 할당한다. 결속정책은 EU 내 모든 지역을 대상으로 하며 지방 주도 발전을 지원하고

한 조약의 하나로 로마조약에서 발전되어 EU법들이 운영되는 지역에서의 법적 원칙과 입법 당국의 범위를 설정하는 EU법들의 기초이다.

6) Europe 2020 전략은 성장과 일자리를 위한 EU의 10개년 성장전략으로 스마트하고 지속가능하며 포용적인 성장을 강조하고, 2020년까지 고용, 교육, 연구개발, 사회적 포용과 빈곤 축소, 기후/에너지 등의 달성과 혁신, 디지털경제, 고용, 청년, 산업정책, 빈곤, 자원 효율성 등 7개의 '핵심이니셔티브(flagship initiative)'를 제안하였다.

지방당국에게 기금 관리의 권한을 부여한다.

ERDF의 목표는 지역 간 불균형을 개선하여 EU의 경제적, 사회적 결속을 강화하는 것이다. 지역 간 균형 발전을 촉진하기 위해 낙후 지역과 구조적 문제를 겪는 지역을 지원한다. 기업의 경쟁력을 강화하고 중소기업의 일자리 창출을 위한 투자와 에너지 효율성, 연구, 기술개발과 환경보호 등의 활동을 지원한다. 우선순위 투자 분야는 혁신과 연구, 디지털 의제, 중소기업 지원, 저탄소 경제 등 4가지로, 재원은 관련 지역의 특성에 따라 배분된다. 발전 지역은 기금의 최소 80%, 이행 지역은 기금의 최소 60%, 지체 지역은 기금의 최소 50%를 4가지 우선순위 중 적어도 2가지에 집중적으로 투자해야 한다.[7] ERDF의 일부분은 특정한 저탄소 경제 프로젝트에 투자되어야 하며 발전 지역은 20%, 이행 지역은 15%, 지체 지역은 12%를 지원한다. ERDF의 6%가 지속가능한 도시개발, 새로운 네트워킹, 도시당국의 역량 구축, 유럽 도시 이니셔티브(European Urban Initiative) 등에 투여된다. 지역에 대한 재원의 배분 방식은 주로 1인당 GDP에 기초하면서 현지의 현실을 좀 더 잘 반영하기 위해 청년실업, 교육수준, 기후변화, 이민의 수용 및 통합 등의 새로운 기준이 부가되었다.

ESF의 핵심 목표는 실업자들이 노동시장에 재진입하도록 지원하는 것이다. ESF는 인적 자본에 대한 투자를 위해 고용 관련 프로젝트를 지원하는 기금으로, 가장 취약한 사람들의 고용과 교육 기회의 개선을 목표로 하는 노동정책에서 EU의 가장 중요한 정책 수단이기도 하다. 교육과 훈련을 통해 더 나은 일자리에 접근할 수 있도록 지원하여 사회적 포용을 촉진하는 것이다. 근로자와 기업의 적응성 개선, 노동시장에 대한 접근성 개선, 차별을 반대하고 불리한 집단의 사람들이 노동시장에 편입될 수 있도록 사회적 통합 및 고용과 통합을 위한 파트너십 등을 지원한다. 특히 ESF는 고용 촉진과 노동 이동성 지원, 사회적 포용 촉진과

---

7) 결속정책의 대상 지역인 NUTS 2 지역은 지체(less developed)지역, 이행(transition)지역, 발전(more developed)지역 등으로 구분된다. 지체 지역은 1인당 GDP가 EU 27개국 평균보다 낮은 지역으로 공동 재원이 85%, 이행 지역은 1인당 GDP가 EU 27개국 평균의 75~100%이고 공동 재원은 60% 또는 70%(이전에 지체 지역이었던 지역), 발전 지역은 1인당 GDP가 EU 27개국 평균보다 높은 지역으로 공동 재원은 40% 또는 50%(2014~2020년에 이행지역이었던 지역) 등이다.

빈곤 대책, 교육 및 기술과 평생학습에 대한 투자, 제도적 역량 강화와 효율적 공공행정 등 4가지에 초점을 맞춘다.

CF는 주민 1인당 총 국민소득이 EU 평균의 90% 미만인 국가들의 교통 및 환경 프로젝트를 지원한다. ERDF와 함께 개발이 지체된 회원국의 다년간 투자 프로그램에 기여한다. 범유럽 고속 통신망(TENs: Trans-European Networks) 및 환경과 관련된 영역에 투자를 집중하며 저탄소 경제로의 이동, 기후변화 적응 촉진과 리스크 예방, 환경보전과 보호 및 자원 효율성 촉진, 지속가능 교통촉진, 네트워크 기반시설의 핵심 병목 제거 및 제도적 역량 증진 등을 지원한다.

EAFRD는 EU 농촌지역이 직면하고 있는 특별한 도전 과제를 해결하는 것에 초점을 맞추어 자연자원의 지속 가능한 관리를 개선하고 기후변화에 대응하며 농촌지역의 경제적, 사회적 발전에 투자된다. EMFF는 어업이 지속가능하도록 지원한다. 해안 커뮤니티들이 새로운 경제활동 분야를 개발하여 새로운 일자리를 만드는 프로젝트를 지원하고 유럽 해안 지역 주민들의 삶의 질 개선에 기여한다.

ESIF는 어느 지역이든 상관없이 기금을 받을 수 있으며 회원국들의 프로그램에 대한 자금 지원을 위해 프로젝트를 선택한다. 환경이나 교통과 같은 전체 국가를 포괄하는 주제별 프로그램이나 국가의 특정 부분에 관련되는 지역 프로그램을 주로 지원한다. 각 회원국 정부는 기금이 어떻게 배분되어야 하는지 EU 이사회(EU Council)에서 협상하며, 원칙적으로 모든 지역이 혜택을 받을 수 있지만, 우선순위는 개발이 뒤처진 지역이다. 배분 원칙은 ESF와 ERDF 둘 다 공동 재원 원칙에 따라 운영되며 프로젝트가 구조기금으로부터 자금을 받으면 관련 회원국은 그에 대한 매칭자금을 제공해야 한다. 또한 부가성원칙(principle of additionality)도 적용되어 EU의 지역 펀딩은 항상 회원국 스스로가 제공하는 펀딩에 추가적으로 부여되며 국가의 펀딩을 대체하는 것은 절대 불가능하다.

TFEU 제175조에 따라 EU 집행위원회는 유럽의회, 유럽이사회, 유럽경제사회위원회, 지역위원회 등에 3년마다 결속정책의 목표 달성에 관해 보고한다. 집행위원회는 지역이 얼마나 발전하고 있고 결속정책이 어떤 효과를 가져왔는지를 설명하는 결속보고서(cohesion report)와 연례 중간보고서(annual interim reports)

를 출간한다. 예를 들어 2007~2012년 EU 성장과 일자리 성과를 보면 지체 지역의 1인당 GDP 증가는 2007년과 2010년 사이에 EU 27개국 평균의 60.5%에서 62.7%로 상승하였고 2007년과 2012년 사이에 60만 개의 일자리가 추가적으로 창출되었으며 이 가운데 최소 1/3은 중소기업이 창출하였다. 25,000km의 도로와 1,800km의 철도도 건설되거나 현대화되어 효율적인 범유럽 교통 네트워크 (Trans-European transport network) 건설에 기여하였으며, 20만 개의 중소기업이 직접적인 금융지원도 받았다. 77,800개 스타트업의 성장과 운영도 지원하고 6만 개 이상의 연구 프로젝트가 혜택을 받았으며, 190만 명 이상의 사람들이 추가적으로 브로드밴드에 접근할 수 있게 되었다. 2014~2020년 결속정책의 경우 ERDF를 통해 2019년 말 기준 185,000개의 일자리가 창출되고 3,900만 명이 보건 서비스의 혜택을 받았다. 또한 562km의 철도노선이 재건되거나 개선되고 250만 톤의 이산화탄소도 절감되었으며 8,200명의 연구자들이 고용되었고 460만 가구가 최소 30Mbp의 브로드밴드에 접근할 수 있게 되었다. 결속기금을 통해서는 연간 33만 톤의 이산화탄소 배출이 줄고, 120만 명 이상의 사람들에 대한 물 공급이 개선되고 110만 명 이상이 더 나은 폐수 처리를 할 수 있게 되었으며, 연간 110만 톤의 폐기물 재활용 능력이 늘었고, 685km의 범 유럽 교통 네트워크 철도 노선이 재건되거나 개선되었다.

4. 2021~2027년 결속정책

2021~2027년 결속정책은 5가지 투자 우선순위를 설정하였다. 첫째, 혁신, 디지털화, 경제 전환과 중소기업 지원을 통해 더 스마트한 유럽을 지향하며, 둘째, 녹색 무탄소 유럽을 목표로 파리협정을 이행하고 에너지 전환, 재생 및 기후변화대응에 투자하며, 셋째, 전략적인 교통과 디지털 네트워크를 통해 유럽의 연결성을 강화하고, 넷째, 질 좋은 고용, 교육, 숙련, 사회적 포용과 헬스케어 등에 대한 동등한 접근성을 보장하기 위한 지원을 통해 유럽의 사회적 통합을 강화하

며, 다섯째, 시민들에게 더 가까운 유럽을 만들기 위해 지방 주도 개발전략과 EU를 통한 지속가능한 도시개발 지원 등이다.

2021~2027년 결속정책의 예산은 EU 예산의 약 3분의 1인 약 3,920억 유로이며, 3가지 목표하에 재원들이 배분된다. 첫째, 일자리와 성장을 위한 투자(IJG: Investment for Jobs and Growth Goal)를 위해 ERDF, ESF＋, 결속기금(CF), 공정전환기금(JTF: Just Transition Fund)[8] 등 약 3,690억 유로가 배분된다. 둘째, 유럽 영토 협력 목표를 위한 Interreg Europe 프로그램에 약 90억 유로가 투자된다. 셋째, EU 집행위원회가 관리하는 EU 정책 수단과 기술 지원에 약 25억 유로가 할당된다. 113억 유로는 유럽 연결 프로젝트(Connecting Europe Facility)[9]로 이전된다. ERDF는 EU의 모든 지역과 도시의 사회경제적 발전을 지원한다. 지체된 국가들의 환경과 교통에 CF가 투자되고 ESF＋는 일자리를 지원하고 공정하고 포용적인 사회를 만들기 위해 이용된다. JTF는 기후 중립으로의 전환에 가장 큰 영향을 받는 지역을 지원한다. Interreg는 도시 지역, 외딴 섬, 산간 지역 또는 인구 밀도가 낮은 지역, 가장 먼 외곽지역 등을 지원한다.

2021~2027 결속정책은 더 단기로 더 적게 더 분명한 규칙을 만들기 위해 80개의 단순화 조치를 도입하였다. EU 지원을 받는 기업들을 위해 더 적은 규제를 적용하고 단순화된 비용 옵션을 이용하여 지급 시스템을 간소화하고 시너지를 촉진하기 위해 단일한 규칙서(rulebook)가 7개의 EU 기금 이행에 적용된다. EU 집행위원회는 과거에 좋은 성과를 얻은 프로그램들에 대한 통제를 줄이고 단일 감사를 확대한다. 예측하지 못한 사건들에 대응할 수 있도록 예산의 적절한 유연성을 확대하면서 투자 계획에 필요한 안정성도 강화하였다. 중기적으로 대두되는 우선순위에 기초하여 프로그램의 변화가 필요하면 최근 성과에 기반하여 회원국별 권고로 결속정책 프로그램의 설계를 시작할 때와 중기 리뷰에서 결정

---

8) 공정전환기금은 기후변화 대응 정책으로 인해 촉발된 사회경제적 비용을 경감하고 관련 지역의 경제적 다양화와 전환을 지원하며 변화하는 노동시장에 적응할 수 있도록 지원하는 것을 목표로 한다.

9) Connecting Europe Facility(CEF)는 유럽 내 교통, 에너지, 통신 등 3개 분야의 네트워크 상호 연계성 강화를 위해 공적 자금을 투입하는 사업으로 2014년에 처음으로 실행되었다.

한다. 프로그램 내에서 일정 한도의 자원 이전은 집행위원회의 공식 승인 없이도 가능하게 되었다.

특히 2021~2027 프로그램은 EU 예산의 틀 내에서 다른 정책들과의 시너지 강화를 위한 정책을 추진한다. 예를 들어 결속정책 기금을 포괄하는 단일한 규칙서는 EU가 지원하는 지역의 이민 통합 전략의 설정을 촉진하여 결속기금은 이민자들의 사회적, 직업적 통합을 지원한다. 집행위원회는 새로운 수단으로 유럽초국경메커니즘(European Cross-Border Mechanism)[10]을 제안하여, 지역들은 '스마트 전문화'를 위해 빅데이터, 순환 경제, 첨단 제조업, 사이버 보안 등과 같은 부문에서 범유럽 클러스터를 만드는 경우 더 많은 지원을 받을 수 있다. 더 나은 성과를 위해 모든 프로그램은 수량화된 목표를 가진 성과 프레임워크(일자리 창출 수 또는 브로드밴드에 대한 추가 접근 등)는 유지한 채, 새로운 프레임워크로 프로그램 당국과 집행위원회 간 정책 대화 형태로 연간 성과 리뷰를 도입하고, 프로그램의 성과는 중기 리뷰에서 평가한다. 투명성을 위해 회원국은 모든 이행 데이터를 격월로 보고해야 하며 결속 오픈데이터 플랫폼에서 실행 성과는 자동으로 업데이트된다.

2021~2027 프로그램은 레버리지 효과를 높이고 시장에 대한 접근성을 높이는 금융 수단을 모색하고 이용도 촉진한다. 지원 기금만으로 주요한 투자 갭을 해결하는 것은 불가능하므로 금융적 수단에 의해 효율적 보완이 필요하기 때문이다. 따라서 회원국들은 자발적으로 자신의 결속정책 자원의 일부를 새롭게 중앙이 관리하는 인베스트EU기금(Invest EU Fund)[11]으로 이전할 수 있다. EU 예산의 보증을 이용하여 인베스트EU기금은 실행 파트너들의 공공 및 민간 투자를 기반으로 6,500억 유로의 추가 투자를 유발할 것으로 기대되고 있다. 지원금과 금융 수단을 결합하여 더 많은 민간 자본을 유입하는 것이다. 결속정책의 성과에 대해 시민들에게 홍보하기 위해 대규모 EU 펀딩 프로젝트의 공개를 위한 이벤트

---

10) 초국경적 협력의 강화를 목적으로 법적, 행정적 장애를 해결하기 위한 메커니즘이다.
11) '인베스트EU기금'는 현재 EU가 운영하는 많은 금융 수단을 통합하거나 폐지하여 단일 창구로 운영된다.

의 조직화와 미디어를 개발하고, 다양한 기금들을 포괄하는 단일 브랜딩과 단일 포털, 집행위원회가 운영하는 단일한 프로젝트 데이터베이스 등도 구축된다. 〈표 3〉은 2021 – 2027 결속정책의 일자리와 성장을 위한 투자 기금의 국가별 초기 배분을 정리한 것이다.

표 3 | 2021-2027 '일자리와 성장을 위한 투자' 기금 초기 배분(단위: 유로, %)

	지역 범주					JTF	합계
	지체지역	이행지역	결속기금	발전지역	OSP		
벨기에	122,716,689 (4.9)	1,185,554,791 (47.4)	-	1,012,184,161 (40.4)		182,605,712 (7.3)	2,503,061,353 (0.7)
불가리아	7,708,133,222 (70.5)	658,477,766 (6.0)	1,266,170,316 (11.6)	-	-	1,295,009,351 (11.9)	10,927,790,655 (3.0)
체코	6,876,782,934 (32.5)	6,168,973,223 (29.2)	6,365,295,625 (30.1)	81,574,728 (0.4)	-	1,641,492,008 (7.8)	21,134,118,518 (5.7)
덴마크	-	82,113,440 (23.5)		178,501,383 (51.1)	-	88,968,963 (25.4)	349,583,786 (0.1)
독일	-	9,460,954,809 (47.5)	-	7,978,991,864 (40.1)		2,477,674,410 (12.4)	19,917,621,083 (5.4)
에스토니아		2,195,193,465 (65.2)	820,247,039 (24.3)	-		353,896,282 (10.5)	3,369,336,786 (0.9)
아일랜드		251,863,007 (25.5)	-	652,233,038 (66.0)		84,466,694 (8.5)	988,562,739 (0.3)
그리스	15,435,831,003 (73.0)	1,860,664,958 (8.8)	3,023,445,763 (14.3)	-		829,943,668 (3.9)	21,149,885,392 (5.7)
스페인	18,099,825,402 (50.9)	11,522,103,765 (32.4)	-	4,398,079,965 (12.4)	673,130,232 (1.9)	868,744,863 (2.4)	35,561,884,227 (9.6)
프랑스	1,981,868,643 (11.8)	10,818,237,658 (64.5)	-	2,261,258,720 (13.5)	683,729,848 (4.1)	1,029,952,599 (6.1)	16,775,047,468 (4.5)
크로아티아	7,338,279,932 (84.3)	-	1,182,402,919 (13.6)	-	-	185,886,687 (2.1)	8,706,569,538 (2.4)
이탈리아	30,087,875,362 (71.3)	1,528,379,181 (3.6)	-	9,533,690,718 (22.6)		1,029,588,558 (2.4)	42,179,533,819 (11.4)
사이프러스	-	689,130,447 (71.1)	178,321,777 (18.4)	-	-	101,113,715 (10.4)	968,565,939 (0.3)
라트비아	3,203,950,243 (72.3)	-	1,038,729,857 (23.4)	-		191,606,819 (4.3)	4,434,286,919 (1.2)
리투아니아	4,558,026,206 (72.4)	-	1,418,699,724 (22.5)	42,773,152 (0.7)		273,259,262 (4.3)	6,292,758,344 (1.7)
룩셈부르크	-	-		29,661,356 (76.2)	-	9,264,483 (23.8)	38,925,839 (0.0)
헝가리	18,767,779,046 (86.4)	-	2,602,158,279 (12.0)	99,113,524 (0.5)	-	261,053,355 (1.2)	21,730,104,204 (5.9)

지역 범주					JTF	합계
지체지역	이행지역	결속기금	발전지역	OSP		
몰타 -	598,805,014 (76.1)	165,167,275 (21.0)		-	23,265,723 (3.0)	787,238,012 (0.2)
네덜란드 -	189,520,674 (12.3)		730,486,211 (47.3)	-	623,103,298 (40.4	1,543,110,183 (0.4)
오스트리아 -	46,442,698 (4.4)		884,621,173 (82.9)		135,769,268 (12.7)	1,066,833,139 (0.3)
폴란드 57,687,112,379 (76.4)	4,485,573,030 (5.9)	9,283,140,140 (12.3)	156,968,239 (0.2)	-	3,847,346,473 (5.1)	75,460,140,261 (20.4)
포르투갈 17,677,775,714 (78.2)	778,063,598 (3.4)	3,399,340,566 (15.0)	380,041,307 (1.7)	157,368,551 (0.7)	223,839,015 (1.0)	22,616,428,751 (6.1)
루마니아 25,184,970,130 (81.3)	-	3,537,749,394 (11.4)	124,032,797 (0.4)	-	2,139,715,532 (6.9)	30,986,467,853 (8.4)
슬로베니아 1,721,977,251 (53.1)	-	718,192,613 (22.2)	543,173,046 (16.8)	-	258,724,543 (8.0)	3,242,067,453 (0.9)
슬로바키아 10,501,701,280 (83.4)	-	1,612,986,526 (12.8)	-	20,028,126 (0.2)	459,019,001 (3.6)	12,593,734,933 (3.4)
핀란드 -	881,501,835 (45.0)	-	151,033,702 (7.7)	459,951,852 (23.5)	465,677,790 (23.8)	1,958,165,179 (0.5)
스웨덴 -	152,038,028 (8.8)		1,229,449,569 (71.3)	187,734,370 (10.9)	155,744,306 (9.0)	1,724,966,273 (0.5)
EU-27 226,954,605,436 (61.5)	53,553,591,387 (14.5	36,612,047,813 (9.9)	30,467,868,653 (8.3)	2,181,942,979 (0.6)	19,236,732,378 (5.2)	369,006,788,646 (100.0)

주: 1) 지역 범주와 JTF 데이터의 괄호는 국가 합계에서의 구성비이며, 합계의 괄호는 전체 EU 27 예산 가운데 해당 국가에 대한 자금이 차지하는 비중을 의미

2) 최외곽 및 과소 인구(OSP: Outermost and sparsely populated) 지역은 섬, 군도 및 프랑스령 기아나 등을 포함

자료: https://ec.europa.eu/regional_policy/en/newsroom/panorama/2021/12/12-01-2021-cohesion-policy-2021-2027-budget-in-brief.

지역 간 파트너십 프로젝트에 초점을 맞춘 사업을 지원하는 Interreg Europe의 초기 배분은 약 90억 유로로 국가별로 계산된다. 회원국 간의 조정 이후 초기 배분은 국가적 배분 없이 Interreg Europe 프로그램에 할당된다. 초국경 협력에 72.2%인 약 65.3억 유로, 초국가 사업에 18.2%인 약 16.5억 유로, 지역 간 사업에 6.1%인 약 5.5억 유로, 최외곽 지역에 3.5%인 약 3.2억 유로가 투자된다. 12억 유로는 EU의 3개 위원회에 할당된다. 즉 지역 간 혁신 투자에 46.5%인 5.6억 유로, 유럽 도시 이니셔티브에 37.2%인 4.5억 유로, ESF 국가 간 협력에 16.3%인 1.9억 유로가 각각 배분된다.

5. 시사점

EU의 지역정책은 중앙 집권적인 지역정책을 수행하는 한국의 지역정책과 관련하여 몇 가지 시사점을 제시해 준다. 먼저 EU 지역정책은 관련 주체 간 파트너십에 근거하여 추진된다. EU, 개별국가, 지원 대상 지역이 지역의 발전 계획 입안 단계부터 시행과 사업의 평가에 이르기까지 상호협력하는 파트너십에 기반하여 정책의 질을 높이고 있다. 또한 사업에 대해서 컨설팅 및 감독 시스템을 활성화하고 다원적인 평가를 하고 있다. EU 규정에 따라 개별국가나 지역들은 발전 프로그램에 대한 재정지출이나 인구변동 등의 정보나 자료도 제출해야 한다. 집행위원회 및 개별 국가의 사회·경제적 대표들로 구성된 평가위원회가 사업의 집행과 성과를 평가하는 동시에 개별 지역도 자체평가를 활성화하고 있다. 특히 EU는 플랫폼을 구축하여 실시간 예산 집행 과정을 투명하게 공개하여 사업의 투명성을 높이고 평가 결과는 EU는 물론 파트너십 주체 모두에게 공유되고 있다. EU 지역정책은 예산은 중앙에서 배분하지만, 협력 네트워크와 다원적 파트너십에 기반한 분권화된 정책이다.

또한 EU는 통합적인 관점에서 경제적, 사회적, 정치적 통합 및 결속의 수단으로 지역정책을 시행하고 있다. 지역 간 격차는 단순한 소득 격차 문제를 넘어 문화적, 사회적, 정치적 차이가 특정 공간에서 나타난 것이기 때문이다. 특히 EU는 지원 대상 지역을 선정할 때 각 회원국의 국민경제 수준을 고려하는 것이 아니라 회원국 내 지역별 특성만을 고려한다. 예를 들어 EU 내 부국인 프랑스나 독일, 북유럽 국가들의 지역도 지원정책의 혜택을 받을 수 있다.

EU와 같이 지역정책이 7년이라는 중장기적 계획하에 추진되는 것은 사업의 계획성과 확실성을 높이고 1년 단위 재정 지원의 한계를 극복할 수 있게 해 준다. 정책이 계획되고 집행되어 정책 효과가 나오기까지 걸리는 시간은 사업마다 다르겠지만 대체로 1~2년 이상의 기간이 필요하다. 낙후 지역의 발전이 단기간에 해결되는 것이 아니기 때문에 중장기적 관점에서 물리적 인프라 지원 중심에서 지역의 경쟁력 강화 정책으로 전환되어야 할 필요도 있다.

지역 간 격차의 원인은 투자 부족뿐만 아니라 지리적 특성, 경쟁력 부족, 인구 감소 등 다양하다. 예를 들어 지리적으로 경쟁력을 확보할 수 없는 오지에 굳이 자금을 지원하여 개발하기 위해 노력해야 하는가에 대한 근본적인 문제 제기가 필요하다. 오히려 이들 지역에는 최소한의 복지 인프라를 구축하여 주민들의 삶의 질은 높이는 것이 비용 효과적일 수 있기 때문이다. 따라서 지역 간 불균형 발전을 완화하기 위해 낙후 지역을 정책적으로 지원하는 것은 필요하지만 민간 부문과 시장의 원리에 따라 발전시킬 수 있는 방안도 모색해야 할 것이다.

참고문헌 ···

Eurostat (2020), Statistical regions in the European Union and partner countries NUTS and statistical regions 2021, 2020 edition.

https://ec.europa.eu/regional_policy/en/

https://ec.europa.eu/regional_policy/en/2021_2027/

유럽연합(EU) 무역정책의
대외적 제약과 대내적 제약

2020년 EU의 대외 상품무역 총액은 약 3조 6천억 유로에 달한다. EU 상품 수출은 세계 총수출의 15.1%를 차지하는데 이는 중국에 이어 두 번째로 높은 비중이며, 세계 상품 총수입 중에서 EU가 차지하는 비중은 미국, 중국에 이어 세 번째로 높다.[1]

EU에게 있어 국제무역은 지속적인 경제성장과 일자리 창출을 위해 정책적으로 관리되어야 하는 핵심 분야이다. EU 무역정책의 기본적인 목표는 수출기업들의 역외시장에 대한 접근을 개선하고 역외국 경쟁으로부터 위협받는 역내 수입경쟁 산업들을 보호하는 것이다(Dür & Poletti, 2020). 그러나 이런 목표는 자유무역적이면서 동시에 보호무역적인 측면을 모두 포함한다. EU는 역외국 기업 및 정부의 불공정한 행위를 방지하고 급격한 수입증가 시 구조조정을 위한 시간적 여유를 제공하기 위해 역내 수입경쟁 산업에 대한 보호가 필요하다고 주장한다.

---

* 전남대학교 경제학부 교수, kspark@jnu.ac.kr
1) https://ec.europa.eu/eurostat/statistics-explained/index.php?title=International_trade_in_goods#The_three_largest_global_players_for_international_trade:_EU.2C_China_and_the_USA (검색일 2022년 7월 2일)

EU의 무역정책은 역내 이익집단들의 요구를 수용하는 범위 내에서 무역자유화를 추진하는 소위 묻혀진 자유주의(embedded liberalism)적 성격을 띤다.

1. EU 무역정책의 대외적 제약

묻혀진 자유주의는 제2차 세계대전 이후 성립한 다자주의 무역체제인 GATT 체제와 WTO 체제를 통해 미국을 중심으로 구현되어 왔다. 묻혀진 자유주의에 따르면 규칙에 기초한 개방적인 무역질서를 추구하되 개방으로 인해 국내에 사회적인 문제가 심각하게 야기되는 것을 막을 수 있도록 협상을 통한 점진적인 자유화와 산업피해 구제제도의 운영이 담보되어야 한다.

EU가 공식적으로 내세우는 무역질서도 규칙에 기반한 개방적인 무역질서이다. 문제는 규칙의 내용과 성격이다. EU가 추구하는 무역질서는 실은 EU의 가치와 규범이 반영된 무역질서이다(Meunier & Nicolaïdis 2006). EU와 미국은 제2차 세계대전 이후 GATT 체제 형성을 주도했지만 상이한 가치와 규범문제로 인해 양 진영이 늘 협력적이지는 않았다. 특히 농산물 무역과 관련된 양 진영의 갈등으로 GATT의 케네디라운드 협상이나 도쿄라운드 협상이 중단될 위기에 놓이기도 하였다. 이외에도 EU의 보조금 문제, 미국의 관세평가 관행 등을 두고 양 진영은 대립하였다.

이런 양 진영의 갈등은 WTO 체제 성립을 전후해서도 나타났다. EU와 미국은 성장 호르몬이 투입된 미국산 육우의 수입문제를 두고 첨예하게 대립되었다. 일련의 GATT 무역자유화 협상을 통해 관세 수준이 낮아지고 관세의 보호수단으로의 역할이 줄어든 상태에서 회원국 간 상이한 규제수준과 내용이 무역마찰을 가져왔다. 소비자 위생과 관련된 국내 규제에 대한 수준과 내용을 정하는 것은 독립적인 국가에게 주어진 경제적 주권의 당연한 행사이지만, 국내 이익집단의 이해를 반영하는 보호주의적인 목적으로 이용될 수 있다는 것이 문제가 되었다.

1996년 미국과 캐나다는 EU가 성장호르몬이 투여된 육우의 수입을 금지하자 이 조치가 WTO 위생 및 검역 조치 협정 등에 위배된다고 WTO에 제소하였고, WTO는 국제식품규격위원회(CODEX)에 문제가 된 성장호르몬들이 인체에 피해를 주는지의 여부를 판단해 달라고 의뢰하였다. 국제식품규격위원회가 해당 호르몬들이 인체에 피해를 준다는 과학적 증거가 없다고 판단하자 WTO는 이에 근거해 EU의 수입제한이 부당하다는 판결을 내렸다. EU는 이 판결의 수용을 거부하였고 이에 따라 미국의 보복조치가 이어졌다.[2]

규제를 둘러싼 양 진영 간의 대립은 양 진영 사이의 무역 및 투자 자유화를 위해 2013년 7월에 시작된 TTIP(범대서양무역투자동반자협정) 협상 과정에서도 여실히 드러났다. TTIP 협상에서 핵심적 의제는 규제와 관련된 협력 문제였다. 양 진영은 사실 소비자 안전에 대한 접근방식에서 근본적인 차이를 가지고 있다. EU의 기본 입장은 유전자 변형 식품 문제에서 보듯이 어떤 위험도 존재하지 않는다는 것이 증명될 때까지 관련된 어떤 활동도 허용하지 않는 것이다. 이에 반해 미국은 어떤 위해요소가 과학적으로 입증될 때까지는 소비자의 선택에 맡긴다는 것이다. 이런 입장 차이를 극복하지 못하고 TTIP 협상은 현재 중단된 상태이다.

EU는 WTO 도하개발어젠다(DDA) 협상이 사실상 실패로 끝나면서 양자 무역협정이나 지역통합체 간 무역협정을 적극 추진하기 시작하였다. 경제 규모가 작은 개도국과의 FTA는 상호시장 개방에 따른 이득을 취하는 것이 우선적인 목표이지만 그와 함께 규제 협력을 이끌어 내는 것도 또 하나의 중요한 목표이다. EU는 개도국이 EU의 대규모 시장에 대한 접근을 허용하는 대가로 안전기준, 환경규준, 노동규준, 및 인권 등에서 EU의 규제를 수용하도록 압력을 행사한다. 다

---

2) 2009년 5월, EU집행위원회와 미국 정부는 동 사건의 통상 분쟁을 해결하기 위하여, 미국 측은 EU산 농산물에 대한 제재조치를 단계적으로 줄여나가고, EU측은 호르몬 처리를 하지 않은 고품질 쇠고기를 무관세로 수입하는 물량을 단계적으로 늘려나가기로 합의하였고, 2011년 5월, 미국은 EU산 농산물에 대한 제재조치를 철회하기로 결정하였다. 한국농촌경제연구원, 세계농업브리핑, 〈유럽의회, EU-미국 간 호르몬 쇠고기 통상 분쟁 종료 승인〉 원문 작성자: 한국, 주유럽연합대표부, 2012. 3. 15 https://www.krei.re.kr/wldagr/select BbsNttView.do?key=162&bbsNo=66&nttNo=44903(검색일 2022년 7월 2일).

시 말해 무역협정을 EU의 비무역적인 가치를 확산시키는 수단으로 이용하고 있다(Meunier & Nicolaïdis, 2006). 이는 EU의 표준을 글로벌 표준으로 만들기 위한 장기적 전략의 일환이다. 이를 바탕으로 향후 WTO 다자주의 협상이 재개될 때 규제협상에서 유리한 위치를 확보하는 것을 기대하고 있다. 그러나 이런 전략이 성공할지 여부는 불투명하다.

우선 TTIP 협상 중단에서 나타났듯이 미국이 EU의 규범을 반영하는 방식으로 다자협정을 수용할 가능성은 낮다. 더욱 문제가 되는 것은 다자주의적 무역질서에 대한 미국의 손상된 신뢰가 회복되지 않고 있다는 것이다. 미국은 부시행정부에서 시작된 경쟁적 자유화(competitive liberalization) 정책 이후 다수의 양자 FTA 협정이나 대규모 FTA 협정을 추진하였고, 트럼프 행정부에서는 노골적으로 다자주의 협상에 대한 불신을 드러내고 미국 우선주의(America First)를 천명하면서 일방주의적 무역정책을 채택하기도 하였다. 바이든 행정부가 출범하면서 일방주의적 무역정책 기조는 포기되었지만 미국 우선주의 입장은 여전히 살아있다.[3] 뿐만 아니라 바이든 행정부도 WTO 다자주의 무역질서를 회복하는 데 무역정책의 우선순위를 두고 있지 않다.

EU 규범을 글로벌 규범으로 만드는 데 또 하나의 걸림돌은 국제무역 질서에서 중국의 영향력이 확대되고 있다는 것이다. 중국은 2001년에 WTO 회원국이 되었지만 아직 완전히 자유 시장경제 체제가 뿌리내리지 못한 국가 자본주의 형태이다. 미중 무역분쟁에서 드러났듯이 중국의 국가기업에 대한 지원 등 다방면의 정부 개입은 불공정 무역 논란을 야기하고 있다. 중국은 겉으로는 WTO에 기반한 개방적 무역질서의 회복을 주장하지만 미국이나 EU가 정하는 무역 규칙을 그대로 수용하지는 않을 것 같다. 최근 중국은 EU의 탄소국경조정세(CBAM)에 대해서도 일방적인 적용에 대한 반대의사를 분명히 하였다. 2020년 12월 EU-중국 간 투자협정인 CAI(Comprehensive Agreement on Investments)가 독일

---

3) 바이든 행정부는 대통령 취임 직후인 2021년 1월 25일 미국 노동자들에 의한 미국 내 생산을 강조하며 자국산 물품 우대 등을 포함하는 행정명령에 서명하는 등 바이 아메리카 구상에 대한 후속조치를 취하였다(박혜리, 2021).

주도로 체결되었지만 개별 회원국의 비준을 받기 위해서는 중국이 EU가 요구하는 불공정 무역 방지책을 수립하고 탄소중립 선언 등 지속가능한 개발을 위한 선제적 노력이 필요하다.

EU가 원하는 방식으로 다자주의 무역질서를 재정립하는 데 개도국들과의 관계도 걸림돌이다. EU가 다수의 양자 FTA 협정을 통해 다수의 개도국들과 무역관계를 개선하였지만 개도국들은 영향력이 커진 WTO 협상에서는 EU의 요구를 그대로 수용하기보다는 사안별로 도하개발어젠다 협상에서처럼 집단적으로 행동할 가능성이 크다. 특히 EU의 관심분야인 환경규제, 경쟁정책, 지식재산권, 서비스 협정 등에서는 개도국의 이해를 최대한 관철시키려 할 것으로 예상된다.

미중 간 극심한 정치적, 경제적 대립이 진행되는 가운데 최근 발생한 러시아−우크라이나 전쟁은 세계무역질서가 규칙에 기초한 질서에서 힘에 기초한 질서로 전환되는 것이 아니냐는 우려를 낳고 있다. 이런 상황은 경제 규모면에서는 커졌지만 정치적으로는 아직 통합되지 않은 EU에게는 바람직하지 않다. 이런 상황은 역설적으로 규칙에 기반한 세계무역질서의 신속한 재확립이 필요하다는 것을 말해 주기도 한다. 그러나 앞의 논의에서 보았듯이 EU의 규범이 반영된 EU가 원하는 방식으로 다자주의 무역질서의 규율을 만드는 것은 현재의 대외적 여건으로 볼 때 어려워 보인다.

2. EU 무역정책의 대내적 제약

EU가 EU의 규범이 반영된 규칙에 기반한 개방적이고 다자주의적인 무역질서를 수립하는 데 풀어야 할 과제는 대내적으로도 존재한다. 가장 기본적인 제약은 수출기업들과 수입경쟁 산업에 속한 기업들 사이에 존재하는 개방과 관련된 이해충돌이다. 수출기업들은 국제무역이 더 자유화될수록 유리하지만 수입 경쟁 산업에 속한 기업들에게 개방의 심화는 외국기업과의 경쟁이 강화되는 것을 의미하기 때문이다.

EU에서 개방에 반대하는 가장 강력한 생산자 집단은 유럽농민－농협동맹 (COPA－COGECA) 등 농업 관련 단체이다. 그런데 개방에 대한 저항은 단지 수입 경쟁 산업에 속한 생산자 또는 기업들에 의해서만 나타나는 것이 아니고 환경단체, 노동조합, 인권단체들도 무역 자유화로 가속화된 세계화의 문제점들을 지속적으로 제기하고 있다. 환경단체들은 무역협상 의제가 각종 규제 장벽을 낮추는 것으로 이전되면서 EU보다 규제수준이 낮은 외국과의 무역이 EU의 소비자 안전을 위협하고 환경에 부정적인 영향을 미칠 것을 우려하고 있다. 인권단체들은 개도국들의 열악한 노동환경을 문제 삼고 있고, 수입 경쟁 산업에 속한 기업들이나 노동조합들은 개도국들의 낮은 수준의 노동규율 및 환경규율이 불공정한 무역을 만들어 낸다고 주장한다.

그런데 1990년대 접어들며 EU기업들의 글로벌 가치사슬(GVC) 참여가 증가하고 있다. GVC에 기초한 국제 노동분업은 생산의 효율성을 극대화는 과정에서 형성된 것으로 선진국 기업들과 개도국 기업들 모두에게 이득을 가져다주고 있다. EU의 입장에서 지속적인 성장과 역내 기업의 경쟁력 확보를 위해서는 GVC에의 참여와 참여 확대는 필수적이다. EU의 GVC 참여기업들은 환경, 노동 및 인권 관련 이슈들로 인해 GVC 참여가 제한받는 것을 우려하면서 역내 수입제한 정책의 제거와 GVC로 통합된 역외국 기업에 대한 규제 완화를 요구하고 있다 (Dür & Poletti, 2020).

이런 상황에서 자유로운 무역을 정치적으로 정당화하고 수용가능하도록 하기 위해서는 무역장벽 제거와 유럽적 가치를 지키기 위한 규제할 권리 사이의 균형을 어떻게 추구할지가 EU에게 과제로 주어진다(Leblond & Viju－Miljusevic, 2019). 이를 위해서는 무역정책과 관련된 의사결정 과정이 중요하다. EU는 초국가적인 단일 정치체가 아니기 때문에 27개 회원국 사이의 의견을 조정하는 과정이 필요한데 의사결정 과정의 효율성과 정당성이 확보되어야 한다.

EU는 리스본조약을 통해 대외무역에 대한 대부분의 권한을 EU 수준으로 이전하였다. 이는 EU 이사회의 결정에 대한 개별 회원국의 비토권이 인정되지 않는다는 것과 함께 대외무역이 다른 EU의 외부정책(external policy)처럼 민주주의,

법의 지배, 인권, 자연자원의 지속가능성이라는 TFEU(Treaty on the Functioning of the European Union)의 원칙하에서 수행되어야 한다는 것을 의미한다(Leblond & Viju-Miljusevic, 2019). 이런 의사결정 권한의 변화는 모든 무역협상의 결과에 대해 각 회원국의 비준이 더 이상 요구되지 않음에 따라 무역협상의 효율성을 높인다. 반면, EU 이사회에서의 의사결정 과정의 불투명성으로 인해 EU 시민들의 견해가 충분히 반영되지 않을 수 있다. 리스본조약은 정당성 문제에 대한 보완을 위해 무역협정에 대해 EU 시민들에 의해 선출된 의원들로 구성된 유럽의회의 거부권을 허용하였다. 이에 더하여 유럽집행위원회는 대외무역 및 투자정책을 수립하고 집행하는 과정에서 EU 시민들의 의견을 청취, 수렴하고, 정책성과를 평가하고 공개하고 있다.

그런데 정당성 확보와 관련된 논의에서 주로 문제를 제기하는 시민단체는 환경보호, 소비자 안전, 인권 등 특정한 가치를 추구하는 집단으로 낮은 가격으로 소비하는 것을 원하는 일반 소비자의 이해를 반영하는 움직임은 상대적으로 약하고 정치적인 고려에서도 빠져 있다. 잘 알려진 집단행동 문제로 인해 특정한 가치를 추구하는 시민단체의 이해관계에 비해 소비자로서의 일반 EU 시민들의 이해관계는 충분히 정책에 반영되지 않고 있는 것이다. 그리고 특정한 가치를 추구하는 시민단체들은 주로 독일 등 핵심 회원국들에 위치하고 있기 때문에 경제성장에 방점이 놓인 상대적으로 낙후한 남유럽 및 동유럽 회원국들의 이해관계는 덜 반영될 수 있다.[4] 2020년 영국의 EU 탈퇴는 EU 시민들이 공유하는 가치 및 EU 정체성에 대한 한계를 보여주는 것이다.

3. 맺음말

EU는 EU의 규범이 반영된 규칙에 기반한 개방적이고 다자주의적인 무역질

---

4) 대부분의 남유럽 회원국들은 미국과의 TTIP 협상 중단으로 미국시장 접근이 개선되는 것이 방해받는 것을 우려하였고, 동유럽 회원국들은 TTIP뿐 아니라 캐나다와의 CETA 협상을 지지하였다. De Bièvre(2019) 참조.

서를 추진하고 있다. 역외시장에 EU의 상품 및 서비스를 수출하고, 역외국이 보유한 자원과 역외국산 중간재 등에 자유롭게 접근하기 위해서는 개방적인 무역질서가 필요하다. 이런 개방적 무역질서는 GVC에 기초한 국제 분업체제가 발전하면서 더욱 요구되고 있다. 그러나 역내 수입 경쟁 산업에 속한 기업들을 외국 경쟁으로부터 보호하고, 공정무역, 환경보호, 소비자 안전 확보, 인권보장 등 특정한 가치를 지키려는 다양한 역내 이익집단의 요구를 수용하면서 EU는 단순히 개방적인 무역질서가 아니라 EU 규범이 반영된 개방적인 무역질서를 내세우고 있다.

양강 체제를 구축하고 있는 미국과 중국의 파워경쟁은 약화된 WTO 다자주의 무역질서의 재구축을 어렵게 하고 있고, 러시아도 우크라이나와의 전쟁을 통해 패권주의를 드러내고 있다. 힘에 기초한 일방주의적 무역질서로의 전환은 EU가 원하는 상황이 아니기 때문에 EU는 공식적으로 WTO 다자주의 무역질서의 회복에 대한 지지를 천명하고 있다. 그러나 무역 관련 규제와 관련해서 EU와 이견을 보이고 있는 미국과 중국이 WTO 재구축을 위한 논의가 시작된다고 하더라도 새롭게 정해지는 규칙에 EU의 규범이 반영되도록 허용할 것 같지는 않다. 개도국들도 EU의 요구를 수용하기보다는 도하개발어젠다 협상에서처럼 수적인 우위를 이용해 자신들의 이해관계를 반영하기 위해 집단적으로 움직일 가능성이 높다.

이런 관점에서 본다면 EU가 천명하는 EU의 규범이 반영된 규칙에 기반한 개방적이고 다자주의적인 무역질서는 국제적으로는 슈퍼파워가 아니고, 내부적으로는 단일 정치체가 아닌 EU가 갖는 대내외적 제약이 단순히 반영된 정책 구호로 보여지고, 상당 기간 국제무역 질서로 현실화되기 어려워 보인다.

참고문헌 ···

박혜리 (2021), 『바이든 행정부의 바이 아메리카 강화 동향과 정부조달시장 전망』, Vol. 4, No. 16, KIEP 세계경제 포커스, KIEP.

De Bièvre D. (2018), "The Paradox of Weakness in European Trade Policy: Contestation and Resilience in EU CETA and TTIP Negotiations, The International Spectator, 53(3), pp.70−85.

Dür A. and Poletti A. (2020), "Global Value Chains, the Anti−Globalzation Backlash, and EU Trade Policy: A Research Agenda, Journal of European Public Policy, 27(6), pp.944−956

Leblond P. and Viju−Miljusevic C. (2019), "EU trade policy in the twenty−first century: change, continuity and challenges", Journal of European Public Policy, 26(12), pp. 1836−1846.

Meunier S. and Nicolaïdis K. (2006), "The European Union as a conflicted trade power", Journal of European Public Policy, 13(6), pp.906−925.

EU는 왜 '전략적 자율성'인가?

김태황*

1. 글로벌 통상환경 변화에 대한 EU의 문제의식

EU 집행위원회가 2021년 2월에 발표한 통상백서는 유럽 그린딜(Green Deal)과 유럽 디지털 전략의 지속가능한 성장 모델을 추구하는 새로운 통상정책의 전략적 방향성을 모색했다. 디지털 기술변화와 세계화에 따른 글로벌 가치사슬(GVC)이 코로나19 팬데믹과 연계되어 글로벌 불확실성을 증폭시켰다고 진단했다. 독특한 국가 자본주의 체제로써 중국의 급부상도 글로벌 정치 경제적 질서와 EU 기업들의 글로벌 경쟁력에 도전적 요인이 된다고 분석했다.

EU는 '개방형 전략적 자율성(Open Strategic Autonomy)'을 통상정책의 근간으로 설정했다. 통상백서에 따르면, "개방형 전략적 자율성은 EU의 전략적 이익과 가치를 반영해 리더십과 참여를 통해 EU가 자율적으로 선택하고 주변 세계를 형성할 수 있는 능력을 강조한다."[1] 이러한 전략적 선택은 EU 경제를 강화하기 위한 회복력과 경쟁력, 지속가능성과 공정성, 단호함과 규칙 기반의 국제 협력의

---

* 명지대학교 국제통상학과 교수, ecothk@mju.ac.kr
1) European Commission (2021), "Trade Policy Review – An Open Sustainable and Assertive Trade Policy", p.4.

EU는 왜 '전략적 자율성'인가? 113

세 가지 축을 포함한다.

EU 통상정책의 전략적 자율성은 글로벌 가치사슬의 재편, 다자주의 통상체제의 개혁과 지역주의의 대안적 선택, 기후변화에 대응한 탄소중립 체계 등 글로벌 경제의 대전환에 대응하는 전략적 선택으로 이해할 수 있다. 본질적 근원은 EU 통합의 원류에서 재발견할 수 있다. 또한 미국과 중국의 정치 경제적 패권 대립 구도에서 EU의 통상정책 방향에 대한 통시적 고찰은 한국의 통상전략 수립에 유효한 시사점을 제시할 것으로 기대된다.

2. 모네와 쉬망의 '전략적' 선택[2)]

장 모네(Jean Monnet)는 유럽의 평화와 경제 발전을 위해 지속가능한 체계적인 제도와 규정을 정립해야 한다고 판단했다. 그는 1952년 유럽석탄철강공동체(ECSC) 6개국 공동 의회 연설의 결론을 다음과 같이 강조했다.

"유럽연합은 선의 하나만으로는 이뤄지지 못합니다. 규정이 필요합니다. 우리가 지금까지 겪어 왔고, 그리고 아직도 목격하고 있는 비극적인 사건은 우리를 더욱 현명하게 만들어 줄 것입니다. 하지만 사람은 죽어 사라지게 되어 있습니다. (…) 우리는 후손들에게 제도를 남겨 줄 수 있습니다. 제도의 생명은 사람의 생명보다 깁니다. 만약 제도가 잘 만들어진다면 그 제도들은 여러 세대의 지혜를 축적하고 전해줄 수 있을 것입니다."(박제훈·옥우석 공역, 2008, p.438)

모네는 유럽의 항구적 평화 정착, 유럽 연합체 창설, 독일 재군비 억제, 경제협력체 창설 등의 문제 해결에 전략적 관점에서 골몰하였으며 쉬망과 연대하였다.

---

2) 본 장은 김태황 (2019), 「브렉시트와 유럽 경제통합에 대한 평화의 정치경제학과 성경경제학적 고찰」, 『Oikonomos』, 6(2) 및 김태황 (2021), "쉬망의 EU통합 리더십을 되짚는 이유", 「한국경제신문」 시론(2021. 6. 30)의 일부 내용을 발췌하여 재구성한 것이다.

1950년 4월 23일, 프랑스 외무장관 로베르 쉬망(Robert Schuman)은 시골 자택으로 휴가를 떠나려고 했다. 열차가 출발하기 직전 문서를 하나 받았다. 장 모네(Jean Monnet)의 유럽 경제통합 초안이었다. 쉬망의 고심거리를 알고 있는 비서가 급하게 찾아온 것이다. 5월 9일 역사적인 '쉬망선언'이 발표됐다. 첫 문장은 "세계평화는 그것을 위협하는 위험에 비례하는 창의적인 노력을 기울이지 않고서는 보호될 수 없습니다"로 시작했다.

쉬망은 프랑스와 독일의 철강과 석탄 생산을 다른 유럽 국가가 참여하도록 개방해 공동으로 관리할 것을 제안했다. 불과 5년 전 적군이었던 아데나워 독일 총리가 열렬하게 호응했다. 쉬망은 자국 프랑스 총리보다 상대 독일 총리를 먼저 설득했다. 프랑스와 독일이 연대를 형성해 적대적 관계를 청산한 것이다. 30년 사이 두 차례나 세계 전쟁터가 된 유럽에서 평화의 정치경제학이 마법처럼 피어올랐다. 쉬망과 아데나워가 상호 신뢰 관계를 형성한 덕분이었다. 적장들끼리 신뢰하리라고 짐작할 수 있었을까?

EU는 1985년부터 5월 9일을 '유럽의 날(Europe Day)'로 지정하고 쉬망선언을 기념한다. 쉬망은 모네와 더불어 '유럽의 아버지'로 불리게 되었다. 영국이 EU를 떠났지만 27개 국가는 쉬망의 기대를 넘어 정치경제적 통합체를 유지하고 있다. 쉬망선언은 벨기에, 룩셈부르크, 프랑스 동부와 독일 서부 지역을 아우르는 완충 국가 '로타링기아(Lotharingia)'를 설립하자고 주장한 모네의 유럽 경제공동체 이론을 날씨에 맞는 옷으로 갈아입혔다. 정직하고 성실한 리더가 설득력을 발휘한 것이다.

사실 쉬망선언은 탁월한 수사학적 표현이나 극적이고 감동적인 내용은 아니었다. 전후 에너지 자원 전쟁의 재발을 예방하고 유럽의 평화와 번영을 갈구하는 3분짜리에 불과한 연설문이었다. 그런데 유럽경제 발전을 위한 공농의 생산 기반을 제안했고 경제활동 연대의 가치관을 제시했다. 전략적 선택이었다.

3. 전략적 자율성의 발휘 사례[3]

트럼프 행정부에서 미중 무역갈등이 표면화되면서 EU 통상정책에서 '전략적 자율성'이 시금석으로 부각되었다. 2020년 5월 미국 상무부 산업안보국(BIS)은 수출관리규정(EAR: Export Administration Regulations)을 재개정하여 중국 기업 화웨이에 대해 전면적인 제재를 단행했다. 그 이전까지만 하더라도 화웨이에 대한 영국과 EU의 대응은 미온적이고 유동적이었으나 이후 영국은 적극적인 제재 지지 방침으로 전환했다.[4] EU는 화웨이 제재를 개별 기업 차원이 아닌 "5G 안전성"의 관점에서 접근함으로써 미국과의 정치안보적 목적을 암묵적으로 공유하는 동시에 중국과의 경제적 목적을 일방적이거나 형식적으로는 이탈하지 않으려는 이중적 입장을 나타냈다.[5] 2019~2020년 EU의 대응 과정은 3단계로 구분하여 고찰해 볼 수 있다. 1단계는 사이버 보안에 대한 EU 차원의 권고사항 제시이고, 2단계는 5G 네트워크의 사이버 보안 관련 리스크 평가와 완화 방안 검토 과정이며, 3단계는 5G 네트워크의 리스크 완화 조치 제시 과정으로 구분할 수 있다.[6]

---

3) 본 장의 내용은 김태황·강유덕 (2020), 「화웨이 제재를 통해 본 미ー중 무역분쟁에 대한 유럽연합의 대응책과 시사점」, 『통합유럽연구』, 11(3)의 일부를 축약하고 수정하여 재구성한 것이다.

4) 미국의 화웨이 제재 관련 자세한 일지(2018년 1월부터)는 다음 사이트에서 참조할 수 있다. https://www.cnet.com/news/huawei−ban−full−timeline−us−restrictions−china −trump−android−google−ban−collusion−china/ (검색일: 2020. 10. 7).

5) EU 집행위원회는 2020년 7월 24일 보도자료를 통해 실질적으로는 미국의 화웨이 제재 동참 요청에 대한 대응방안의 이행 과정을 공지하면서도 형식적인 제목은 "5G security: Member States report on progress on implementing the EU toolbox and strengthening safety measures"로 명기하였으며 화웨이를 직접 언급하거나 지칭하는 특정한 내용은 전혀 기술하지 않았다.
https://ec.europa.eu/commission/presscorner/detail/en/ip_20_1378(검색일: 2020. 10. 10)

6) 이러한 단계 구분은 저자에 의한 것이며, 2단계와 3단계 사이 EU 사이버보안기관(ENISA)이 2019년 11월 발간한 보고서 "ENISA Threat Landcape for 5G Network"가 보안 리스크와 위협이 발생할 수 있는 기술적 환경에 대해 분석하였으나 5G 서비스 수급의 이해관계자들에 대한 보고서이므로 본 연구에서는 분석 대상에서 제외했다.

3.1 1단계: EU의 5G 네트워크의 사이버 보안에 대한 권고

2020년 3월 26일 발표한 EU "집행위원회 권고(Commission Recommendation)"는 회원국에게 역내 단일 5G 네트워크를 구축하기 위한 사이버 보안 점검 사항을 요청하면서 세 가지 목표를 명시했다(European Commission, 2019). 첫째는 5G 네트워크에 영향을 끼치는 사이버 보안에 대한 회원국들의 리스크를 평가하는 것이었고, 둘째는 EU 공동체 차원의 리스크를 회원국과 EU 기관들이 공동으로 평가하는 것이었다. 셋째는 5G 네트워크를 뒷받침하는 인프라와 연계된 사이버 보안의 리스크를 완화시킬 수 있는 공동 대응책을 확인하는 것이었다.

이러한 목표를 설정한 집행위원회는 회원국들이 이행해야 할 사항으로 리스크 평가 이행, 리스크 관리 방법 점검과 업데이트, 보안 관련 허가 조건 명시, 보안 리스크 완화를 위한 예방적 조치 등을 권고했다. 회원국들의 이행사항뿐만 아니라 EU 공동체 차원의 이행사항은 세 가지로 집약된다. 먼저 EU 사이버보안기관(ENISA)은 회원국 간 관련 정보를 공유하도록 유도해야 하며 각 회원국의 리스크 평가 내용과 결과를 취합하여 분석해야 한다. 둘째, ENISA는 EU의 5G 네트워크를 위협하는 환경을 파악하여 회원국과 공조하여 인프라 관련 리스크를 점검해야 한다. 셋째, EU는 보안 리스크 유형 목록과 완화 조치를 포함하는 공동 활용방안(toolbox)을 마련해야 한다(European Commission, 2019: 6-8).

3.2 2단계: 리스크 평가와 완화 방안 검토

집행위원회의 권고에 따른 후속 조치로써, EU 회원국들로 구성된 NIS(Network and Information System) Cooperation Group은 2019년 10월 9일 회원국의 리스크 평가 조사 결과를 분석하고 완화방안을 제시하는 보고서를 발표하였다. 본 보고서는 5G 네트워크가 본격적으로 가동될 경우 쟁점이 될 사안으로, 잠재적 공격에 대한 노출(backdoor), 일부 네트워크 장비의 민감성, 사용자의 공급업체에 대한 의존성, 네트워크의 신뢰성 우려 등을 지적하였다. 그리하여 이러한 쟁점에 대응한 현 정책과 보안틀을 재평가할 새로운 패러다임이 필요하다고 진단하면서 2019년 12월말까지 사이버 보안 리스크 완화 방안(toolbox)을 제시할 것을 요청하였다(NIS Cooperation Group, 2019).

EU의 대응 방안을 고찰하면서 주목할 만한 부분은 이 보고서가 5G 네트워크의 주요 보안 취약점을 기술적인 부분과 그 외 다른 취약점들로 구분함으로써 첨단기술의 기술 외적인 법적, 정책적 취약점을 판단할 여지를 남겼다는 점이다. EU는 화웨이에 대한 직접적인 제재 방침을 결정하는 것이 아니라 공급업체 다변화의 필요성에 근거하여 우회적으로 대응할 수 있는 전략적 선택을 한 것으로 판단된다.

3.3 3단계: 리스크 완화 조치의 활용방안 제시

집행위원회 권고사항의 이행조치로써, NIS Cooperation Group은 2020년 1월 29일 리스크 완화 조치를 후속적으로 발표했다(NIS Cooperation Group, 2020). 본 보고서는 1~2단계에서 검토한 5G 네트워크의 사이버 보안 리스크(위협)를 각 회원국이 어떻게 완화할 것인지 리스크 평가의 활용방안을 제시하였다.

리스크 완화 조치의 활용방안은 아홉 가지로 분류한 리스크를 네 등급과 세 기간으로 분류하고 잠재적 세 가지 이행 요소를 제시했다.[7] 이와 같은 전략적 조치와 기술적 조치를 통한 리스크(위협) 완화 방안은 회원국과 EU 차원의 지원 활동과의 상호작용을 통해 이행되는 구조를 나타냈다. 결국 3단계 활용방안 보고서는 5G 이동통신 네트워크 운영자에 대한 보안의 필수요건을 강화하고, 고위험

---

7) 리스크는 ① 네트워크의 잘못된 구성, ② 접근 통제의 결여, ③ 저품질 장비, ④ 단일 공급업체 의존성, ⑤ 5G 공급망을 통한 국가의 간섭, ⑥ 조직된 범죄에 의한 5G 네트워크의 악용, ⑦ 중요한 인프라/서비스의 심각한 중단, ⑧ 전력 공급 중단으로 인한 대규모 네트워크 장애, ⑨ 사물인터넷 악용 등으로 분류되었다. 리스크 등급은 매우 높음, 높음, 중간, 낮음 등으로 분류하였으며, 기간은 2년 이내의 단기, 2~5년 중기, 5년 초과 장기로 구분하였다. 잠재적 세 가지 이행 요소로는 ① 자원 비용, ② 부문별 운영자 또는 공급업체에 대한 경제적 영향, ③ 포괄적인 경제적/사회적 영향을 긍정적 측면과 부정적 측면을 모두 고려하였다(NIS Cooperation Group, pp.31-37).

도의 서비스와 장비 공급업체에 대한 적절한 제한을 부과해야 하며, 공급업체의 다각화를 통해 리스크가 있는 단일 업체 의존도를 회피해야 한다고 강조했다(NIS Cooperation Group, 2020: p.18).

4. EU의 전략적 선택[8]

EU는 미국이 요청하는 방식과는 다른 방식으로 화웨이 제재에 동참했다. 영국과 EU는 2019년까지도 명시적으로는 화웨이 리스크를 관리 가능한 리스크로 판단하고 화웨이의 5G 통신장비의 사용을 허용했다. 2020년 상반기 중 영국은 화웨이 장비 사용 비중을 35% 이내로 제한하였다가 다시 완전 배제를 결정하였으나 EU는 회원국의 자율성을 제한하지 않았다. 또한 EU는 중국이 기대하는 경제적 유인력과도 다른 방식으로 대중 통상관계를 견지했다. EU는 5G 네트워크 장비의 단일 공급업체의 리스크를 부각하고 다각화를 권고함으로써 화웨이 장비를 일률적으로 배제하지는 않겠다는 입장이었다. 화웨이 장비를 교체할 경우의 막대한 매몰비용과 교체할 경우의 정치외교적인 대체효과를 전략적 자율성에 따라 판단했다. 미국이 참여하는 북대서양조약기구(NATO)는 2020년 6월 10일 화웨이 장비의 사용 거부를 발표하였지만, EU 집행위원회는 리스크 완화 조치의 활용방안으로 직접적인 제재를 우회하는 방식을 선택했다.

EU는 5G 네트워크의 본질적인 사이버 보안 문제와 화웨이 제재의 현안에 대응하는 과정에서 EU 차원의 공식적인 결의문, 권고문, 보고서, 지침 등을 제시함으로써 회원국의 자율적인 정책 판단의 기반을 제공하였다. 화웨이 사례의 경우 EU는 회원국의 대응조치를 지원하기 위해 단계적으로 대응의 필요성, 현안진단과 대응력 평가, 효과적인 대응조치 안내 등을 공식적인 정책 지침으로 제시하였다. 정책 예비 과정이 문서화되고 공유되었다. EU는 5G 기술, 네트워크 보

---

8) 본 장의 내용은 김태황·강유덕 (2020), 「화웨이 제재를 통해 본 미−중 무역분쟁에 대한 유럽연합의 대응책과 시사점」, 『통합유럽연구』, 11(3)의 일부를 축약하고 수정하여 재구성한 것이다.

안, 대중 정치외교적인 관계에 대한 독립적이고 자율적인 원칙을 정립하면서도 복합적인 의사결정이 가능하도록 정책 기반을 확보했다.

5. 한국의 전략적 선택?[9]

한반도를 둘러싼 국제정치와 통상환경은 폭풍우가 언제 몰아쳐도 이상하지 않을 정도이다. 미중 패권 갈등과 한일 대립만 탓할 일이 아니다. 정치와 경제 리더십의 부재가 본질이다. 글로벌 정세와 변화 구도에 대한 통찰력과 가치관으로 설득력을 발휘하는 정치외교적 리더가 안 보인다. 글로벌 공급망 재편, 반도체 전쟁, 디지털 통상과 사회적 가치 중심의 통상규범을 돌파할 전략적 자율성이 없다.

2011~2020년 한국의 중국에 대한 상품 수출과 수입의 의존도는 각각 전체의 25.4%와 19.1%다. 그렇지만 중국과는 경제적 연대는 있으나 신뢰와 가치관의 연대가 없다. 미국과는 신뢰와 가치관의 연대가 있으나 의심받기도 하고 경제적 연대는 느슨해졌다. 일본과는 경제적 연대와 신뢰와 가치관의 연대가 모두 상당히 취약해졌다. 한국이 설득력 있는 정치력과 경제 관계로 국가 안전을 담보할 수 있는 대상국이 막연해졌다. 2022년 6월 현재 4,383억 달러의 외환보유고(세계 7위)를 쌓아두고도 통화 스와프 재체결에 매달려야 한다. 57개 국가와 17건의 자유무역협정(FTA)를 발효하고 있으나 국제금리와 환율 변동, 유가와 원자재 수급 변동, 반도체 수급 변동의 소나기 피하기에 급급하다.

각국 경제와 글로벌 통상의 화두가 된 탄소중립 정책에 부응해 우리 정부는 "한국판 그린딜", "2050 탄소제로" 전략을 호기롭게 선언했다. 그러나 2008년의 「지속가능발전법」과 2010년의 「저탄소녹색성장기본법」을 흔들어 깨운 정도이다. 2050년까지 탄소중립 경제체제로 전환하겠다면서, 환경비용이 우리 업체의

---

9) 본 장은 김태황 (2021), "쉬망의 EU통합 리더십을 되짚는 이유", 「한국경제신문」 시론 (2021. 6. 30)의 일부 내용을 수정 보완한 것이다.

120 제1부 학문탐구의 여정

수출입과 대외 통상구조에 끼칠 파급영향에 대한 준비는 걸음마를 익히는 수준이다.

　2020년이 쉬망선언 70주년이었다. 1940년 프랑스가 독일에 항복하자 영국으로 망명하여 대독 항전을 펼쳤던 드골 장군은 전후 독일의 석탄과 철강산업을 해체하려고 했다. 긴장을 고조시킬 것이 뻔했다. 모네의 실용적인 경제적 설득력과 쉬망의 통찰력과 가치관의 정치외교적 설득력이 리더십을 발휘하여 평화의 정치경제 공동체를 이뤄냈다. 대한민국을 주변 악어들의 입에서 지켜내고 그 등에 올라타기 위해서는 악어의 아킬레스건을 활용해야 한다. 미국의 구조적인 노동 생산성 저하, 중국 경제체제의 만성적인 신뢰성 결여, 일본의 역사적 불공정성 등의 고질적인 급소를 엮어 글로벌 상생 협력주의로 이끌 설득력의 리더십이 절실하다. 통상강국으로써 한국의 '전략적 자율성'을 구축하는 제도적 인프라가 필요하다.

참고문헌 ······

김태황 (2021), "쉬망의 EU통합 리더십을 되짚는 이유", 「한국경제신문」 시론, (2021. 6. 30).

김태황 (2019), 「브렉시트와 유럽 경제통합에 대한 평화의 정치경제학과 성경경제학적 고찰」, 『Oikonomos』, 6(2), pp.45−61.

김태황·강유덕 (2020), 「화웨이 제재를 통해 본 미−중 무역분쟁에 대한 유럽연합의 대응책과 시사점」, 『통합유럽연구』, 11(3), pp.191−225.

European Commission (2021), "Trade Policy Review − An Open, Sustainable and Assertive Trade Policy", COM(2021) 66 final (February 2021).

European Commission (2019), "Cybersecurity of 5G Networks", C(2019)2335 final (March 2019).

Monnet, Jean (1976), *Memoires*, Librairie Artheme Fayard, Paris, 박제훈·옥우석 공역, 『장 모네 회고록』, 2008, 세림출판.

NIS Cooperation Group (2020), "Cybersecurity of 5G Networks EU Toolbox of Risk Mitigating Measures", European Commission (January 2020)

NIS Cooperation Group (2019), "EU Coordinated Risk Assessment of the Cybersecurity of 5G Networks", European Commission (October 9, 2019).

팬데믹과 글로벌 가치사슬

박순찬*

1. 서론

많은 경제학자들이 코로나19가 세계 경제에 미치는 부정적 영향의 규모뿐만 아니라 구조적 변화를 초래할 것이라고 예측하고 있다. 특히 20세기 후반부터 세계화과 경제통합의 진척에 따른 무역장벽의 완화와 정보통신기술 및 운송수단의 발전에 따른 거래비용의 절감으로 형성된 글로벌 가치사슬(global value chains)의 변화에 주목하고 있다. Baldwin(2020), Coveri et al.(2020), Jean(2020) Javorcik(2020), Lin and Lanng(2020) 등은 코로나 19로 인해 기업은 위험회피적 (risk aversion) 전략을 강화할 것으로 예상한다. 글로벌 가치사슬이 여러 국가로 단순한 분산(다변화), 또는 리쇼링(Javorcik, 2020)으로 전환될 것으로 추론한다. 하지만 리쇼링은 경제적 논리에 어긋나고(Freund, 2020), 국내생산을 강화하는 것은 글로벌 가치사슬을 이용할 때의 다양성을 상실하게 되어 오히려 위험을 더 증가시킬 위험이 있으며(Miroudot, 2020), 또는 전 세계 차원에서는 공급망이 다변화되면서(중국 일변도의 탈피) 일정한 조건을 충족하는 국가로 생산 활동이 상대적으로 더 집중되는 등 향후 글로벌 공급망의 변화에 대해 다양한 의견을 제시하고

---

* 공주대학교 경제통상학부 교수, spark@kongju.ac.kr

있으나, 엄밀한 분석에 기초하지 않고 단순한 추론에 그치고 있다.

이러한 선행연구의 공백을 메우기 위해 본 연구는 코로나19 이전 팬데믹이 글로벌 가치사슬에 미친 영향을 분석함으로써 코로나19가 글로벌 가치사슬에 미치는 영향에 대한 이해를 높이는 데 기여하고자 한다.

모든 생산활동을 한 국가에서 수행하지 않고 각 생산 단계를 지리적으로 분리하여 글로벌 가치사슬을 형성하는 가장 근본적인 이유는 각 지역 또는 국가의 특성을 가장 효율적으로 활용하기 위함이다. 과거에는 비교우위에 따른 국가 분업이 재화 단위로 이루어졌다. 즉 노동이 풍부한 국가는 노동집약적인 재화의 생산 그리고 자본이 풍부한 국가는 자본집약적인 재화의 생산에 비교우위를 갖기 때문에 노동집약적인 재화는 노동이 풍부한 국가에서 그리고 자본집약적인 재화는 자본이 풍부한 국가에서 생산되는 형태와 같이 재화의 성격에 따라 재화의 생산 자체가 지리적으로 분리되었다. 그러나 오늘날 글로벌 가치사슬은 각 재화의 생산 단계를 세분하여 각각의 생산 단계가 가장 효율적으로 수행될 수 있는 국가에서 이루어지도록 형성되어 있다는 점에서 과거 국가 간 노동 분업과는 다르다. 즉 과거 국가 간 분업의 단위가 재화였다면 오늘날 글로벌 가치사슬의 단위는 재화의 생산 단계라는 점이다. 그러므로 글로벌 가치사슬의 결정요인은 각 국가의 비교우위 결정요인을 포함한다.

아울러 중간재 및 부품의 국경 간 원활한 이동에 요구되는 무역개방을 결정하는 무역정책과 기업의 수직적 분업을 통해 글로벌 가치사슬을 직접 형성하기 위한 외국인직접투자 등을 추가적인 결정요인으로 고려한다.

분석 결과, 전통적인 비교우위 결정요인인 생산요소 부존은 글로벌 가치사슬 참여에 유의한 영향을 미치는 것으로 나타났다. 또한 최근 비교우위의 원천으로 새롭게 지목되고 있는 제도의 질은 글로벌 가치사슬 참여를 높이는 중요한 요인으로 분석되었다. 아울러 관세율과 지역무역협정과 같은 무역정책도 글로벌 가치사슬 참여의 중요한 결정요인으로 나타났다. 마지막으로 코로나19 이전에 발생했던 21세기 팬데믹이 글로벌 가치사슬에 유의한 영향을 미쳤다는 증거는 발견되지 않았다. 이는 글로벌 가치사슬이 단기간에 급격하게 변화할 가능성이 높지 않다는 것을 시사한다.

이 논문의 나머지는 다음과 같이 구성되어 있다. 제2절에서는 글로벌 가치사슬의 측정 방법, 한국과 EU의 글로벌 가치사슬 변천과 코로나19 이전에 발생했던 21세기 팬데믹 현황을 간략히 살펴본다. 제3절에서는 글로벌 가치사슬 참여의 결정요인에 대해 논하고, 팬데믹이 글로벌 가치사슬 참여에 미치는 영향을 분석하기 위한 실증분석모형과 분석에 사용된 데이터에 대해 설명한다. 제4절은 분석 결과를 제시하고 그 의미를 살펴보며, 제5절은 이 논문의 주요 결과를 요약한다.

2. 한국과 EU의 글로벌 가치사슬 참여의 변천

Hummels et al.(2001)은 수직적 특화(vertical specialization)의 개념에 기초하여 글로벌 가치사슬 참여(GVC)를 후방참여(VS)와 전방참여($VS1$)의 합으로 정의한다. VS는 어떤 국가의 총수출(GX)에서 외국 부가가치(foreign value added, FVA)가 차지하는 비중을 나타내며 후방참여(backward participation)로 정의된다. $VS1$은 총수출에서 제3국의 수출에 사용되는 중간재에 포함된 국내 부가가치(domestic value added in exports, DVX)의 비율로 정의되며 전방참여(forward participation)로 정의된다.

$$GVC = VS + VS1 \qquad (1)$$
$$= \frac{FVA}{GX} + \frac{DVX}{GX}$$

〈그림 1〉과 〈그림 2〉는 2021년 출시된 OECD TiVA(Trade in Value Added)를 이용하여 1995~2018년 기간 한국과 EU의 글로벌 가치사슬 후방 및 전방참여의 변화를 백분율로 나타내고 있다. 〈그림 1〉에서 한국의 후방참여가 EU에 비해 상대적으로 훨씬 더 높다는 것을 알 수 있다. 한국의 후방참여는 1995년 약 26% 수준에서 시작하여 2011~2012년에 40%를 상회하였고, 그 이후 낮아져서

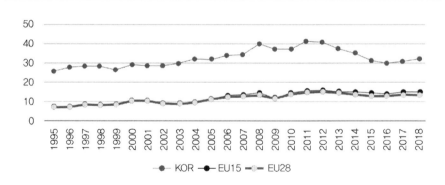

그림 1 한국과 EU의 글로벌 가치사슬 후방 참여

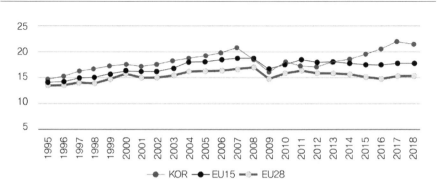

그림 2 한국과 EU의 글로벌 가치사슬 전방 참여

2018년 32% 수준을 보이고 있다. 한편 EU28과 EU15는 거의 같은 수준이며, 2018년 EU15는 15%, EU28은 약 14% 수준을 나타내고 있다.

〈그림 2〉에서 한국의 전방참여는 글로벌 금융위기가 발생한 2008~2009년 다소 낮아진 경우를 제외하면 전체적으로 증가하는 추세를 보이고 있다. 이에 비해 EU는 1995~2008년 기간 전방 참여가 상승 추세를 보였으나, 금융위기 이후 큰 변화가 없이 17~18% 수준을 유지하고 있다.

〈그림 1〉과 〈그림 2〉에서 한국은 EU에 비해 글로벌 가치사슬에 상대적으로 깊이 참여하고 있고, 2010년 이후 한국의 후방참여는 감소하고 전방참여는 상승하는 추세를 보이고 있음을 확인할 수 있다.

3.1 글로벌 가치사슬 참여의 결정요인

글로벌 가치사슬을 형성하는 가장 근본적인 이유는 생산 단계를 분리하여 각 생산 단계에 적합한 국가－산업의 장점을 활용함으로써 생산의 효율성을 제고하는 데 있다. 즉 생산 단계에 부합하는 각 국가－산업이 지닌 비교우위의 원천을 활용하는 데 있다. 그러므로 비교우위의 원천은 글로벌 가치사슬의 결정요인이다. 아울러 각 생산단계의 지리적 분리는 중간재 및 부품의 국경을 자유롭게 넘나들 수 있을 때 가능하다. 그러므로 수입 관세율을 비롯하여 지역무역협정의 체결 여부도 글로벌 가치사슬 참여에 영향을 미치는 중요한 요인이다. 본 연구는 글로가치사슬의 기본 결정요인으로 1) 생산요소 부존, 2) 제도, 3) 무역정책 등을 고려한다.[1]

3.1.1 생산요소 부존

먼저 전통적 무역이론인 헥셔－올린모형은 노동, 자본, 천연자원 등 요소부존량이 풍부한 국가는 이들 자원을 집약적으로 사용하는 산업에 비교우위를 갖는다고 지적하고 있다. 특히 본 연구는 자본, 인적자본, 천연자원 그리고 국토면적을 생산요소로 고려한다. 철광석, 석탄은 다른 국가－산업의 여러 생산에 활용되기 때문에 천연자원이 풍부한 국가는 높은 글로벌 가치사슬 전방참여도를 갖는다. 종속변수인 글로벌 가치사슬 참여는 총수출 대비 간접 국내 부가가치와 외국 부가가치의 비율로 측정하기 때문에 이들 생산요소 부존도는 GDP 대비 자본

---

1) Fernandes et al.(2020)은 글로벌 가치사슬의 결정요인으로 지리적 요인, 국내산업 생산능력, 거시경제적 요인 및 연결성을 추가로 고려하고 있다. 그런데 지리적 요인과 거시경제적 요인은 국가 고정효과를 통해 통제할 수 있고, 연결성의 대용변수로 이용되는 물류성과지수(Logistics Performance Index)에 대한 데이터는 2007년 이후만 제공되기 때문에 본 연구의 분석에서 제외하였다. 그리고 중력모형에 따르면 국내산업 생산능력이 무역규모에 미치는 영향은 긍정적이지만, 글로벌 가치사슬에 미치는 영향은 모호하기 때문에 본 연구의 분석에서 제외한다.

스톡, 국제노동기구 분류 직업의 3~4단계에 해당하는 인적자본의 양, 국토면적 그리고 천연자원에서 얻는 수입으로 측정한다. 자본스톡에 대한 데이터는 Penn World Table v.10, 3~4단계 인적자본에 대한 데이터는 Employment by Occupations(International Labour Organization), 국토면적 및 천연자원에 대한 데이터는 World Development Indicators(World Bank)로부터 추출하였다.

3.1.2 제도

최근 비교우위의 원천으로서 제도의 질에 대한 연구가 활기를 띠고 있다. Nunn(2007), Levchenko(2007)은 제도의 질적 수준이 높은 국가가 그렇지 않은 국가에 비해 제도집약적인 산업에 비교우위를 갖는다는 실증분석 결과를 제시하고 있다. 이러한 비교우위의 원천으로서 제도에 대한 연구는 제도(institution)가 경제성과(economic performance)에 매우 중요한 영향을 미친다는 선행 연구(La Porta, Lopez−de−Silanes, Shleifer and Vishny, 1997, 1998; Acemoglu, Johnson and Robinson, 2001, 2002)에 기초하여 이를 무역에 확대 적용하고 있다. 본 연구는 이러한 제도의 질적 수준이 비교우위의 원천이라는 선행 연구에 근거하여 제도의 질적 수준이 높은 국가는 그렇지 않은 국가에 비해 글로벌 가치사슬 참여가 높다는 가설을 설정한다. 제도는 법의 집행(rule of law), 지적 재산권 등 다양한 측면이 있는데, 경제적 거래와 가장 밀접한 제도는 계약과 이의 이행에 따른 문제과 관련이 깊은 법의 집행을 제도를 대용하는 변수로 설정한다. 법의 집행에 대한 데이터 출처는 World Governance Indicators(World Bank)이다.

3.1.3 무역정책

부품 및 중간재가 국경을 여러 차례 넘나들 때 발생하는 무역비용이 낮아야 글로벌 가치사슬은 심화된다. 대표적으로 관세율이 낮은 국가의 글로벌 가치사슬 참여도가 그렇지 않은 국가에 비해 상대적으로 더 높다. 또한 글로벌 가치사슬의 형성에는 외국인 직접투자의 역할이 절대적이다. 과거 자국에서 수행하던 생산단계의 일부를 다른 국가에서 수행하는 방법으로 다른 국가의 타기업과의 거래를 통해서도 가능하고, 직접 생산설비를 구축하여 생산을 담당하는 것도 가능하다. 아울러 지역무역협정은 양국 간 무역비용을 감축함으로써 재화의 이동을 원활하게 하는 역할뿐만 아니라, 각 국가가 경쟁적으로 지역무역협정을 체결하면서 다수의 국가가 지역무역협정으로 서로 연결되어 있다. EU의 pan-Euro-Mediterranean cumulation과 같이 원산지 교차누적이 허용되면 지역무역협정의 역내 재화의 이동은 더욱 촉진될 수 있다. 그러므로 본 연구는 지역무역협정의 체결 건수와 더불어 지역무역협정 회원국의 특성을 반영할 수 있도록 회원국의 시장규모 및 소득수준을 추가로 고려한다.

평균 관세율 데이터 출처는 World Development Indicators(World Bank)이며, 국내로 유입된 GDP 대비 외국인 직접투자 스톡에 대한 데이터는 UNCTAD, 그리고 지역무역협정 체결 여부는 Regional Trade Agreements Database(WTO)에서 얻었다. 시장규모는 GDP 그리고 소득수준은 per capita GDP로 측정하며 그 출처는 World Development Indicators(World Bank)이다.

3.2 21세기 팬데믹[2]

코로나19 이전에 발생한 팬데믹으로 스페인 독감, 1968년 독감(홍콩 독감), 사스(SARS), 신종플루(H1N1), 메르스(MERS), 에볼라(Ebola) 등이 있다. 코로나19의 발생 범위와 심각성은 지난 20여 년 동안 발생했던 팬데믹과는 비교할 수 없을 정도이지만, 2000년 이후 메르스, 사스 등 팬데믹이 발생하였고 세계경제도 작지 않은 피해를 입었다. 이 논문은 이용 가능한 데이터 및 시의성을 고려하여 2000년 이후 발생한 팬데믹을 사스, 신종플루, 메르스 및 에볼라에 한정한다. 팬데믹의 종류, 발생 연도 및 감염 국가 수는 〈표 1〉에 정리되어 있다. 그러나 발생 연도는 처음 발생한 국가를 기준으로 정리되었으며 개별 국가의 발생 시점은 차이가 있다. 예를 들어 메르스는 2012년 중동지역에서 처음 발생하였으나, 한국에

---

2) 21세기 팬데믹 발생 현황은 박순찬(2022) pp.14-15에서 재인용하였다.

표 1 | 21세기 팬데믹 현황

표 1 | 21세기 팬데믹 현황

팬데믹	발생 연도	감염 국가 수	사망자 수	확진자 수	치명률
사스	2003	28	737	7750	9.51%
신종플루	2009	167	14,390	526,353	2.73%
메르스	2012	26	498	1,289	38.63%
에볼라	2014	10	11,323	28,646	29.53%

자료: Ma et al.(2020), ECDC(European Center for Disease Prevention and Controls), 위키피디아

서의 발병은 2015년이다. 그러므로 각 팬데믹의 국가별 감염 시기, 확진자의 수, 사망자 수, 치명률에 대한 세밀한 검토가 필요한데, 본 연구는 21세기 팬데믹 관련 데이터의 출처로 Ma et al.(2020)를 이용하면서 European Centre for Disease Prevention and Control(ECDC)에서 제공하는 각 팬데믹에 대한 일일 보고와 위키피디아가 제공하는 통계와 교차·확인하였다.

감염된 국가 수와 확진자를 기준으로 볼 때 코로나19 이전 팬데믹 가운데 H1N1 신종플루가 가장 큰 영향을 미친 것으로 나타났다. 감염된 국가는 167개국에 달하였으며, 이들 국가의 확진자는 50만 명을 넘었다. 그런데 치명률을 기준으로 살펴보면 메르스의 치명률이 약 38.7%로 가장 높았고, 그 다음이 약 30%에 달하는 에볼라로 나타났다. 감염된 국가 수와 확진자 수가 가장 많은 H1N1 신종플루의 치명률은 약 2.7%로 21세기 발생한 팬데믹 가운데 가장 낮았다.

3.3 실증분석 모형

본 연구는 코로나19 이전 21세기에 발생한 팬데믹이 글로벌 가치사슬에 미친 영향을 분석하기 위해 글로벌 가치사슬에 영향을 미치는 기본 통제변수에 팬데믹 대용변수를 추가하여 다음의 실증분석 모형을 설정한다.

$$GVC_{jt} = \alpha_0 + \beta' X'_{jt} + \gamma Pandemic_{jt} + \delta_j + \eta_t + u_{jt} \tag{2}$$

식 (2)에서 오차항 u_{jt}는 관찰할 수 없는 국가 고유의 요소(unobserved

country-specific factors) δ_j와 시간 고정효과 η_t으로 인해 평균치가 0이 되지 않는다. 그러므로 식 (2)를 OLS로 추정하는 경우 추정된 계수값은 필연적으로 편이(biased)를 갖게 된다. 이를 해결하기 위해 시간에 따라 변하지 않는 국가 고유의 요소는 δ_j 고정효과(fixed effect)를 적용한다.

4. 분석 결과

　　팬데믹이 식 (1)에서와 같이 후방 참여와 전방 참여의 합으로 측정한 글로벌 가치사슬 참여에 미치는 영향을 분석한 결과는 〈표 2〉에 제시되어 있다. 누락변수의 편의를 통제하기 위해 모든 모형에 국가 고정효과와 연도 고정효과를 적용하였다. 모형 (1)은 팬데믹과 글로벌 가치사슬 참여와의 관계만을 분석한 결과인데, 팬데믹의 계수값은 통계적으로 유의하지 않다. 모형 (2)는 본 연구에서 고려한 모든 설명변수를 포함하여 분석한 결과이다. 인적자본과 천연자원의 계수값은 양(+)의 부호를 갖고 통계적으로 유의하며, 이는 헥셔-올린모형에서 강조하는 생산요소 부존이 비교우위의 원천이며, 이는 곧 글로벌 가치사슬 참여를 높이는 요인으로 작용하고 있다는 것을 의미한다. 아울러 관세율의 계수값은 음(-)의 부호를 갖고 1% 수준에서 유의하게 분석되었으며, 관세율이 낮아서 각 생산단계에서 생산된 부품 및 중간재가 국경을 넘나들 때 무역비용이 작은 국가일수록 글로벌 가치사슬에의 참여가 높다는 것을 시사한다. 아울러 지역무역협정의 체결 건수와 지역무역협정 회원국의 시장 규모를 나타내는 지역무역협정과 회원국 GDP와의 교차항 계수값도 양(+)의 부호를 갖고 통계적으로 유의하다. 그러나 지역무역협정 회원국 소득수준을 나타내는 지역무역협정과 회원국 1인당 GDP와의 교차항 계수값은 음(-)의 부호를 갖고 통계적으로 유의하다. 이는 지역무역협정을 체결하였고 회원국의 소득수준이 높지 않은 국가가 글로벌 가치사슬에의 참여도가 높다는 것을 의미한다. 본고의 관심 변수인 팬데믹의 계수값을 보면, 모든 모형에서 통계적으로 유의하지 않게 나타났다. 즉 코로나19 이전 21

표 2 │ 팬데믹이 글로벌 가치사슬 참여에 미치는 영향

종속변수:	후방 참여+전방 참여		후방 참여	전방 참여
	(1)	(2)	(3)	(4)
자본스톡/GDP		0.676	1.175	-0.644
		(0.805)	(0.773)	(0.729)
인적자본/GDP		1.340a	1.425a	-0.002
		(0.494)	(0.529)	(0.403)
천연자원/GDP		0.214a	0.010	0.223a
		(0.081)	(0.055)	(0.070)
관세율		-0.213a	-0.229a	-0.016
		(0.045)	(0.043)	(0.035)
외국인직접투자스톡/GDP(log)		0.101	-0.163	0.064
		(0.259)	(0.311)	(0.158)
제도		1.820a	2.001a	0.517
		(0.567)	(0.627)	(0.395)
지역무역협정 체결 건수		2.035a	3.542a	-1.384a
		(0.481)	(0.519)	(0.280)
지역무역협정*회원국GDP의 합계(log)		0.187a	-0.997a	0.337a
		(0.049)	(0.181)	(0.120)
지역무역협정*회원국 per capita GDP의 합계(log)		-2.034a	-1.370a	-0.153
		(0.341)	(0.384)	(0.204)
팬데믹	0.422	0.065	-0.269	0.285
	(0.386)	(0.403)	(0.441)	(0.231)
관측치	1,584	1,281	1,265	1,,256
Adj. R2	0.92	0.93	0.94	0.92
연도 고정효과	포함	포함	포함	포함
국가 고정효과	포함	포함	포함	포함

주: 괄호 안의 숫자는 강건 표준편차이며 a, b, c는 각각 1%, 5% 및 10% 수준에서의 통계적 유의도를 표시한다.

세기에 발생한 팬데믹이 글로벌 가치가슬 참여에 유의미한 영향을 미쳤다는 증거는 발견되지 않았다.

모형 (3)에서 인적자본, 관세율, 제도, 지역무역협정 체결 건수 등은 기대했던 부호를 갖고 통계적으로 유의하다. 그러나 전방 참여를 분석한 결과를 나타내는 모형 (4)를 보면 지역무역협정 이외 변수의 계수값은 통계적으로 유의하지 않은 것으로 나타났다. 이는 글로벌 가치사슬 전방 참여의 결정요인이 충분히 밝혀지지 않았음을 시사하며, 이는 향후 중요한 연구과제로 남아 있다. 마지막으로

본 연구의 관심 변수인 팬데믹의 계수값은 통계적으로 유의하지 않는 것으로 분석되었다. 앞서 분석했던 글로벌 가치사슬 전후방 참여와 동일하게 코로나19 이전 21세기에 발생한 팬데믹이 글로벌 가치사슬 후방 및 전방 참여에 유의미한 영향을 미쳤다는 증거는 발견되지 않았다.

5. 요약 및 결론

이 논문은 1995~2018년 기간 한국과 EU의 글로벌 가치사슬 참여의 변천을 살펴보고, 코로나19 이전 21세기에 발생했던 팬데믹이 글로벌 가치사슬에 미치는 영향을 분석하였다. 누락변수의 편의를 통제하기 위해 국가 고정효과와 연도 고정효과를 적용하였다. 분석 결과, 인적자본, 천연자원 등 전통적인 생산요소 부존, 최근 비교우위의 원천으로 강조되고 있는 제도의 질, 그리고 중간재 및 부품의 원활한 국경 이동에 요구되는 개방적 무역정책이 글로벌 가치사슬의 중요한 결정요인으로 나타났다. 그러나 팬데믹이 글로벌 가치사슬에 유의미한 영향을 미쳤다는 증거는 발견되지 않았다.

이러한 분석 결과는 박순찬(2022)의 결론과 유사하다. 박순찬(2022)는 양국 간 무역을 중간재와 최종재 수출과 수입으로 구분하고, Benguria and Taylor (2020)의 접근방법을 이용하여 코로나19 이전 21세기 팬데믹의 성격을 분석하였는데, 코로나19 이전 21세기 팬데믹이 최종재 수출에는 부정적 영향을 미치고 중간재 수출에는 유의한 영향을 미치지 않았다고 증거를 제시하면서, 이를 글로벌 가치사슬이 단기적으로 쉽게 변화되지 않는 것으로 해석하고 있다. 다시 말해서 팬데믹이 소비자의 선호에 즉각적이고 유익미한 영향을 미치는 반면에 기업의 효율성 제고를 위한 중간재 및 부품 조달의 의사결정에는 유의미한 영향을 미치지 않는 것이다. 박순찬(2022)의 분석 결과는 중간재 무역에 미치는 영향을 분석하였기 때문에 팬데믹이 글로벌 가치사슬에 미치는 영향에 대한 간접적인 증거로 볼 수 있다.

따라서 공급망을 다양화하여 수요와 공급충격의 피해를 최소화하려는 움직임은 있겠지만, 공급망의 변경은 적지 않은 비용을 수반하기 때문에 글로벌 가치사슬의 급작스런 변화가 발생하지 않을 것으로 예상된다. 특히 생산과정이 복잡한 생산물일수록 복잡한 글로벌 가치사슬은 쉽게 변화하기 어려울 것으로 보인다. 그러나 코로나19 이전 21세기 팬데믹과 코로나19는 심각성에 있어서 상당한 차이를 보이기 때문에 코로나19가 장기화되고 일부 공급망에서 차질이 빈번하게 발생할 경우, 글로벌 가치사슬의 변화를 배제할 수 없다.

이 논문은 글로벌 가치사슬을 국가 차원에서 분석하였다. 그런데 글로벌 가치사슬의 참여는 산업별로 상당한 차이를 보인다. 보다 엄밀한 분석을 위해서는 국가-산업 차원의 분석이 요구되며, 이러한 산업별 차이를 반영하지 못한 것은 이 연구의 한계점이며 향후 중요한 과제로 남아있다.

참고문헌 ···

박순찬 (2022), 『코로나19가 무역에 미치는 영향』, 연구자료 21－07, 대외경제정책연구원.

Baldwin, R. (2020), "Supply chain contagion waves: Thinking ahead on manufacturing 'contagion and reinfection' from the COVID concussion", VoxEU.org, 1 April.

Benguria, F. and A. M. Taylor. (2020), "After the Panic: Do Financial Crises Cause Demand or Supply Shocks? Evidence from International Trade", *American Economic Review: Insights*, 2, 509－526.

Coveri, A., Cozza, C., Nascia, L., & Zanfei, A. (2020), "Supply chain contagion and the role of industrial policy", Journal of Industrial and Business Economics, 47(3): 467-482. https://doi.org/10.1007/s40812－020－00167－6.

Freund, Caroline. (2020), "Governments Could Bring Supply Chains Home. It Would Defy Economic Rationality." Barrons, May 1, 2020.https://www.barrons.com/articles/will－supply－chains－come－home－after－the－coronavirus－recession－51588327200.

Javorcik, B. (2020), "Global supply chains will not be the same in the post－COVID－19 world", In R. Baldwin & S. J. Evenett (Eds), COVID－19 and trade policy: Why turning inward won't work: 111-116. London: CEPR Press.

Jean, S. (2020), "How the COVID－19 Pandemic Is Reshaping the Trade Landscape and What to Do About It, Intereconomics", Review of European Economic Policy, 55, 135-139. DOI: 10.1007/s10272－020－0890－4

Lin, J., & Lanng, C. (2020), Here's how global supply chains will change after COVID−19. World Economic Forum. https://www.weforum.org/agenda/2020/05/this−is−what−global−supply−chains−will−look−like−after−covid−19/.

Fernandes, A., H. L. Kee, and D. Winkler (2020), "Determinants of Global Value Chain Participation: Cross−Country Evidence", Policy Research Working Paper, No.9197, World Bank.

Hummels, D., Ishii, J. and K. Yi (2001), "The Nature and Growth of Vertical Specialization in World Trade", *Journal of International Economics*, 54, 75-96.

Levchenko, A.(2007), "Institutional quality and international trade", Review of Economic Studies, 74, 791−819.

Ma, C., J. Rogers, and S. Zhou (2020), "Modern Pandemics: Recession and Recovery," *Board of Governors of the Federal Reserve System International Finance Discussion Papers* No. 1295.

Miroudot, S. (2020), 'Resilience versus robustness in global value chains: Some policy implications', in Baldwin, R. E. and Evenett, S. J. (eds.), COVID−19 and Trade Policy: Why Turning Inward Won't Work, Geneva: VoxEU & CEPR.

Nunn, N. (2007), "Relationship−specificity, incomplete contracts, and the pattern of trade", *Quarterly Journal of Economics*, 122, 569-600.

국제 공급망 위기의 새로운 전개와 시사점

김도훈*

1. 들어가는 말

코로나19 팬데믹 현상이 일어나기 전의 세계경제는 글로벌 가치사슬(GVC)
의 효율적 전개가 키워드로 인식되어 왔다. 세계무역의 70% 정도가 GVC 전개
하에 이루어지고 있다는 OECD의 분석이 이를 뒷받침하고 있다. GVC 전개가
급속도로 확대된 것은 중국의 2001년 WTO 가입이 촉발하였다는 점도 잘 알려
져 있다. 그러나 코로나19 팬더믹은 중국은 물론 미국, EU 등 주요국들에서 경
제봉쇄 조치가 일어나면서 중국 중심의 GVC 확대 현상에 제동을 가했고, 나아
가 국제 공급망에 큰 균열을 일으키면서 세계적으로 위기감을 자아내고 있다. 트
럼프 대통령 재임 당시 고조되었던 미중 경제갈등도 국제 공급망 위기를 부추겼
지만, 코로나19 팬데믹이 가져온 충격은 결정적이었다. 이후 코로나19 팬데믹의
영향이 완화되어 가는 가운데서도 국제 공급망 위기는 너욱 고조되고 있는데, 여
기에는 코로나19 팬데믹 수습 과정에서 미국, EU 등이 경제에 쏟아부은 천문학
적인 정부지출이 작용하고 있다. 러시아의 우크라이나 침공으로 일어난 에너지,
식량 공급 위기는 국제 공급망에 또 다른 형태의 위기를 만들고 있다.

* 서강대학교 국제대학원 초빙교수(전 산업연구원장), kdhfrancois@gmail.com

2. 팬데믹 동안 유럽, 미국 등이 쏟아부은 재정지출이 빚은 국제 공급망 정체 현상

2022년 초에 들어서면서 미국과 유럽의 주요 언론매체들이 국제 공급망 위기의 변화 양상을 잘 보여주는 사례들은 당초 이 국가들이 우려해 왔던 공급망 출발점의 위기 모습과는 극명하게 대조되는 현상을 나타내고 있다. 즉, 중국 생산거점의 폐쇄라든지 미중 경제마찰에 따른 반도체, 배터리, 희토류 등의 공급이 차단되는 현상이 초기의 우려였다면, 최근의 우려는 물류 과정에서의 적체 현상으로 바뀌고 있다. 오히려, 아시아의 생산지에서 출발한 상품들이 소비지에 원활하게 도착하지 못하는 현상이 두드러지게 나타난 것이다.

2021년 말부터 2022년 초까지 세계 언론이 가장 크게 다룬 이슈는 아시아에서 미국과 유럽으로 가는 해상 운송이 적체되는 현상일 것이다. 우선 미국 서부 항구들 (중국 등 아시아 지역으로부터 오는 화물 운송 루트 중 가까운 항구들) 중 가장 붐비는 항구로 떠오른 LA 롱비치항의 외항에서 기다리는 화물 수송 선박들의 수가 수십 척에 이르는 상황이 몇 달째 지속되고 있고, 화물이 항구에 하역된다 하더라도 그 이후에도 육상 운송용 트럭으로 환적되기를 기다리고 있는 컨테이너의 양도 압도적이다. 한편 2021년 3월 아시아와 유럽을 잇는 최단 거리 항로상의 수에즈 운하가 대만 화물선의 좌초로 운행이 중단되는 사태가 발생하여 세계무역에 시간당 4억 달러의 손실을 입힌 것으로 추산되고 있다(로이즈 추산 1일 운송: 아시아-유럽행 51억$, 유럽-아시아행 45억$). 이러한 항구/항로에서의 적체가 일어남에 따라 아시아발 미국과 유럽으로의 해운 비용은 2020년 초 대비, 2021년 말에는 10배 수준으로 상승하였는데, 특히 미국행 운임이 더 빨리 상승하면서, 유럽행은 화물선 확보조차도 어려워지기도 했다.

국제 공급망 위기를 보여주는 다른 현상으로는 미국과 유럽 각국의 소매점의 상품 진열대가 비어 있는 모습이라고 할 수 있다. 특히 미국과 영국에서 이러한 현상이 극명하게 나타났는데 2022년 초 몇 주간 50% 이상의 소비자들이 소매 단계에서 식품 품귀 현상을 직접 겪었다고 토로할 정도이다.

이러한 물류 적체 현상의 원인은 크게 세 가지로 분석되고 있는데, 첫째, 코로나 팬데믹 이후 막대하게 풀린 돈이 불러온 수요 폭증, 둘째, 아시아와 미국/유럽을 잇는 해상 운송의 적체, 셋째, 미국/유럽 역내 육상 운송의 적체 등이 핵심 원인들로 지적되고 있다.

먼저, 미국과 유럽 각국은 코로나 팬데믹으로 발생한 경제적 위기를 극복하기 위해 지나치게 많은 돈을 풀었고 소비자들의 구매력이 크게 높아져서, 코로나 팬데믹으로 위축되어버린 국내 및 역내 제조업들의 생산 능력이나 물류산업의 처리 능력으로는 감당할 수 없게 되어버렸다는 것이다. 이러한 현상을 MIT의 셰피(Yossi Sheffi) 교수는 채찍효과(bullwhip effect)라고 불렀는데, 미국, 유럽 등의 소비지에서 급속히 늘어난 수요가 상품의 공급망 전체에 주는 충격은 갈수록 커져서 채찍의 끝 부분인 LA 롱비치항에서 물류 적체 현상이 극대화된다는 것이다. 셰피 교수에 의하면, 전 세계 소비자들이 팬데믹 이후 1년간 약 5조 4,000억 달러의 초과 저축을 얻어냈고 이를 시장에 쏟아부은 것이 공급망 위기 초래의 근본 원인이라는 것이다.

다음으로, 초기에 국제 공급망 위기 발생의 원인으로 지적되었던 공급망의 시발점, 즉 생산지 중국에서의 공급 애로라는 주장을 무색하게 할 정도로 미국과 유럽이 중국을 비롯한 아시아 지역으로부터의 수입을 크게 늘려온 점을 들 수 있다. 한마디로 미국과 유럽의 소비자들이 아시아 상품에 중독되어버렸다고 할 정도인 것이다.

미국의 국별 수입 구조를 살펴보면, 2020년 기준 중국, 일본, 베트남, 한국, 대만, 인도 등 아시아 지역 주요 6개국에 대한 의존도가 35.7%에 이르는데, 주변국인 멕시코(13.7%), 캐나다(11.5%)로부터의 수입이 역내 무역의 특성을 띠고 있다는 점을 감안하여 제외한다면, 아시아 6개국에 대한 의존도는 무려 47.7%에 이르고 있다. 가히 미국 소비자들과 기업들이 아시아에 중독되어 있다고 해도 과언이 아닐 정도이다. 문제는 이런 높은 의존도가 미국이 전 세계로부터 들어오는 수입 물량의 절반을 아시아 지역으로부터 태평양을 가로질러 들어오는 해상 운송에 의지하고 있는 것을 나타내고 있고, 그만큼 이 두 지역 사이의 해상 물동량이 크다는 사실을 잘 보여주는 것이다.

EU도 비슷한 양상을 보여주고 있는데, 역시 2020년을 기준으로 위의 아시아 6개국에 대한 의존도가 33.9%에 이르고 있다. EU가 의존하는 주요 역외 국가들은 미국(12.0%)을 포함한 영국, 스위스, 러시아, 터키, 노르웨이 등인데 이들을 합하면 38.1%에 이르러 아시아 지역으로부터의 수입을 능가하지만, 미국을 제외한 대부분의 국가들로부터의 수입은 육상 운송이거나 가까운 근거리 해상 운송을 이용하면 된다는 사실을 감안하면, 역시 아시아 지역으로부터 수에즈 운하를 가로질러 가는 해상운송의 중요성이 매우 크다는 사실을 알 수 있게 해 준다.

마지막 원인은 미국과 유럽의 역내 육상 운송에서 발생하고 있는 애로이다. 이는 팬데믹 당시 경제 봉쇄 단행, 이민자 단속 등으로 크게 줄어든 트럭 운전인력들을 확충하지 못함으로써 일어나고 있는 국내 및 역내 육상 운송의 적체 현상이다. 미국에서는 위에서 언급한 대로 코로나 팬데믹으로 발생한 경제위기를 극복하기 위한 금융 및 재정 지원이 위력을 발휘하여 거의 모든 산업 분야에서 빠르게 고용이 늘어나서 한때 14% 가까이까지 치솟았던 실업률이 자연실업률로 인식되는 5% 이하로 급락하는 현상이 발생하고 있으나 육상 운송에 투입해야 할 트럭 운전자의 부족 현상은 쉽게 해소되지 못하고 있다. 트럭 운전자를 확보하기 위한 경쟁이 치열해짐으로써 트럭 운전자의 임금이 급속히 올라가는 현상이 발생하고 있음에도 불구하고 이러한 현상이 지속되고 있는 것이다. 이 상황을 타개하기 위해 미국 바이든 정부는 2022년 4월 초에 미국 국내 운송의 72%를 차지하고 있는 트럭 운전자 확보를 위해 ① 운전면허 배증 ② 직업훈련 간소화 ③ 퇴직군인 동원 ④ 여성 인력 활용(현재 10% 정도) 등에 초점을 맞춘 트럭 운송과 관련한 특단의 대책을 내놓기도 하였다.

3. 우크라이나 사태는 에너지와 식량 공급망을 교란

미국, 유럽 등 서방 국가들이 러시아가 2022년 2월 우크라이나를 침공한 것을 규탄하면서 러시아에 대한 제재로 인해 에너지와 식량의 국제 공급망이 크게 교란되고 있다. 더욱이 제재로 인해 러시아의 산유량이 크게 감소하는 상황에서도 OPEC＋는 증산에 소극적인 자세를 견지함으로써 국제유가는 $100/bbl 선을 돌파했고, 주요국의 러시아産 에너지 금수조치에 따라 Brent유가는 3월 초 한때 $140/b까지 급등하였다. 2022년 6월 초 OPEC＋가 증산규모를 종래의 43.2만 b/d에서 64.8만b/d로 50% 늘리기로 합의했으나 러시아의 생산감소(100만b/d)를 메우기는 역부족이라서 국제적인 원유 공급망 교란 상태는 지속되고 있다. 한편 2021년부터 상승세를 보이던 천연가스 가격도 사상 최고치를 기록하고 있는데, 특히 러시아産 가스에 크게 의존하고 있는 유럽에서 LNG 수입 필요성이 확대되면서 전 세계적인 천연가스 수급에도 압박이 가해지고 있다. 이에 따라 파이프라인 천연가스 공급과 별도로 형성되어 온 LNG 시장에서 가스 수요국들의 쟁탈전이 벌어지고 있다. 특히 새롭게 LNG 시장에 눈길을 돌리고 있는 유럽 시장에서 충격이 나타나고 있는데, 2022년 1분기 유럽 현물가격(TTF)은 평균 $32.3/MBtu로 전년동기 대비 5배 상승했고, 우크라이나 사태 직후 3월 7일 $72/MBtu로 최고치를 경신했다. 유럽에서의 수급 불안은 곧바로 미국, 아시아 지역으로 번져서 2021년 미국 Henry Hub 가격은 평균 $3.9/MBtu로 전년 대비 2배로 올랐고 2022년 들어서는 $8대까지 상승하였으며, 2022년 1분기 아시아 현물가격(JKM)도 평균 $30.7/MBtu로 전년 동기($9.21/MBtu) 대비 3배 이상 상승하고 있다.

향후에도 유럽은 한동안 에너지 수급 불안을 겪어야 할 것으로 보이는데, 이는 유럽 전체 에너지 수입량 중 평균적으로 석유 27%, 천연가스 40%, 석탄 46%를 러시아에 의존하고 있으며, 특히 2021년 천연가스의 對러 의존도는 45%까지 높아졌다. 세계 특히 유럽의 에너지 공급망에 가해진 충격은 다른 한편으로 공급국인 러시아에도 충격을 되돌려주고 있다. 즉, EU 27개국은 2022년 5월말 러시아産 원유의 수입을 3분의 1 수준으로 즉시 삭감하고 연말까지 90% 삭감하기로 합의하였기 때문이다. 뿐만 아니라 러시아는 천연가스의 수출도 유럽에 크고 의존해 왔는데 러시아의 LNG 전체 수출량 중 75%가 對OECD 유럽 회원국이었던 만큼 그 충격은 작지 않을 것이다. 러시아는 원유, 천연가스의 에너지 수출선을 중국 등으로 전환하고 있으나 공급망 교란은 수요, 공급 양방향에서 심각해지고 있다. 이러한 에너지 공급망의 불안은 최근 급등해 왔던 해운 운임의 급등 현상을 부채질할 가능성이 커져서 공산품 공급망에도 차질을 일으킬 가능성이 커지고 있다.

이와는 별도로 우크라이나 사태는 세계적으로 식량 및 비료 수급에도 차질을 빚고 있다. 넓은 국토로 세계적인 곡창지대로 알려져 온 우크라이나와 러시아의 밀과 옥수수, 보리 등 곡물이 우크라이나 사태로 수출길이 막히고 있는 것이다. 유엔무역개발회의(UNCTAD)에 따르면 우크라이나와 러시아의 전 세계 곡물 시장 점유율은 해바라기유 53%, 밀 27%, 보리 23%, 옥수수 14%에 이르고 있다. 더욱이 러시아는 전 세계 비료 공급량의 15%를 감당해 온 세계 최대 비료 수출국이었던 만큼 중단기적인 식량 부족 현상은 지속될 가능성이 크다. 에너지와는 달리 식량의 경우 제조업 공급망에는 직접적인 영향을 미치지는 않겠지만, 세계적인 공급망 차질로 빚어진 세계적인 물가상승 추세를 악화시키는 요인으로 작용하여 우려를 자아내고 있다.

4. 결론

우리나라는 그동안 세계적인 수준에서 잘 작동하여 온 GVC 확대 추세의 최대 수혜국 중의 하나였다. 그러나 미중 경제 갈등, 코로나19 팬데믹과 각국 대응책의 후유증, 우크라이나 사태 등으로 갈수록 국제 공급망 위기가 심화되고 있는 상황에 직면하고 있다. 우리나라가 겪었던 주요 산업에서의 공급망 위기는 (중국으로부터의 자동차 부품 조달 차질, 일본으로부터의 반도체 소재 수출금지 등) 지금 전개되고 있는 국제 공급망 위기와는 결을 달리하는 어려움을 자아내고 있다. 우리 산업으로서는 소재, 부품 등의 공급망을 안정적으로 만드는 것은 물론, 우리 산업이 생산한 제품, 부품 등의 수출 공급망을 안정화하는 데에도 힘을 기울여야 한다.

기후변화와 세계경제 단상

강상인*

1. 도입

　1970년대 말 이후, 산업사회의 생산력 증대와 과학기술 발달로 가능해진 대량 생산 및 과소비 활동의 증가가 초래한 사회경제 시스템의 왜곡, 생태파괴, 정주환경 오염이 지속가능한 사회경제 체제의 수용 한계를 넘어서기 시작했다. 새로운 글로벌 거버넌스 구축을 위한 국제사회의 노력은 1990년대 초 기존의 IMF-GATT 체제를 보완한 세계무역기구(WTO) 설치와 다양한 지구환경문제에 대한 다자환경협약으로 구체화되었다. 지금까지 약 180여 개가 넘는 것으로 알려진 다자간 환경협약 가운데 무역관련 조치를 포함하여 환경통상 문제의 중심에서 있는 협약들로는 멸종위기에 처한 야생 동식물의 국제거래에 관한 협약(CITES), 오존층 파괴 물질(ozone depleting substances: ODS)의 생산과 유통을 통제하기 위한 몬트리올의정서(Montreal Protocol), 유해 폐기물의 국경 간 이동을 규제하기 위한 바젤협약(Basel Convention), 그리고 최근 심화되는 극한 기후기상 현상과 함께 전 인류의 관심 대상이 되고 있는 기후변화기본협약(UNFCCC)이 있다.

　이러한 다자환경협약들은 환경보호라는 협정의 기본 목적 달성을 위한 재화

* 한국환경연구원 국가기후위기적응센터 선임연구위원, sikang@kei.re.kr

와 서비스의 국제 거래 금지와 같은 직접 규제 외에, 비당사국을 통한 무역 금지 규정 우회 방지, 비당사국 기회비용 증가 조치와 협약 참여 유도, 오염 산업 해외 이전 규제와 비당사국 무임승차 방지 등, 효과적인 협약 체제 유지를 위한 보완 조치들을 함께 도입하고 있다. 다자환경협약의 무역 조치 대부분이 특정 제품군에 한정된다는 점에서 전체 교역 제품군에 대한 무역조치를 다루는 WTO보다 제한적인 무역파급 효과를 갖는 것으로 알려져 있으나, 다자환경협약의 규제 조치는 특정 물질이나 제품의 국제거래뿐만 아니라 생산, 소비, 재활용 및 회수에 이르는 제품 전과정을 포괄할 수 있다는 점에서 보다 포괄적인 사회경제적 파급효과를 초래하는 것으로 알려져 있다.

　일반적으로 국가 간 환경 갈등은 국경을 넘은 환경오염 물질이 인접국의 자연이나 사회경제 일으키는 피해를 직접대상으로 하나, 특정 국가가 국내, 지역 또는 지구 환경오염 문제를 다루기 위해 도입한 규제 조치의 역외성이 문제되기도 한다. 환경 규제 조치의 역외성은 다자환경협약의 차별화된 의무 이행 체제에 대한 협약 당사국의 이견과 함께 세계경제에 보다 심각한 정치경제적 갈등을 낳기도 하는데, 그 한가운데에 지난 200만년의 인류사에 전례가 없다는 기후변화가 있다. 화석연료 기반의 동력혁명으로 시작된 산업혁명과 함께 시작된 섭씨 1.1℃ 이상의 평균기온 상승이 초래한 지구 온난화는 폭염, 폭우, 침수, 가뭄과 같은 극한기후 현상과 함께 해수면 상승, 산성화, 생태계 교란과 같은 장기 영향으로 인한 기후난민을 양산하면서 21세기 인류 사회경제 시스템이 해결해야 할 최대 난제로 부각되고 있다.

　이와 같은 전 지구적 환경 재난에 직면한 국제사회는 지난 1992년에 리우환경회의를 계기로 기후변화에 관한 유엔기본협약(UNFCCC)을 채택하고, 온실가스 감축을 통한 기후변화 완화(mitigation)와 기후변화의 영향에 대한 적응(adaptation)을 해결 대안으로 제시하였으며, 1997년 인위적 기후변화의 원인을 제공한 산업화된 선진국들이 1990년 배출량 대비 평균 약 5% 수준의 절대적 온실가스 감축 목표 의무를 지는 교토의정서(Kyoto Protocol)에 합의함으로써 본격적인 기후변화 해결 노력을 결집한 바 있다. 그러나 화석연료를 대체하는 에너지 전환에 수반되는 재정 부담과 화석 에너지 산업부문의 고용 감소는 대부분의 의정서 당사국이 감내하기 어려운 사회경제적 문제를 야기하였으며, 전통적으로 환경보호에 대한 대중의 인식과 정책 의지가 앞선 유럽연합을 제외한 주요 선진국들은 의정서 체제를 이탈함으로써, 기후변화에 노출된 인류사회의 지속가능한 장기 발전 전망을 어둡게 하였다.

21세기 첫 10년을 지배했던 글로벌 기후 거버넌스의 비관적 전망에도 불구하고 국제사회는 2015년 기후협약 제21차 당사국총회에서 파리협정(Paris Agreement)을 채택하였다. 협정 당사국들은 온실가스 감축과 관련된 사회경제적 부담에도 불구하고 자발적인 온실가스 감축 기여를 통한 기후변화 완화를 통해 금세기 말까지 예상되는 평균기온 상승을 1.5~2℃ 이내로 억제함으로써 회복 불가능한 기후변화의 파국으로부터 인류문명의 지속가능성을 보장하는 한편, 기후변화의 부정적 영향에 대한 적응 및 손실과 피해 비용을 공통의 차별화된 책임과 역량 원칙에 따라 분담함으로써 새로운 기후변화 대응 체제의 근간을 제공하였다. 벌써 한 세대가 넘도록 당면한 기후변화 위험을 경고해 온 다양한 분야의 연구자들은 이제 회복 불가능한 파국을 막기 위해 인류는 2050년 이전에 순 온실가스 배출을 0으로 줄이는 동시에 1.5~2℃로 예측되는 추가적인 평균기온 상승이 가져다 줄 만만치 않은 극한기후 및 기상이변의 피해를 회피하고, 최소화하며 또 복구하기 위한 모든 수단을 강구할 것을 경고하고 있다.

2. 세계경제, 화석연료, 기후변화

그라나다의 암함브라를 마지막으로 서유럽에서 이슬람이 물러난 1492년 이후 500년에 걸친 세계 경제성장 추세를 정리한 De Long(1998)의 1인당 세계 평균 GDP 추계를 보면, 신대륙 발견 이후 300여 년에 걸쳐 완만한 경제성장이 이루어졌음을 알 수 있다. 이 시기 서구사회는 절대왕정 중심의 정치적 안정과 중상주의 식민지 개척을 통해 지속적인 사회 경제 발전 경로 위에서 물자와 인력

이동을 매개로 다양한 인류 문화권을 하나의 세계 경제권으로 연결해 온 것으로 이해된다. 이어 1800년대 초반에 나타나는 세계 평균 GDP 성장 곡선의 변곡점은 과학기술과 사회경제 부문에서 일어난 두 가지 혁신적 변화를 반영하는 것이다. 그 첫째가 영국에서 시작되어 전 유럽으로 확산된 화석연료 열역학 기반의 동력혁명으로, 자연과 인간의 관계에 근본적인 변화, 즉 인간이 자연자원을 활용하는 절대 규모의 극단적 확대를 가능케 함으로써 제조업 중심의 폭발적 세계경제 성장을 이끌어 갔다. 다음으로 세계경제의 확대 재생산을 뒷받침한 사회경제적 변화로는 프랑스 절대왕정의 종말을 가져 온 1789년 프랑스 대혁명이 있다. 대혁명은 자본가 계급이 축적된 상업 자본으로 구입한 동력 기계와 신분제 속박에서 풀려난 임노동과 시장계약의 형태로 결합하여 산업화된 자본주의적 생산양식을 발전시켜 나갈 수 있었던 길을 열어 주었으며, 인간과 인간의 관계에 있어서 자유, 민주, 인권이 자리잡게 되는 근본적인 변화를 가져왔다.

서구 산업사회는 이후 150여 년에 걸쳐 대량 생산과 대량 소비에 필요한 자연 자원과 생산력을 제국주의 식민지 확장을 통해 조달하는 전근대적 세계경제 성장의 패자 위치에 선다. 제국주의 식민체제의 지속 불가능성은 지배 영지를 고수하려는 구체제에 대항하는 근대 민족주의 운동, 전후 배상 문제를 둘러싼 서구 열강의 내부 갈등과 식민지 확장 정책의 충돌에 기인한 두 차례의 세계대전을 통해 증명되었다. 세계대전 이후의 세계경제는 1970년대 중반까지 전후 재건 수요와 달러 중심의 금융 질서에 힘입은 30여 년의 고도 성장기와, 뒤이어 진행된 새로운 세계경제의 주도권 변화기로 나누어 볼 수 있다. 1960년대 말까지 전쟁 이전 제국주의 식민 지역들에 근대 민족주의 운동에 뿌리를 둔 독립 국가들이 들어서고 1970년대에 들어와 자원 민족주의로 대표되는 경제적 식민 잔재 청산이 진행됨에 따라 서구 산업사회의 대외교역 조건은 지속적으로 악화되었다. 이 시기 서구 산업사회 전반에 걸쳐 진행된 만성적인 노동 투입 비용 상승은 전 산업부문의 대외 경쟁력을 위협하는 구조적 저성장 요인으로 작용하였으며, 서구 산업사회 세계경제 패권에 근본적인 위기 상황을 초래하였다.

1980년대 이후의 세계경제 성장 경로를 회고해 보면, 세계경제 성장 거점이

제로성장에 근접한 서구사회에서 개발도상 지역으로 이전되는 현상이 두드러지게 나타나는데, 구 식민지역의 성장 잠재력을 새로운 수익창출 기회로 활용하려는 선진 금융자본의 직접투자 확대와 기술이전에 힘입어 등장한 신흥 경제권이 세계경제 성장을 견인하게 되었다. 1995년에 출범한 세계무역기구(WTO)를 거점으로 상품, 서비스, 투자 부문의 무역 자유화 협상을 통해 구조적 저성장 경로의 서구 산업사회가 가진 서비스 및 금융 분야의 잠재력을 신흥 경제권을 비롯한 개발도상 지역의 경제성장 수요와 연계하여 새로운 세계경제 성장 동력을 마련하려는 국제사회의 노력은 국내 산업 보호, 국가경제 주권을 우선하는 선진국과 개발도상 당사국의 이해 대립으로 원하는 성과를 도출하지 못하는 상황이 지속되고 있다. 대부분의 서구 경제권은 공공 재정 악화, 대외수지 적자와 같은 구조적인 저성장 경로에 특징적인 부채 경제의 틀을 벗어나지 못하고 있으며, 국내 신용과 대외 수지에 누적된 대내외 부채를 주기적인 금융시장의 파괴적 부채 청산 메커니즘을 통해 해소하는 지속 불가능한 서구사회 경제 시스템의 난맥은 세계경제 편입도가 높아지는 대부분의 개발도상 국가 거시경제의 불안정성 확대로 귀착된다(IMF WEO, 2015).

이같이 산업혁명 이후 진행된 서구 산업사회 중심의 세계경제 성장경로에는 복잡다기한 정치경제적 배경과 동인이 자리하고 있으나, 오늘날 인류 문명의 지속 가능성에 근본적인 의문을 제기하는 하나의 공통점이 있다. 그것은 지금까지의 세계경제 성장이 석탄, 석유, 가스로 구성된 화석에너지 시스템에 의존하고 있다는 점이다. 산업혁명 이후 200여 년에 걸친 세계경제 성장 추세는 같은 시기의 인위적인 누적 온실가스 배출 추세와 정확히 일치하며, 동시에 진행된 지구 평균기온 상승 추세와 궤를 같이 한다. 지구 대기 평균기온의 주 결정요인인 이산화탄소의 농도는 과거 200만 년에 걸쳐 비교적 안정된 수순을 유지했으며, 지난 65만 년 동안은 약 12만 5,000년을 주기로 180ppm에서 300ppm 사이를 벗어난 적이 없다. 산업혁명 이후 누적된 대기 중 이산화탄소 농도는 1965년 315ppm을 기록했으며, 2019년 410ppm을 넘어섰다.

과학자들은 이러한 이산화탄소의 농도 변화를 산업혁명 이후 주된 동력 에너지원으로 등장한 화석연료의 대량 소비 과정에서 야기된 인위적인 이산화탄소 배출 결과로 밝혀냈다. 기후변화에 관한 정부간 협의체(IPCC)의 최근 평가보고서에 따르면(IPCC, 2021), 산업혁명 이후 현재까지 총 2조 톤에 이르는 인위적 이산화탄소 배출이 이루어졌으며, 그 첫 1조 톤이 누적되는 데는 220년(1750~1970)이 소요되었으나, 두 번째 1조 톤은 불과 40년(1970 – 2011) 만에 배출된 것이고, 그 배출 속도는 현재도 증가 추세에 있다. 매년 600억 톤의 이산화탄소가 새로 배출되고, 평균 농도는 2ppm씩 증가하고 있다. 산업혁명 이후 지구 평균기온은 1.1℃ 상승하였으나, 우리나라의 평균기온은 지난 100년 간 2.3℃ 이상 증가한 것으로 알려져 있다. 과학자들은 현재와 같은 배출량 증가 추세가 지속될 경우 금세기말 이산화탄소 평균 농도는 800~1,000ppm 근방에 이르고, 평균기온은 4℃에서 6℃ 이상 상승할 것이며 지구상의 대멸종이 진행될 것으로 예측한다. 대기 평균기온 상승은 극지방과 육상에서 보다 두드러지며 극지방 해빙에 따른 해수면 상승과 함께 해안 지역에 위치한 대도시 지역에 보다 심각한 사회경제적 피해를 유발할 것으로 예상되고 있다.

3. 글로벌 기후 거버넌스 강화

지구 생태계의 안전 한계로 알려진 평균기온 상승 억제 목표는 1.5℃이며, 이를 위해서는 온실가스 평균농도를 420~430ppm에서 유지해야 한다(UNEP, 2021). 현재의 배출량 증가 추세를 감안하면 가까이는 2030년, 좀 멀리는 2040년이면 지구는 안전 한계를 넘어 기후위기가 아닌 기후 재난 상태에 들어가게 될 것으로 보인다. 10년 혹은 20년 후의 일, 미래 세대가 아니라 현재 세대의 당면 과제인 것이다. 2021년 11월 영국 글래스고에서 개최된 제26차 기후변화기본협약당사국회의(COP26)와 제3차 파리협정당사국회의(CMA3)에서 190여 당사국이 채택한 대표 결정문인 "글래스고기후합의(Glasgow Climate Pact)"는 그 첫 장에 '과학과 긴급성(Science and Urgency)'을 언급함으로써 기후변화를 21세기 인류사회가 당면한 최우선 과제로 확인하였다.

기후위기에 대한 체계적 대응을 위해 국제사회는 지난 1992년 채택된 기후변화에 관한 유엔기본협약(UNFCCC)을 중심으로 기후변화 완화를 위한 온실가스 감축, 적응, 손실과 피해 대응 노력을 이끌어 오고 있다. 기후협약의 기본원칙은 모든 당사국이 공동의 차별화된 책임과 능력에 따라 온실가스 감축의무를 부담하는 것이다. 특히 온실가스 배출에 역사적 책임이 있는 선진국에게 선도적인 감축 노력이 요구되고 있으며, 개발도상국의 취약한 기후변화 대응 역량을 고려하여 선진국들이 개발도상국의 감축 및 적응 활동을 지원하도록 함으로써 사전 예방적 기후변화 대응 및 지속가능 발전을 실현하고자 하였다. 이 같은 기후협약의 기본정신은 1997년 선진국들의 구체적인 온실가스감축 목표 부여를 위해 채택된 교토의정서(Kyoto Protocol)와 2015년 채택되어 2021년 이후 모든 협정 당사국의 자발적 온실가스 감축 행동을 요구하는 신기후 체제를 대표하는 파리협정에 계승되었다.

현행 기후변화 글로벌 거버넌스의 근간을 이루는 파리협정의 모든 당사국들은 NDC(Nationally Determined Contributions)로 불리는 자발적 온실가스 감축 목표와 기후변화 적응 및 기후 재원 마련 관련 약속사항을 담은 공약문서를 주기적으로 제출 이행하게 된다. 과학자들은 파리협정 채택 과정에서 협상 당사국들이 제시한 2030년 온실가스 감축 기여 목표로는 금세기 내 지구 평균기온 상승을 산업혁명 이전 대비 $1.5°C$ 이내로 억제하는 것이 불가능하다는 평가 결과와 함께, 파리협정에 정한 평균기온 상승 억제 목표를 달성하기 위해서는 전 지구적인 온실가스 배출이 2030년 이전에 정점을 찍고 2050년 이전에 전 세계적으로 이산화탄소 순배출이 더 이상 이루어지지 않는 탄소중립적인 사회경제 체제로의 전환이 필수적이란 결론을 내놓은 바 있다(UNEP, 2017).

2021년 11월 영국 글래스고에서 개최된 제26차 기후협약 당사국 총회와 제3차 파리협정 당사국 총회는 2019년 종료된 파리협정 세부 이행규칙 협상 결과를 재확인하고, $1.5°C$ 평균기온 상승 억제 목표 달성 및 지속가능한 기후위기 대응체제 구축을 위한 기후변화 적응과 손실과 피해 분야의 작업 계획을 담은 글래스고기후합의(Glasgow Climate Pact)를 도출하였으며(UNFCCC, 2021), 기후변화 대응을 선도해온 유럽연합을 비롯한 주요 선진국들은 2050년 탄소중립사회 전환을 위한 적극적인 국내 기후변화 대응 정책 프로그램을 추진 중에 있다.

심화된 기후위기 의식을 바탕으로 적응 및 적응 재원, 감축, 손실과 피해, 협력 등 분야에서 파리협정 당사국이 취해야 할 행동들을 명시한 글래스고 기후합의에서 당사국들은 인위적으로 발생한 지구 평균기온 1.1℃ 상승의 영향에 대한 심각한 우려와 함께 온실가스 감축을 통한 기후변화 완화와 적응 행동의 강화 및 장기 기후변화 대응 재원 목표 상향의 시급성을 강조하였으며, 가속화된 기후변화에 맞서 과학적 분석에 입각한 의사결정이 가능하도록 기후변화에 관한 정부간협의체(IPCC)가 준비 중인 제6차 평가보고서(AR6)를 2022년 제27차 당사국총회 이전에 제출해 줄 것을 요청하였다. 글래스고 기후합의 감축 부문에서 당사국들은 1.5℃ 목표 실현을 위한 감축 의무 부담 원칙과 과학에 기반한 온실가스의 감축 행동 강화 필요성에 주목하고, 2030년까지 메탄 등 비탄소계 온실가스 감축에 관한 추가적 노력을 요청하는 한편 청정발전 확대, 탄소저감 장치가 없는 석탄발전소의 단계적 감축(phasedown) 및 비효율적인 화석연료 보조금 폐지(phase-out) 등을 이끌어냄으로써 실질적인 전 세계경제의 탈탄소 전환 계기를 마련한 것으로 평가된다.

당사국들은 또한 기후변화 적응 한계를 벗어나 발생되는 손실과 피해를 최소화하기 위한 재원, 기술이전, 역량강화 지원을 개도국에 제공하기 위해 설립된 산티아고네트워크(SN)를 강화하고, 탈탄소 에너지 시스템으로의 전환이 전통적인 화석연료 기반 산업에 미치는 부정적인 영향을 최소화하기 위한 공정 전환(just transition) 노력에도 충분한 주의를 기울일 것을 주문하였다. 더 나아가 협정 당사국 차원의 기후위기 대응 협력을 다양한 이해관계자 그룹으로 확대하기 위한 제안들이 수용되었는데, 특히 교육, 훈련, 공공 참여, 정보 공개 및 국제협력을 통해 모든 사회 구성원의 기후행동 참여를 규정한 협약 6조 및 12조에 근거하여 합의된 ACE 글래스고 작업 프로그램(Glasgow Work Programme on Action for Climate Empowerment)의 조속한 이행을 통해 시민사회, 원주민, 지역사회, 청년

등 비당사국 이해관계자들이 당사국 총회 논의과정에 보다 적극적으로 참여할 수 있도록 하였다.

4. 탄소중립 전환의 정치경제학

　1980년대 이후 서구 산업사회에 일반화된 구조적 저성장 원인으로는 국내 노동투입 비용의 지속적인 상승과 같은 대내적 요인 외에도 표준화된 제조 기술이 적용되는 제조업 전 분야에서 진행된 신흥 경제권의 추격이라는 대외교역 환경의 변화가 지적된다. 1990년대 이후 신자유주의적 국제경제 질서를 통해 상실된 세계경제 주도권을 재건하려던 서구 산업사회의 노력은 국가 주도의 계획적 투자재원 배분과 안정된 신용체계 유지 및 양질의 저임 노동력을 앞세운 신흥경제권의 전략적 사회경제 발전 논리에 밀려 소기의 성과를 거두지 못한 채 무산되었다. 그러나 세계경제의 주도권을 되찾으려는 서구 산업사회의 전략적 노력은 특화된 첨단 초격차 기술 분야에서의 비교우위 확보와 관련된 국제 공급망 재편, 환경과 사회 및 지배구조의 지속가능성을 중시하는 글로벌 금융 스탠다드 확산 형태로 계속되어 왔으며, 최근 이러한 노력은 기후변화와 같은 지구 환경문제 해결을 위한 글로벌 기후 거버넌스와 연계된 산업별 정책 목표 설정을 포함하여 탈탄소 경제와 같은 특정 산업 발전을 지원하는 부문별 산업정책으로의 회귀, 기후위기 대응과 관련된 일자리 확대와 지역경제 활성화를 위한 대규모 공공 투자 정책 활성화 같은 적극적인 정부 정책 개입 지지로 구체화됨으로써 신자유주의적 경제 질서를 강조했던 과거와 크게 변화된 양상을 보이는데, 실재로 주요 선진국들은 2019년 이후 '그린 딜' 혹은 '그린 뉴딜'이라는 새로운 사회경제 재건 개념을 전면에 내세우며 탈탄소 친환경 신산업 혁신을 위한 산업정책을 체계화해 가고 있다.

　영국 정부는 2020년 11월 18일 250,000개의 일자리 창출과 2050 탄소중립을 위한 "녹색산업혁명 10개항 계획"(Ten Point Plan for a Green Industrial

Revolution)을 선언하고, 청정 에너지와 혁신 기술을 아우르는 10개 산업부문에 2030년까지 모두 120억 파운드의 공공 재정을 투자함으로써, 그 3배에 해당하는 민간투자를 이끌어 낸다는 목표를 제시하였다. 이들 10개 계획 대상에는 해상풍력, 저탄소 수소 생산, 원자력, 전기차, 대중교통, 항공 및 해상 운송 탈탄소화, 주택과 공공 건물, 탄소포집, 자연환경, 혁신과 금융 부문이 포함되며, 이는 2050년 영국 사회경제 시스템의 탄소중립과 국가 경쟁력 제고(level up)의 바탕이 될 것으로 기대하고 있다(CEAC 2020).

미국 정부도 탄력적인 공급망 구축, 미국 제조업의 부활 및 전 방위적 성장 강화를 전면에 내세운 산업정책 전환을 추진 중에 있으며, 기후위기에 대한 대응을 국내 산업정책 및 대외 통상정책의 중심축에 놓고 있다(White House, 2021). 미국 정부는 특히 반도체 제조, 대용량 배터리, 전략 광물과 소재, 제약 및 첨단 약재 분야의 공급망 강화 많은 관심을 보이고 있으며, 6대 전략 산업부문의 제조 역량강화, 필수 원자재 확보 및 전문 인력 양성 등에서 동맹국들과의 보다 긴밀한 협력을 강조함으로써 그린 뉴딜을 통한 세계 경제 주도권을 유지한다는 중장기 전략을 채택하고 있다. 미국 정부가 미국의 국가 및 경제 안보 문제로 강조하는 6대 산업 부문에는 방위산업, 공중 보건 및 생물 산업, 정보통신 기술, 에너지, 산업 운송, 농업 생산 및 식량 공급망이 포함되어 있다.

유럽연합 집행위원회는 2019년 말 공표한 'EU 그린딜'에서 '2050년 온실가스 중립 달성(no net emission of GHG by 2050)', '자원 순환형 경제성장 실현(decoupled economic growth from resource use)', '취약 계층과 지역 지원(no person and no place left behind)'을 3대 정책 목표로 채택하였다(EU, 2019). 유럽연합은 그린딜 3대 정책 목표에 포함된 세부정책 프로그램으로 유럽연합 차원의 자발적 온실가스 감축 목표 달성과 연계된 탄소세 및 배출권거래제 등 탄소가격제(carbon pricing) 정착, 청정 에너지 전환을 위한 재생에너지 도입·확대 추진과 이에 필요한 지속가능 금융 기준(Green Taxonomy) 도입, 수송인프라 개선(기술혁신, 지속가능연료의 활용 확대, 지능형 교통시스템 등), 소비자정책 및 배출 규제 관련 법제도 정비 등을 통한 지속가능한 수송 시스템 도입 등과 함께 주요 정책별

표 1 | 유럽연합 그린딜 로드맵

대구분	중구분	세부정책 및 일정
기후 변화 대응	기후변화	- 2050년 탄소중립을 위한 '유럽기후법' 제안(2020. 3)
		- 배출권거래제(ETS), 산림흡수원(LLUCF) 규정, 재생에너지 지침, 승용차 및 소형상용차의 CO_2 배출기준 검토(2021.6)
		- 에너지세 지침 개정(2021.6)
		- 탄소국경조정메커니즘 도입방안 제안(2021)
		- 기후변화 적응 EU 신전략 수립(2020/2021)
	유럽 기후서약	- 유럽기후서약(European Climate Pact) 도입(2020.3)
		- 8차 환경행동프로그램 제안(2020)
	EU 글로벌 리더십	- 기후변화 및 생물다양성 국제협의 견인(2019년부터)
에너지 전환	친환경 지속가능 에너지	- 회원국별 에너지 및 기후변화계획 평가(2020.6)
		- 건축분야 리노베이션 이니셔티브(2020)
		- 범유럽에너지네트워크(TEN-E) 규정 평가 및 검토(2020)
		- 해상풍력 전략(2020)
	지속가능한 스마트 모빌리티	- 지속가능한 스마트 모빌리티 전략(2020)
		- 대체연료 인프라로서 공공 충전시설 확대지원 펀딩(2020년부터)
		- 통합교통지침 관련 수정 제안 (2021)
		- 범유럽수송네트워크(TEN-T) 규정 및 대체연료 인프라 지침 검토(2021)
		- 철도 및 내륙운하 역량 관리 이니셔티브(2021년부터)
		- 내연기관 자동차의 대기오염물질 배출규제 제안(2021)
지속 가능성 제고	친환경 순환경제를 위한 산업전략	- EU 산업전략(2020. 3)
		- 순환경제 실행계획(2020. 3)
		- 에너지집약산업 분야 탄소중립 및 순환경제 제품을 위한 시장조성 이니셔티브(2020년부터)
		- 2030 탄소배출제로 철강공정 제안(2020)
		- 폐기물 관련 입법 제안(2020년부터)
	유해물질 제로 환경 목표	- 지속가능한 화학물질 전략(2020년 여름)
		- 해양, 대기 및 토양의 오염 제로 실행계획(2021)
		- 대규모 산업시설의 오염물질 개신을 위한 조치 수정(2021)
	생물다양성 보존 및 보호	- 2030 EU 생물다양성 전략(2020. 3)
		- 생물다양성 손실을 줄이기 위한 방안(2021년부터)
		- 신EU 산림전략(2020)
		- 삼림을 파괴하지 않는 가치사슬 지원방안(2020년부터)
	EU 정책 지속가능성 주류화	- 공정전환기금을 포함한 공정전환체제 및 지속 가능한 유럽투자계획 제안(2020.1)
		- 지속가능금융 전략 개정 (2020년 가을)
		- 환경 및 에너지 정부보조를 포함한 관련 정부보조 가이드라인 검토(2021)

대구분	중구분	세부정책 및 일정
	공동농업정책/ 'Farm to Fork' 전략	- 신EU 집행위원회 이니셔티브와 유럽 그린딜 목표 간 연계 및 혁신 강화(2021)
		- 유럽학기제의 지속가능개발목표 통합(2020년부터)
		- 국별 전략계획 검토(2020~21)
		- 'Farm to Fork' 전략(2020년 봄)

출처: 김홍기 외(2020)에서 재인용

추진 일정을 명시한 바 있다. 이러한 산업정책 전환은 앞서 살펴본 영국과 미국의 사례보다 포괄적이며 체계적인 유럽경제의 디지털 전환과 탄소 중립 리더십을 이끌어가기 위한 '유럽 신산업 전략'으로 구체화되고 있다(EU, 2020).

유럽연합의 신산업 전략의 주목적은 유럽 산업의 세계경제 리더십을 제고하는 것이며, 그 우선순위를 유럽산업의 글로벌 경쟁력 제고를 위한 대내외적 기반 구축, 2050년 유럽 사회경제의 탄소중립 전환, 유럽의 디지털 미래상 정립에 두었다. 동 전략은 유럽 산업의 전환을 위한 주동력을 규명하는 한편 포괄적인 행동 계획을 제시하였는데, 그 첫머리에 지적재산권 행동 계획(Intellectual Property Action Plan)을 두었으며, 이는 기술적 혁신 우위에 기반을 둔 유럽연합의 세계경제 주도권을 확보하기 위한 것으로 대외적으로 지적재산권 침해에 대응하고, 대내적으로는 디지털 전환에 필요한 법제도적 기반을 구축하기 위한 것으로 이해된다. 이 외에도 EU 신산업 전략에 나타나는 수출 보조금에 대응한 무역 방어 메커니즘, EU 공공조달 시장과 금융에 대한 해외 접근 통제(tackle) 등은 공정무역의 기치를 내세우고 있으나, 서구 산업사회의 기존 신자유주의 통상 전략과 대비되는 정책 전환으로 주목할 필요가 있다.

〈표 1〉은 2019년 공표된 유럽연합 그린딜 부록에 첨부된 그린딜의 세부정책 내용과 추진일정을 정리한 것으로, 현재 진행 중인 서구 산업사회의 세계경제 주도권 유지 노력이 얼마나 광범위한 사회경제 영역에 걸쳐 진행되는지를 보여주는데, 2020년 공표된 유럽연합의 신산업 전략은 이를 46개의 세부 실행 목표에 대한 이행 계획으로 발전시켜가고 있다.

5. 종결

돈바스 분쟁, 미중 갈등의 목전에 전개되는 서구 산업사회의 세계경제 패권을 회복하기 위한 필사적 노력은 국제 사회의 글로벌 기후위기 대응과 맞물려 근대 인류사 200년 이래에 새로운 획을 긋는 패러다임 전환의 서막을 알리고 있다. 별일이 없으면 이번 세대가 아니라도 다음 세대는 극한기후와 기상이변이 일상화된 21세기를 살게 될 것이다. 그 가운데 우리나라는 세계 평균의 두 배가 넘는 속도의 기후변화 위기에 노출될 것이다.

사회 경제적 측면에서 서구 산업사회의 고비용 저성장 구조를 답습 중인 우리 경제는 여러 정부를 거쳐 추진 중인 탈탄소, 디지털 혁신성장 전략의 획기적 전환 없이는 성장 동력을 잃고 세계 경제의 주변부로 밀려나게 될 것이며, 부채 경제 위에 세워진 거품성장에 대한 환상과 특화된 첨단 초격차 기술에 대한 추격 실패가 21세기 우리나라 경제의 실패를 규정짓는 두 가지 정책 과오로 기록될 것이다.

2015년 기후변화에 대한 글로벌 거버넌스의 축으로 등장한 신기후 체제하에서 지속가능한 사회 경제 발전 전략의 일환으로 시작된 수소 기반의 전기 화학적 첨단 디지털 기술 중심의 녹색 산업혁명은 지구 온난화라는 글로벌 환경 위기를 해결하려는 본래 목적뿐만 아니라 신흥 경제권의 득세에 맞서 세계경제 패권을 유지·강화하려는 서구 산업사회의 세계경제 질서 재편 전략과 맞물려 있다는 정치경제적 현실에 유념해야 할 필요가 있다.

참고문헌 ···

김홍기 외 (2021), 글로벌 그린뉴딜 동향 및 시사점, 한국의 개발협력, 제1호, pp.33-56.

CEAC (2020), "The ten-point plan for a green industrial revolution", Report of Climate Emergency Advisory Committee(CEAC), November, 2020.

EU (2019), "The European Green Deal", COMMUNICATION FROM THE COMMISSION, Brussels, 11.12.2019 COM(2019) 640 final.

EU (2020), "A New Industrial Strategy for Europe", Communication from the Commission to the European Parliament, the Euroopean Council, the Council, the European Economic and Social Committee and the Committee of the Regions, Brussels, 10.3.2020, COM(2020) 102 final.

IPCC (2021), "Climate Change 2021, The Physical Science Basis The Summary for Policymakers", IPCC AR6 WG-I.

UNEP (2017), "UNEP Emission Gap Report, 2017."

UNEP (2021), "UNEP Emission Gap Report, 2021."

UNFCCC (2021), "UNFCCC Glasgow Climate Pact", FCCC/PA/CMA/2021/L.16.

White House (2021), "Building Resilient Supply Chains, Revitalizing American Manufacturing, and Fostering Broad-Based Growth, 100-Day Reviews under Executive Order 14017", A Report by The White House, June.

IMF (2015), "World Economic Outlook, 2015."

고대 그리스 민주주의에서 자유의 개념

문우식*

1. 서론

　　동양은 왜 서양보다 경제발전에 뒤처지게 되었는가? 이는 서양이 자유사상을 가지고 있는 반면 동양에서는 불행하게도 자유사상이 결여되어 있었기 때문이다. 동양 국가에게 '자유'는 아주 낯선 개념이다. 동양에서 개인은 국가나 군주에 복종, 충성 등을 바쳐야 할 종속적인 신민에 불과하였기 때문이다. 이에 반해 고대 그리스는 스스로의 이익을 위해 자발적으로 활동하는 시민사회, 즉 민주사회였다. 이러한 사회를 바탕으로 탄생한 자유라는 개념은 이후 계몽시대를 거쳐 서양 문명의 핵심 사상으로 발전하였다.

　　오늘날 자유라는 말은 자유, 자율, 해방, 권력의 억제 등 많은 의미로 정치나 경제 등 각 분야에서 일상적으로 사용되고 있는 친숙한 단어이다. 그러나 그만큼 무엇인가를 마음대로 할 수 있는 권리 혹은 방종의 의미로서 종종 의도적인 왜곡이 이뤄지고 있다. 이에 따라 우리나라를 비롯한 많은 나라에서 이념의 혼란을 겪고 있다.

* 서울대학교 국제대학원 교수, mwoosik@snu.ac.kr

본 논문은 자유사상이 기원한 고대 그리스의 도시국가 아테네의 정치적, 경제적, 사회적 특성을 중심으로 자유의 의미를 집중적으로 살펴보고자 한다. 자유(liberty)로 번역되는 그리스어 엘레우테리아(eleutheria)의 의미를 보다 자세히 살펴보면 자유는 무엇보다도 남에 의존하지 않고 스스로 삶을 꾸려갈 수 있는 경제적 자립을 의미한다(키토, 2008). 이로부터 남에 의해서 통치되지 않고 스스로 통치하는 자치활동으로서 정치적 자유가 나왔다. 한편 경제적, 정치적 자유를 보장받기 위해서는 남이 자의적으로 나의 권한을 제약하지 못하도록 법을 정하고 이를 지키는 활동이 필요하다. 따라서 고대 그리스에서 자유는 자립, 자치, 그리고 법치라는 세 가지 축으로 구성되었다고 볼 수 있다.

우리나라는 세계사에 전례 없이 짧은 기간 내에 경제발전과 민주화를 달성하면서 자유에 대한 충분한 담론이 없었다. 이에 따라 지나친 국가주의가 빈번히 개인의 자유를 제약하고 민주주의 발전을 제약하였다. 이러한 상황에서 고대 아테네의 민주주의를 중심으로 자유와 자립, 자치, 법치 간의 관계를 살펴본다면 우리 사회의 미래 방향 설정에 많은 시사점을 제공해 줄 수 있을 것이라 생각된다.

본 논문의 구성은 다음과 같다. 2절에서는 고대 그리스 민주주의에 있어 시민이 자유를 누리는 것을 가능케 한 경제적 조건으로 자립의 중요성을 살펴본다. 다음 3절에서는 경제적으로 독립된 시민들의 의무로서 정치적인 자유와 자치의 개념을 살펴본다. 4절에서는 이러한 자유를 누리는 권리로서 자유와 법치 간의 관계를 살펴본다. 마지막으로 5절에서는 간략히 결론을 제시한다.

2. 경제적 자유의 조건으로서 자립(self-reliance)

자유의 개념은 기본적으로 경제적 자유에서 유래되었다. 경제적 자유는 노예에 대한 상대적 개념으로서 자유인(freedman)으로부터 출발한다. 고대시대에는 전쟁이나 외적의 침입시 포로가 되지 않는 한 스스로를 먹여 살리지 못하고 남에게 채무를 지고 갚지 못하는 경우 노예로 전락하였다. 따라서 평화기에는 스스로를 먹여 살릴 경제적 능력이 자유인으로서 시민의 중요 자질로 대두되었다. 자유는 개인이 혼자서 살아갈 자립적인 경제적 기반이 없다면 누리는 것이 불가능하다. 기본적으로 자유란 상업을 기반으로 발전되어 나온 가치이다. 오늘날 서양에서 보통 민주주의라 하면 바로 자유 상업 사회(liberal commercial society)를 지칭하는 것도 이 때문이다(B. Russell, 1946; Danford, 2004).

고대 아테네의 경우 자립적 경제활동 기반을 갖고 있는 시민은 자영 농민과 상공업에 종사하는 상인이나 장인들이었다. 다만 자영 농민의 경우 경제적 자립을 위해 토지소유가 필연적이기 때문에 사회 성립 초창기에는 충분한 수가 있을 수 있으나 사회 발전에 따라 토지를 상실하고 소작인으로 전락하면서 독립적인 경제활동을 영위하지 못하게 되는 경우가 많이 발생하였다. 따라서 농업이 중심인 경제의 경우 지배와 피지배의 관계가 생기고 전제적 군주가 등장하게 된다. 그러나 상공업이 중심인 사회에서는 토지의 소유 여부와 관련 없이 상인이나 장인이 자립적 생활을 영위할 수 있다. 특히 상인에게는 이동과 경제활동의 자유가 경제적 자립을 위해 필수적이다. 또한 상인들이나 장인들 간 관계도 적어도 독점적 상인이 출현할 때까지는 지배나 피지배의 관계가 아니라 평등한 관계로 특징지어진다. 실제 고대 그리스 아테네와 같은 사회에서는 시민들이 누구나 자유롭게 상업에 종사하고 무역활동도 하여 경제적 풍요를 도모할 수 있었으며 이러한 자립적 경제활동을 뒷받침하기 위한 시민 공동의 활동 장치로써 민주주의가 발전하였다.

고대 그리스에서는 자기 이익을 추구하는 개인으로 시민이 사회의 주역으로 등장하였다. 시민은 독립적이고 자립적(self-reliance)인 존재로서 시민은 국가 권력의 개입 없이 자기와 가족을 부양하는 존재이다. 따라서 시민이 가족을 부양하는 기본적인 사회생활, 즉 사적 활동이 자유의 기반이고 사적 활동의 관리란 결국 가정(oikos)의 관리이기 때문에 여기서 경제(economy)란 말이 유래하였다. 따라서 경제는 사적 영역의 활동, 즉 국가개입 없이 각 개인이 스스로 처리해야 하는 활동이며 시장은 이러한 활동이 발현되는 공간이다. 당연히 이러한 환경하에서는 개인의 이익이 국가의 이익에 우선시되는 동시에 각 개인들은 자기의 지식, 정보, 기술 등을 자유롭게 발휘할 수 있게 되고 결국은 사회보다 개인

(individuality)을 우선시하는 개인주의 혹은 개인을 중심으로 하는 사상으로 발달하게 되었다. 이러한 자유사상은 특히 상업이 발달한 이오니아 지역[1]을 중심으로 발달하였다. 이는 무엇보다도 상업사회가 개인적인 가치를 중시할 수밖에 없는 데 기인한다. 한편 이와 관련하여 당시 가장 유명한 경제학자라고 평가되는 솔론(Solon)이 고대 아테네를 경제적 자립과 개인주의를 중시하는 사회로 탈바꿈하는 데 결정적인 역할을 하였다.

솔론은 아테네의 경제를 자급자족적 농업에서 상업 중심적인 무역도시로 전환시키고자 하였다. 그는 올리브유의 생산과 수출을 장려했고, 아버지들은 아들에게 기술을 가르치도록 하였으며 아테네 시민권을 부여하여 외국의 기술자들을 유치하고 산업을 육성하였다. 이러한 결과로 아테네는 토기 생산기술이 발전하고 지중해는 물론 유럽 중부지역까지 토기 수출을 확대할 수 있었다. 또한 솔론은 인구조사를 실시하고 출신계급에 따른 시민의 참정권제도를 폐지하며 시민의 권리는 재산, 즉 토지에 비례하도록 하는 정치개혁을 실시하였다. 솔론은 재산의 정도에 따라 아테네 시민을 네 계급으로 분리하였는데, 재산이 많은 사람부터 재산이 없는 시민, 즉 프롤레타리아까지 4계급으로 구분하였다. 시민의 권리를 살펴보면 재산이 많은 제1계급과 제2계급은 정부 요직을 차지할 수 있었고 제3계급은 행정관리로 일할 수 있었다. 그러나 재산이 없는 제4계급은 정부 직책에 대한 선거권을 갖되 정부에서 일할 권리는 갖지 못하였다. 이는 기본적으로 정부 직책에 대한 보상이 없어 재산이나 소득이 없는 경우 실제로 그 피선출권을 행사하는 것이 불가능하기 때문이었다.[2] 이와 같은 솔론의 개혁으로 귀족이 아니더라도 재산만 있으면 국정의 요직을 맡을 수 있게 되자 상업과 재력에 대한 아테네인의 사고방식도 긍정적으로 변화하였다. 실제 솔론의 개혁은 아테네 사회를 오늘날 서구 문명의 기초인 능력중심, 개인중심의 사회로 전환시키는 데 큰 역할을 한 것으로 평가된다.[3]

---

1) 에게해 동쪽과 면한 터키 아나톨리아반도의 서남연안에 있는 고대 도시들을 가리킨다.
2) 따라서 재산이 없는 프롤레타리아는 시민이 아니었다.
3) 아담 스미스(A. Smith)는 이러한 사고를 더욱 발전시켰다. "국민대부분이 비참하게 사는

고대 그리스에서 국가란 본래 사적 이익을 지키기 위한 상인과 장인들의 결사체(association)이다. 이러한 상황에선 국가의 결정이란 개인들의 의사결정과 분리될 수 없으며 개인들의 집단적 결정(collective decisions)에 불과하다. 따라서 각 개인들의 자립적 경제활동이 민주주의 핵심이라는 사실은 아무리 강조해도 지나치지 않다. 왜냐하면 경제적 자립권이 없다면 자유시민도 존재할 수 없기 때문이다. 그럼에도 불구하고 그리스인들이 개인의 경제적 이익을 특별히 강조하지 않은 것은 동시에 시민이 공동체의 이해를 실현하는 정치적 존재이기 때문이다.

3. 정치적 자유의 의무로서 자치(self-rule)

사람은 혼자서 살 수 없고 다른 사람들과 함께 살아가는 존재이다. 즉 개인은 사적 활동과 더불어 공적 활동을 해야 한다.[4] 공적 활동이란 도시나 국가의 일을 위해 연합한 개인들의 집단을 의미하는 라틴어인 publicus 혹은 populus에서 유래된 "공공(public)"이란 이름에서 알 수 있듯이 각 개인들이 모여서 공동으로 사회문제를 처리하는 과정이다.[5] 전쟁의 개시나 외적의 침입 등에 대해 공동의 결정을 내리는 일이 대표적인 정치활동으로 국가는 일시적 소득분배를 제외하고는 스스로 생계를 꾸려나가는 사적 활동인 경제활동에 개입하지 않았다.

고대 그리스에서는 이러한 활동을 폴리스(polis)의 일이란 의미에서 정치(politics)라 불렀다. 성채를 뜻하는 말인[6] 폴리스(polis)란 보통 도시국가(city state)로 번역되지만 개인의 번영과 시민의 자유를 보호하기 위해 생긴 시민의 자치공

데 그 나라가 부유할 수 없다"며 스미스는 국부론에서 개인의 자기 이익(self-interest)을 추구하는 것이 사회 전체의 이익으로 이어지고 이것이 신의 섭리, 즉 보이지 않는 손(invisible hand)이라고 주장하였다. 스미스의 등장으로 개인의 경제적, 사적 이익이 사회적, 공적이익과 충돌하지 않다는 점이 처음으로 강조되었다.

4) 그리스에서 광장(Agora)이란 경제활동과 정치활동이 공존하는 공간, 즉 시장과 집회 장소이다.

5) 따라서 서양에서의 공공(public)이란 개념은 동양에서의 공공이란 개념과 차이가 있는 개념이다.

6) 지금은 아크로폴리스라 불린다. 키토(2008), p.109

동체(self-governing community)이다. 따라서 정치적 자유란 바로 자치를 의미한다. 자치는 법 앞의 평등을 뜻하는 이소노미(iso-=equality; nomos=law)로부터 유래한다. 이소노미(isonomy)는 상업이 발달한 이오니아 지역에서 씨족에 소속해 있지 않은 이민자들이나 어느 때든 다른 도시로 이동이나 이민을 하는 것이 가능한 상인들이 모여 스스로 도시를 운영하는 원리인데 이것이 아테네에 전파되어 자유를 의미하게 된 것이다(가라타니 고진, 2015). 한편 H. Arendt도 자치 실현 단위로 각종 위원회(councils, soviet, rat)의 역할을 들면서 자유의 기원으로 이소노미를 강조한다.

"정치현상으로서 자유는 그리스 도시국가의 출현과 함께 생겨났다. 헤로도토스 이래 그것은 시민이 지배자와 피지배자 간의 구분 없이 무지배(no-rule) 하에서 함께 살아가는 정치체제의 한 형태로 이해되었다.[7] 무지배라는 이러한 개념은 이소노미(isonomy)라는 단어로 표현되었는데 여러 형태의 정부체제 중 이소노미의 특징은 고대인들이 기술하고 있는 것처럼 군주정이나 과두정의 archy나 민주정의 통치(cracy)에서와는 달리 지배의 개념이 존재하지 않았다는 데 있었다. 도시국가(police)는 민주정치(democracy)가 아니라 이소노미로 간주되었다. 민주정치는 당시도 다수결지배, 다수의 지배를 의미하고 있었는데 본래 이소노미에 반대한 사람들이 만든 단어였다. 이들은 무지배란 사실상 다른 종류의 지배관계일 수밖에 없으며 가장 나쁜 정치 형태, 즉 민중(demos)에 의한 지배라고 주장했다."(Arendt, 1963: p.20)

한편 고대 그리스의 폴리스에서는 모든 시민이 자유인으로 법제정에 참여하였다. 즉 아테네 시민은 평등하게 의회활동에 참여하였다. 이것이 아테네의 민주정치(democracy)의 핵심이다. 그리스 민주주의의 아버지라고 불리는 페리클레스는 스파르타와의 전쟁에서 죽은 사람들을 위해 한 추도사에서 아테네를 존속하

---

7) no rule은 비지배라기보다는 자치로 번역하는 것이 더 타당하다.

게 한 선조들의 유업을 언급하면서 아테네를 위대하게 만든 아테네의 "법과 생활양식"으로서 "자유사회(free society)"를 강조한다. 이러한 정치체제에서 그리스인은 다른 나라 사람들과 달리 자신들만이 자유를 향유하는 사람들이란 자의식을 가지게 되었고 이 점에서 그리스인(헬레네스)은 이민족(바르바로)과 대비된다. 즉 하나의 왕을 정점으로 하고 그를 제외한 모든 국민은 노예와 마찬가지인 이민족 국가들과는 달리 그리스인들은 스스로 권력을 행사하는 자유인이었다. 독재자인 참주가 등장하는 경우도 있기는 했으나 이것은 제도상으로 어디까지나 임시적이었을 뿐, 세습 왕정과 같은 체제는 아니었다.[8]

자치가 시민에 의한 주권의 공동 행사를 의미한다면 시민들의 정치활동 참여는 시민의 의무이다. 즉 시민은 자유를 지키기 위해 외적의 침입으로부터 도시를 방어하는 등 자발적인 공적 활동, 즉 정치활동을 해야 한다. 예컨대 전쟁이 발발하면 아테네 시민은 모두 군인으로 출정해야 했고 이를 위한 경제적 부담도 스스로 분담해야 했다. 앞에서 살펴보았듯이 재산이 많은 제1계급과 제2계급에 속하는 시민은 스스로 말을 조달하여 기병으로 출정하였고 제3계급에 속하는 시민은 경제적 군비 부담이 적은 중무장 보병으로 출정하였다.[9] 이에 반해 제4계급에 속하는 프롤레타리아는 별도 군비가 필요 없는 경무장 보병이나 해군으로 출정하였다.

고대 그리스에서는 재능과 경험이 중요한 군사업무나 재정행정을 제외한 모든 정부 직책을 추첨(sortition)으로 선발하였다. 한편 아테네에서 공무원은 의무이고 보수를 받는 직업이 아니었다.[10] 그렇기 때문에 평등의 의미도 경제적 평등보다는 정치적 평등이었다. 권리에 대한 의무로서의 평등, 즉 어느 시민도 예외 없이 공적 영역을 위해 공헌한다는 의미였다. 고대 그리스에서 공공 영역에서 일하는 것이 존경받는 일이었다면 이는 무보수로 봉사하는 일이기 때문이다. 공

---

8) 로마시대에는 공화정(republic)이란 개념이 등장한다. 모든 시민이 공유하는 활동이나 재산이란 뜻으로 당연히 지도자란 사적으로 상속되는 자리가 아니다. 황제가 혈연 등으로 인해 상속되는 지위로 확립된 것은 로마붕괴 이후, 즉 중세 이후의 현상이다.
9) 고대 그리스 군대의 주력은 중무장 보병이었기 때문에 이들의 숫자가 가장 많았다.
10) 솔론의 개혁 이후 공무원에게도 공무에 종사하는 기간 동안 수당이 지불되기 시작하였다.

직은 오히려 더 많은 부담을 져야 하는 봉사와 희생의 직책이었다. 그리스에서 경제활동에 비해 정치활동을 시민의 자질로서 높이 평가한 것도 바로 이 때문이었다.

4. 법치(rule of law)

자유란 법에만 복종하는 것이다. 법은 권력의 자의성을 방지하여 자유를 보호하기 때문이다. 고대 아테네에서 자유를 보호하기 위한 첫 번째 조치는 법의 성문화였다.

기원전 8세기 무렵 아테네는 토지를 소유한 귀족들이 1년 임기로 행정과 군사를 담당하는 9명의 통령(Archon)과 원로회의를 통해 통치되었다. 시민들로 구성된 민회(Ekklesia)가 있었으나 그 역할은 제약되었다. 이러한 상황하에서 경제가 발전하고 상공업에 종사하는 상인과 장인계급이 세력을 얻기 시작하였으나 귀족들이 자기계급만을 위하여 통치하자 이에 대한 불만이 증대하였다. 한편 빛에 시달릴 때가 많은 자영농민도 귀족에 대한 반발에 동조하였다. 솔론은 이들 계층을 보호하고 귀족들이 불문법 시대에 자의적으로 행사하던 사법권을 제한하기 위해 법률의 성문화를 추진하였다. 성문법은 법해석의 자의성을 줄여 시민의 권리와 생활을 보다 잘 보장할 수 있다. 성문법이 도입되면서 법에 의한 통치, 즉 법치(rule of law)를 위한 기반이 정착되었다.

'법치(rule of law)'제도는 '법으로 통치(rule by law)'와 구분할 필요가 있다. 법치는 자유 민주주의를 지키기 위한 것이고 법으로 통치하는 것은 전제정을 유지하는 것이기 때문이다. 일반적으로 전제정은 '법으로 통치'된다. 예컨대 동양에서는 법이 지배자를 위해 국민의 자유를 제한하기 위해 제정되었기 때문이다.[11]

---

11) 사상적으로 유교가 동양사회에 큰 영향을 준 것으로 알려져 있으나 현실 정치면에서 법가가 더 중요한 역할을 하였음을 주의할 필요가 있다. 예컨대 진의 통일을 주도한 상앙은 국가란 국민이 아니라 군주를 위한 것이고 이에 따라 국민과 국가가 적대적 관계에 있다고 주장하였다. 그에 의하면 군주는 법위의 존재였다. 따라서 국민을 약하게 하고 국민을 억

따라서 법에서 허용을 규정하는 한도 내에서만 자유로울 수 있으나 민주주의하에서는 법에서 규정되지 않은 것은 무엇이든지 타인의 자유를 제한하지 않는 한에서 자유롭게 할 수 있다. '법으로 통치(rule by law)'하는 것은 '어떤 법이든 만들어 통치(rule by any law)'한다는 뜻이고 결국 '규칙 없는 법(law without rule)으로 통치'하는 것으로 참주(tyrant)의 출현을 가져오고 민주주의를 위협한다. 고대 그리스에서 참주란 법을 준수하지 않는 자나 자기를 위해 법을 변경하는 등 권력을 남용하는 자를 뜻한다.

따라서 고대 그리스에서는 법이 함부로 만들어지는 것을 방지하기 위해서 법 제정을 엄격하게 하였다. 이와 관련해서 존 스튜어트 밀(J.S. Mill, 1853)은 그리스의 고대 도시인 로크리스(Locris)의 예를 든다. 로크리스의 법제도는 기원전 4세기경 아테네에서 한 시민이 빚을 갚지 못한 친구를 도와주기 위해 채무를 갚지 못해도 채무자가 구금되지 않는 법을 제정하려 하면서 널리 알려지게 되었다. 당시 아테네 시민은 이를 입법부패라고 법 제정자를 고소하면서 로크리스의 법을 인용하였다고 한다. 기록에 의하면 로크리스의 시민은 법의 제·개정을 제안할 때 목에 올가미를 썼다고 한다. 그 목적은 새로운 법의 제정이나 기존 법의 개정 절차를 매우 어렵게 만들어 적어도 제·개정된 법의 혜택이 모든 시민에게 충분히 크지 않는 한 입법을 남용하지 않도록 하는 것이었다. 즉 새로운 법이 통과된다면 법의 제안자는 아무 벌을 받지 않지만 법이 통과되지 않을 경우 법의 제안자가 쓰고 있는 올가미를 잡아당겨 처형하도록 한 것이다. 로크리스에서는 이러한 제도하에 200년 이상의 시간 동안 단 한 가지의 법만이 통과되었다고 한다. 그나마 한 가지 법이 통과된 이유는 제안자는 외눈박이였기 때문이었다. 외눈박이가 제안한 법은 자기를 보호하기 위해 외눈박이를 공격해서 눈을 멀게 하는 자는 양쪽 눈을 모두 멀게 하도록 하는 것이었다. 그러나 대부분의 시민들은 이 법과 상관이 없어 아무도 이 법을 통과하는 데 반대할 이유가 없었다. 고대 그리스에 있어 로크리스의 제도는 높이 평가되었다고 한다. 실제 아테네의 시민

압해야 군주와 국가가 강하다고 보고, 이러한 입장에서 법이 제정되고 사용되었다(Rubin, 1976).

은 로크리스의 법 사례를 좋은 예로 인용하였으며 그리스의 철학자 소크라테스도 로크리스를 잘 통치되는 도시로 묘사하였다고 한다(Pupple motes, 2008).

한편 자의적으로 법을 집행하고 자유를 억압하는 참주의 출현을 직접적으로 통제할 필요도 대두되었다. 기본적으로 법이란 왕이나 군주도 다른 어느 개인과 동일하게 준수되어야 하며 이렇게 됨으로써 개인들이 자유를 지킬 수 있기 때문이다.12) 이러한 맥락에서 아테네 민주주의의 아버지라 불리는 클레이스테네스(Cleisthenes)는 참주의 출현을 막기 위한 정치 개혁을 추진하였다(Aguilera－Barchet, 2011).

우선 그는 민주주의에 위협이 된다고 판단되는 시민이나 권력을 너무 많이 가지고 있다고 생각되는 시민은 언제든지 10년간 추방할 수 있는 패각투표(ostracism)를 도입하였다. 또한 그는 선거구 개혁을 실시하였다. 아테네를 통치하는 통령(아르콘)들은 보통 귀족가문의 출신들로 민회에서 선출되었다. 그러나 이러한 민회에서 귀족들이 권력을 독점함에 따라 클레이스테네스는 민회의 구성을 혈연관계에 기반을 둔 4개의 전통적 부족에 의해 지배되는 정치체제를 데모스(Deme)라 불리는 거주지역을 기반으로 하는 10개의 부족이 지배하는 체제로 전환하였다. 지역과 가문에 대한 충성심이 아니라 오직 능력에 따라 통령을 선출하도록 함으로써 참주의 출현을 억제하고자 하였다. 클레이스테네스는 이러한 정치개혁을 민주정(demokratia)이라기보다는 이소노미(isonomia)로 부르는데 이는 아테네의 정체가 자치로부터 기원하였기 때문이라 생각된다.

5. 시사점

자유사상을 정착시키지 않고서는 동양이 세계를 주도하기는 어렵다. 최근

---

12) 예컨대 Kant는 "한 인간의 행동이 타인의 의지에 속박되는 것보다 더 두려운 것은 없다"고 지적하고, 지배자 혹은 국가가 자의적으로 행동을 하여 국민의 자유를 침해하는 것을 막기 위해, 즉 개인의 자유를 보호하기 위해서는 법이 엄격히 준수되어야 한다고 강조하였다(Sandel, 2009 참조).

우리나라를 비롯한 아시아 국가의 경제성장을 두고 유교자본주의에 의한 것이라는 주장도 자유의 역할을 몰이해한 데서 비롯된 것으로 보인다. 유교 때문이 아니라 자유 때문에 우리나라를 비롯한 동양국가가 지난 2,000년 이상의 경제적 정체를 벗어나면서 성장하기 시작한 것이다. 자유가 있기에 유교가 결합하여 시너지효과를 낸 것이다(문우식, 2021).

자유사상에 기반한 민주주의는 기본적으로 불완전한 체제이다. 시간이 흐르면서 자치가 불가능하게 되는 일이 발생하기 때문이다. 예컨대 경제적 격차가 확대되면서 시민의 경제적 자립이 위협을 받으면 정치적 참여와 자치도 어렵게 되기 때문이다. 동시에 자치가 약화되면 외적에 대한 방어의 정당성도 상실되고 내부적으로도 질서 유지에 대한 동인이 떨어져 그 순간부터 국가도 위기를 맞게 된다. 고대 그리스에서 솔론이 분배정책을 실시한 것도 이러한 배경하에서였다. 솔론은 빚더미에 시달리는 자영 농민들을 구제하기 위한 법안을 시행하여 빚을 갚지 못해 채권자의 노예가 되는 종래의 제도를 폐지하였는데 그렇지 않았다면 그리스의 민주정은 전제로 변질되었을 것이다. 실제 그리스에서 참주는 자유경제에 의해 왜곡된 분배를 되돌리는 과정에서 긍정적 역할을 하기도 하였다, 장기적으로 보았을 때 참주가 없었다면 민주정이 장기간 지속하기 어려웠을지도 모른다.

자유사상은 정부의 역할을 부인하지 않는다. 중요한 것은 자유와 개입, 사적 이익과 공적 이익의 균형이다. 영국이나 미국과 같이 자유주의 전통이 강한 서구 국가의 경우 자유를 극단적으로 추구하고 사적 이익을 더욱 주장하는 것보다는 시장을 보완하는 정부 개입이 보다 바람직한 정책일 수 있다. 그러나 우리나라와 같은 사회는 전통적으로 유례없이 강한 전제정을 겪어 자유의 역사가 일천하다. 이러한 상황하에서는 보다 개방적이고 관용적 문화를 통해 개인의 자유를 보장하려고 노력하는 것이 진정한 진보의 길일 것이다.

참고문헌 ···

고진, 가라타니 (2015), 『철학의 기원』 (조영일 역), 도서출판 b

문우식 (2021), "대분기(Great Divergence) 가설의 재검토", 「국제지역연구」 30권4호,

키토 (2008), 『고대 그리스, 그리스 인』(박재욱 옮김), 갈라파고스

Acemoglu, Daron and James A. Robinson (2013), *Why Nations Fail: The Origins of Power, Prosperity, and Poverty*, Crown Business

Aguilera－Barchet, Bruno (2011), *A History of Western Public Law: Between Nation and State*, Springer.

Arendt, H. (1963), *On Revolution*, reprint, N.Y.: Penguin Books 1977.

Bresson, A. S. (2016), *The Making of the Ancient Greek Economy*, Princeton: Princeton University Press.

Danford, John W. (2014), *Roots of Freedom: A Primer on Modern Liberty*, ISI Books

Habermas, J. (1989), *The Structural Transformation of the Public Sphere: An Inquiry into a Category of Bourgeois Society*, trans. by T. Burger, MIT Press.

Mill, J. S. (1859), *On Liberty*, reprint, N.Y.: Dover Publication 2002.

North, Douglass .C. (1981), *Structure and Change in Economic History*, W.W. Norton & Company.

Ober, Josiah (2015), *The Rise and Fall of Classical Greece*, Princeton University Press

Pupple motes (2008), "Locrian law: some peculiar legal institutions," Available from: https://www.purplemotes.net

Raaflaub, Kurt A. (2004), *The discovery of freedom in ancient Greece*, Revised and updated ed. University of Chicago Press.

Roberts, K. (2011), *The Origins of Business, Money, and Markets*, N.Y.: Columbia University Press.

Rubin V. (1976), *Individual and State in Ancient China: Essays on Four Chinese Philosophers*, N.Y.: Columbia University Press.

Russell, Bertrand (1946), *History of Western Philosophy*, reprint, London: Routledge 1996

Sandel, Michael J. (2009), *Justice: What's the Right Thing to Do?* N.Y.: Farrar, Straus and Giroux.

Satterthwaite, David (2002), The Ten and a Half Myths that may Distort the urban Policies of Governments and International Agencies

Smith, A. (1776), *The Wealth of Nations*, reprint, Shine Classics 2014.

Stockwell, Stephen (2010), *Before Athens: Early Popular Government in Phoenician and Greek City States*.

Thucydides (1974), *History of the Peloponnesian War*, trans. from Greeks by R. Warner, Penguin Books.

영국 식민지배가 18~19세기 아일랜드 경제발전에 미친 영향*

정세은**

1. 서론

아일랜드는 1990년대 중반에는 '켈틱 타이거(Celtic Tiger)'라는 별명을 얻을 정도로 1980년대 이후 급속한 경제발전을 이루었다. 아일랜드는 소프트웨어 산업의 성공을 계기로 농업국에서 탈피하여 유럽에서도 살기 좋은 나라, 부유한 선진 산업국의 반열에 올랐으며 경제성장과 분배에 조화로운 성공을 달성한 강소국으로 인정받고 있다. 그러나 소규모 북유럽 국가들이 19세기에 이미 성공적으로 산업국가로 전환한 것을 고려해보면 이러한 아일랜드의 눈부신 발전이 20세기 후반에 와서야 이루어졌다는 것이 오히려 더 흥미로운 문제일 수 있다.

식민주의가 식민지 국가의 경제발전에 어떠한 영향을 미칠 것인가는 경제사학의 오래된 주제 중 하나이다. 영국의 식민지배는 아일랜드 경제발전에 어떠한 영향을 미쳤는가?[1] 아일랜드의 저발전 현상을 다루었던 선행연구들은 이를 농산

---

 * 「EU학연구」 제24권 제3호(2019년 12월 발간)에 게재되었던 논문을 수정한 것이다.
** 충남대학교 경제학과 교수, jseeun@cnu.ac.kr
 1) 아일랜드 역사에서 가장 위대한 왕으로 인정받는 브라이언 보루(Brian Boru) 왕이 사망하

물 가격의 급격한 하락으로 돌리거나(Cullen, 1972), 산업 발전에 꼭 필요한 원자재나 기업가 정신의 부재로 설명하기도 한다(Ó Gráda, 1995). 그러나 19세기에 아일랜드 농업이 영국계 지주들이 지배하는 봉건체제에 속박되어 발전이 더디었던 것, 19세기 중반에 발생했던 감자마름병이 대규모의 아사와 대량 이민으로 이어져 아일랜드 경제 규모를 심각하게 줄였던 것이 결국 오랫동안 아일랜드를 유럽의 빈국으로 전락시켰던 원인이며 이러한 역사적 전개의 근원에는 영국의 식민지배가 있다는 점에 주목할 필요가 있다.

본 연구에서는 영국의 아일랜드 식민지배의 영향을 살펴보기 위해 18세기 산업화의 지체와 농업의 봉건체제 지속 문제, 19세기 감자마름병에 대한 무능한 대처 문제, 지속되는 대기근과 영국 정부의 잘못된 정책의 고집으로 인해 발생한 대규모 아사와 이민 문제를 살펴볼 것이다. 이렇게 식민지 경제의 근본적 문제점을 분석함으로써 아일랜드의 최근 성공은 영국 덕분이 아니라 영국 식민지배에도 불구하고 이루어낸 기적이라고 평가해야 한다고 주장하고자 한다.

2. 18세기 저발전 상태의 식민경제

2.1 영국의 정책과 아일랜드 산업의 저발전

영국의 아일랜드에 대한 침략과 지배는 12세기 중반 헨리 2세의 아일랜드 침략으로부터 시작되었다. 이후 잉글랜드의 왕이 아일랜드의 왕을 겸하면서 영국인들이 지주 혹은 소작인의 신분으로 아일랜드로 이주하게 되고 영국 정부가 아일랜드 정책을 결정하게 되면서 아일랜드가 영향을 받게 되었다. 14~15세기에

고 나서 아일랜드의 정치적 통일성은 무너졌고 아일랜드는 끊임없이 전쟁을 치르는 소규모 국가들로 나뉘었다. 1152년 여러 국가 중 하나인 Leinster의 왕인 Diarmait Mac Murchada는 잉글랜드의 왕인 헨리 2세에게 도움을 청했고 당시 헨리 2세의 휘하에 있던 앵글로-노르만 귀족들이 Diarmait와 연합하여 1167년 아일랜드를 점령했다. 이후 디아르마이트가 사망하고 나서 헨리 2세가 직접 아일랜드를 침략했고 이때부터 영국의 아일랜드 지배가 시작되었다(Mccullough, 2010).

이르면 아일랜드 거주자는 갤릭 아일랜드인(Gaelic Irish), 앵글로-아일랜드인 (Anglo-Irish), 그리고 영국인(English) 등 세 개의 뚜렷한 그룹으로 나뉘게 된다.

18~19세기의 다른 유럽 국가와는 달리 아일랜드의 경우 현재의 북아일랜드 를 제외한 지역에서는 별다른 산업화가 진전되지 못하였다. 이를 야기한 중요한 이유 중 하나는 엘리자베스 1세와 크롬웰 시대에 영국이 아일랜드 도시에서 가톨 릭계 상인들을 제거하고 그들을 프로테스탄트계 상인으로 바꾼 조치였다. 이러한 조치는 이후의 아일랜드의 계급구조와 경제적 변화에 매우 중요한 영향을 미쳤다. 당시 아일랜드에서 도시는 지역정부, 군사방어, 교역 및 상업의 중심이었고 도시 의 핵심 주체는 아일랜드계와 아일랜드에 이미 오래전부터 터를 잡은 영국-아일 랜드 가톨릭계 인구였다. 아일랜드 가톨릭계 상인들은 소규모 상선을 동원하여 유 럽과 미국과의 역동적 무역을 지배했다. 크롬웰에 의한 이들의 몰락은 아일랜드의 무역이 영국에 의존할 수밖에 없는 상황을 가져왔다(O'Hearn, 2005).

위의 조치는 아일랜드가 영국 제국 바깥에서의 자체적 무역망을 마비시켰다 면 1660년, 1663년, 1670년, 1671년의 항해법(Navigation Acts)은 아일랜드가 직 접 미국 대륙의 플랜테이션 작물을 수입하는 것을 금지함으로써 연합 왕국 내에 서의 아일랜드 상인들을 위축시켰다. 수입이 금지당한 아일랜드 상인들은 수출 의욕을 상실했다. 이것은 아일랜드 산업 발전에 부정적 영향을 미칠 수밖에 없었 다. 영국은 특히 당시 막 성장하기 시작하던 아일랜드 모직물 산업이 영국의 경 쟁상대가 되지 못하게 막고 아일랜드가 모직물 산업 대신 비핵심적인 마직물 산 업으로 투자하기를 원했다.

더욱 직접적으로 아일랜드의 모직업 발전을 막은 것은 1699년의 모직물법 (Woollen Act)이었다. 영국 의회가 이 법을 통과시켜 아일랜드인들이 만든 모직물 수출을 금지했다. 곧 이어 1705년의 항해법에서는 마직물산업의 직접 수출을 허 용하는 정책을 실시하였다. 이 법들이 통과된 후에 아일랜드의 모직물 산업은 침 체의 길을 걷게 되었고 아일랜드는 마직물 산업으로 전환하게 되었다. 마직물 산 업은 시장이 협소하고 이윤이 낮으며 임금도 낮고 혁신도 잘 이루어지지 않는 주 변적인 산업에 불과한데 영국은 아일랜드를 이러한 산업에 특화하도록 몰아낸 셈이다. 마직물 산업의 비혁신성과 시장의 불안정으로 인해 마직물 산업의 성장성은 좋지 못했다. 경기침체가 심각했던 1773년에는 마직물 산업이 몰려있는 북아일랜드에서 마직물 직조방추의 75% 정도가 멈추어 있었다고 한다.

한편 면직물 산업은 이에 대한 대안으로서 분명히 매력적인 선택이었다. 모직물 산업과 함께 면직물 산업은 영국에서 이미 크게 발전한 상황이었고 아일랜드 사업가들은 과거 양모 및 모직물 산업에서 그러했던 것처럼 영국의 뒤를 따라 19세기 초 면직물 산업에 뛰어들었다. 그러나 아일랜드가 면직물산업에 진출할 시기에 이미 영국은 면직물 산업에서 주요한 혁신을 달성한 상태였다. 따라서 영국은 자본 집중적이고 전 세계 시장과 긴밀히 연결된 부분에 집중한 반면 아일랜드는 값싼 노동력을 주로 활용하는 부분에 집중하게 되었다.

2.2 봉건체제 농업의 존속과 영세 농민의 증가

19세기 아일랜드의 산업 발전은 마직물 생산에 머무르면서 아일랜드 경제는 농업 중심 저발전 경제라는 특징을 가지게 되었다. 영국의 오랜 식민지배의 결과 아일랜드의 산업 발전은 저렴한 노동력에 기대는 주변 산업에 전문화하도록 강제된 결과이다. 이 산업마저도 동북쪽에 치우쳐 발전함에 따라 나머지 아일랜드 전 지역은 농업 의존 경제에 머무를 수밖에 없었다. 아일랜드는 영국이 생산하는 공산품을 수입하고 저렴한 농산물을 영국에 제공하는 분업체제에서 농업을 담당하는 역할을 맡게 되었다. 그렇다면 당시 아일랜드 농업은 어떤 상황에 처해 있었는가?

서유럽의 역사에서 늦은 시기까지 봉건체제적 농업경제를 발견하는 것이 아주 놀랄 일은 아니다. 그러나 19세기 아일랜드는 자본주의가 선도적으로 발전한 영국이 주도하는 제국에 포함된 경제라는 점에서 의외이다. 즉 아일랜드의 봉건체제가 근대화 시기까지 지속되었다는 것, 이러한 특징이 아일랜드 경제와 연합왕국의 다른 국가들, 자본주의 체제를 가진 다른 국가들을 구분하게 하는 것이라는 점 자체가 주목할 만하다. 아일랜드 산업 발전이 지체된 것에 더해 이렇게 아일랜드의 농업이 여전히 봉건체제를 갖게 된 것도 영국의 아일랜드 식민지배의 결과라고 볼 수 있다.

즉 17세기 크롬웰의 아일랜드 진압 전쟁과 그로 인한 영국인의 아일랜드 대거 유입은 영국의 귀족들이 영국 사회에서 영향력을 잃어가던 바로 그 시기에 영국의 봉건주의가 아일랜드로 도입되게 만들었던 것이다. 크롬웰이 영국 지주들을 아일랜드로 이주시킨 것은 경제적인 목적보다는 유럽 다른 국가들과의 대치 상태에서 유리한 위치를 점하기 위해 서쪽의 아일랜드를 장악할 필요성이 있다는 정치적, 군사적 목적이 강했다. 이러한 정치적 안정성은 영국에 충성을 다할 강력한 프로테스탄트 지주계급의 형성으로 확보되었다. 정치적 목적에 의해 연합왕국과 프로테스탄트 지주계급 간 강력한 연대가 형성되었다. 이로 인해 농촌의 구조는 프로테스탄트 지주계급과 가톨릭 소작농이라는 갈등적 구조를 만들었다.

한편 이러한 새로운 구조의 성립과 독립적으로 당시 아일랜드 농촌에는 매우 영세한 농민들의 급속한 증가라는 새로운 현상도 더해졌다. 18세기 중반부터 19세기 중반에 걸친 1세기 동안 아일랜드가 생활 수준이 하락하지만 인구가 급증하는 모순적 상황을 경험하게 된 결과이다. 이러한 현상의 원인은 감자 재배가 전 아일랜드로 확산되면서 감자가 아일랜드인들의 주식으로 자리매김하게 된 것이었다. 감자는 처음에는 젠트리 계층의 정원용 작물로 아일랜드에 들어왔으나 17세기 후반 들어 밭작물로 재배되기 시작했으며 18세기 초반이 되어서는 Munster 지방의 빈민들이 특히 겨울에 먹는 주요 식품이 되었다. 이후 1760년에서 1815년 동안의 빠른 인구 확장 기간에 감자는 먼스터 지방을 벗어나 다른 지방에서도 주식이 되기에 이르렀는데 주로 영세 소작인(cottier)과 영세 농민(smallholders)이 계절에 상관없이 일년 내내 먹는 주식이 되었다. 특히 감자만 재배하는 농가가 빠르게 증가하는 현상이 현저했다(Whelan, 1995).

감자 재배의 확장이 농업 체제의 변화를 가져왔다. 감자가 주식이 되면서 생활비는 하락했고 그로 인해 매우 저렴한 노동력이 농부들에게 제공되었으나 그 반면에 농업 노동자들(labourers)의 생활수준은 악화될 수밖에 없었다. 감자는 특히 아일랜드의 토질과 기후에 잘 맞고 울퉁불퉁한 농지에서도 잘 자라며 영양적으로도 우수했기 때문에 아일랜드에는 축복이 되었지만 그로 인해 인구, 특히 영세 농민이 급속히 증가함에 따라 갑작스러운 기근이 미칠 충격에 취약한 상태가 되었다. 기근은 유럽에서는 드문 일이 아니어서 아일랜드도 자주 기근 문제를 경험하였지만 19세기 들어와서는 이전과는 매우 다른 양상으로 기근이 전개될 가능성이 높아졌던 것이다.

3. 19세기 빈민법의 도입과 대기근의 충격

3.1 농업발 빈민문제에 산업국가 영국의 빈민법 도입

1815년부터 농산물 가격이 하락하기 시작함에 따라 아일랜드 농민들, 특히 영세 농민들의 삶이 어려워지게 되었고 그로 인해 빈민 문제가 자주 반복해서 발생하게 되었다. 따라서 일상화된 빈민 문제에 주의가 집중되었고 이 문제의 원인과 효과적인 해결 방법에 대한 논쟁이 전개되었다. 당시 빈곤을 과잉 인구와 연결시키는 학자들이 많았다. 즉 아일랜드가 과잉인구로 인해 고통을 겪고 있다는 믿음이 지배적이었고 특히 맬더스 같은 당시 대표적인 학자들이 이를 주장했다(Mokyr, 1980). 영국 정부는 아일랜드의 빈곤 문제를 제국 번영에 대한 위협으로 간주했고 이를 해결하기 위해 영국의 빈민법을 적용하기를 원했다. 그러나 1833년에 영국 정부에 의해 임명되었던 Richard Whately 더블린 대주교 주도하의 조사위원회는 1834년 개정된 영국 빈민법이 적절한 해결책이 되지 못한다는 결론을 내렸다.

그럼에도 불구하고 영국 정부는 이를 관철시키고자 George Nicolls, 영국 빈민법 위원회 위원장(English Poor Law Commissioner)을 아일랜드로 보냈고 그의 주도하에 결국 1838년에 영국 빈민법이 아일랜드에 도입되었다. 당시 선진 산업국가였던 영국의 빈민 문제를 해결하기 위해 만들었던 빈민법이 후진 농업국가인 아일랜드의 빈민 문제에 대한 해결책으로 그대로 도입되었던 것이다. 1601년에 엘리자베스 여왕 시절에 도입되었고 1834년에 개정된 영국 빈민법의 주요 내용은 노역소(Workhouse)를 세워 빈민의 부조 외에 빈민·부랑자 및 자녀에게 노동을 강제하는 것이었다. 노역소 운영 원칙은 '구제받을 가치가 있는' 빈민을 구제한다는 것, 극빈자들만 구제한다는 것, 또한 제공되는 구제는 임금을 받고 일하는 노동자들의 임금소득보다는 적어야 한다는 것이었다. 이를 위해서 노역소에서 제공되는 식단은 질이 낮아야 했고 수용자들에게는 노동이 강요되었으며 엄격한 통제, 구분, 분리가 가해졌다(Coogan, 2012).

아일랜드의 빈민법은 영국의 신빈민법을 모델로 한 것이지만 정부 재원의 절약을 위해 더욱 가혹하게 설계되었다. 첫째, 노역소 바깥에서의 빈민 구호는 완전히 금지되었다. 둘째, 빈민에게 구제를 받을 '권리'는 존재하지 않았다. 셋째, 1662년 개정된 영국 빈민법의 핵심적인 내용이었던 거주지 교구에서 그의 구호를 책임지는 조항이 아일랜드 빈민법에 포함되지 않았다.[2] 이러한 특징들은 처음부터 아일랜드의 빈민들이 영국의 빈민들보다 더욱 가혹하게 다루어질 것을 의미했다.

빈민법은 매우 단기간에 실시되었다. 이는 영국 정부가 이에 대한 반대를 피하겠다고 결심한 것에 일부 기인한다. 당시 아일랜드는 유니온(Union)이라고 이름 붙여진 130개의 행정단위로 나누어져 있었는데 각 유니온 중앙부에 노역소가 세워졌고 대략 10만 명의 빈민들이 각 노역소에 수용될 수 있었다. 노역소 감독관들은 임명되거나 선출되었으며 노역소를 운영할 재원은 토지세(Poor Rates)를 부과해서 충당했다. 초기에 노역소의 수용인원이 많지 않았다. County Donegal의 Dunfanaghy 노역소의 예를 들면 1845년에도 겨우 5명의 빈민이 수용되었다. 노동 가능한 빈민들이 몰려올 것이라는 우려는 실현되지 않았다. 노역소에 수용된 빈민들의 대부분은 노인, 장애인, 아동이었다(Ó Gráda, 2007).

이러한 빈민법이 기근으로 인한 빈곤 문제에 취약하다는 것이 곧 밝혀졌다. 1839년과 1842년에 아일랜드 일부 지역에서 국지적이긴 하지만 매우 심각한 기

---

2) 1662년 영국의 신빈민법을 세틀먼트 법(Law of Settlement)이라고도 불렀는데 그의 구호를 책임지는 교수를 해당 빈민의 Settlement라고 불렀다.

근이 발생했는데 노역소 시스템으로 해결할 수 없었기 때문에 정부는 일시적으로 특별한 빈민 구제 프로그램을 운영하여 대처하였다. 당시의 빈민법이 기근으로 인한 빈곤 문제를 처리할 수 없는 이유는 다음과 같았다. 첫째, 빈민법은 노역소 바깥에서의 빈민 구제를 금지함으로써 제공할 수 있는 구호의 양은 제한적이었다. 둘째, 소규모의 자산을 가진 사람들, 그러나 단기적인 도움을 필요로 하는 사람들이 구호를 받지 못했다. 셋째, 지방자치단체가 토지세를 부과해서 자체의 세수입으로 노역소를 운영해야 하는데, 기근으로 타격이 큰 지방자치단체는 세수입이 부족해 노역소를 운영하는 데 어려움을 겪는 문제가 발생했다.

3.2 1845년 감자마름병의 발생과 대기근

1845년에 감자마름병(potato blight)이 발생하고 그로 인해 기근 및 빈민 문제가 발생한 것은 예상하지 못한 일이지만 감자마름병이 자주 발생해왔기 때문에 그 심각성에 대한 우려가 매우 크지는 않았다. 당시 로버트 필(Sir Robert Peel)이 이끌었던 영국 정부는 문제의 심각성을 제대로 인식하지 못한 채 신속하게 과거의 빈민 구제 시스템을 재가동시켰다. 전통적인 빈민 구제 시스템으로서, 소량의 식량 수입, 공공근로 프로그램(public works) 제공 및 구제 위원회(relief committees) 가동 등을 시행했다. 빈민법의 역할을 확대하지 않기로 한 원칙은 고수되었다. 한편 영국정부는 영국과 아일랜드 양국에서 발생한 곡물 부족이 논란 많은 곡물법(Corn Laws)을 폐지할 절호의 기회라고 생각했고 1846년 여름에 이 법을 폐지했다.[3]

그러나 이러한 시스템으로 대처하기에는 1845년과 1846년의 기근이 매우 심각하였다. 당시 유럽 전역에서 수확 사정이 좋지 않았기 때문에 옥수수를 구입하는 것도 이미 어려워졌다. 감자마름병 발생 이후 노역소에 수용되는 인원은 점

---

3) 곡물법은 연합 왕국(United Kingdom)으로 수입되는 곡물에 관세와 기타 무역 규제를 가하여 곡물가격을 높게 유지함으로써 왕국 내 생산자를 보호하기 위한 제도로서 1816년에 도입되었다.

차 증가했다. 1845년 12월 전체 노역소는 38,000명의 빈민만 수용했으나 1846년 3월말, 즉 식량 부족이 뚜렷해질 때쯤 그 숫자는 41,000명으로 증가했고 6월에는 51,000명을 넘었다. 이와 같이 1846년에 감자마름병이 더욱 넓은 지역에서 발생하고 심각해졌으나 그에 대해 영국 정부는 여전히 임시적인 구호 대책을 중심으로 대처하기로 결정했다. 그러나 예상과는 달리 감자마름병 문제는 쉽게 해결되지 않았고 기근으로 인한 빈곤, 아사 문제가 1846~1847년 겨울에 더욱 심각해졌다.

1847년이 되었을 때 영국 정부는 당시 무능한 것으로 드러난 빈민법과 임시적으로 실시된 빈민 구제 시스템을 개혁하기로 결정했다. 빈민법에 대해서는 대기근이 곧 해소될 것으로 보았기 때문에 그 역할을 소폭 확대하는 것으로 빈민문제에 충분히 대응할 수 있었다고 믿었다. 더욱 중요한 점은 시스템 개혁의 초점이 빈민문제의 신속하고 충분한 해결이라기보다 영국 정부의 재정 지원을 어떻게 하면 최소화할 것인가에 있었다는 것이다. 1847년 여름 총선이 다가오고 있었고 당시 영국도 통화위기를 겪고 있었기 때문에 영국 국민들은 아일랜드에 대해 더 이상 재정 지원을 하지 않기를 원했다. 대기근이 영국과 아일랜드 간 연합 때문이라며 연합법을 폐지해야 한다는 민족주의자들의 봉기 후에 영국의 아일랜드에 대한 여론은 악화되었고 영국인들이 아일랜드 구제에 반대의 목소리를 높였다(Kinealy, 2005).

새로운 빈민문제 대처법을 살펴보면 우선 1847년 2월 임시 구호법(Temporary Relief Act)이 의회를 통과해서 그 해 여름 단기적으로 공공 근로를 대신한 '수프키친(soup kitchens)'이 전국에 세워졌다. 음식을 배급받기 위한 돈이나 노역은 요구되지 않았다. 수프키친의 혜택을 받은 사람은 300만 명 이상이었는데 노동 능력이 없는 빈민뿐 아니라 재산이 있고 노동 능력이 있어도 빈곤한 경우의 사람들도 해당되었다. 그러나 수프키친은 빈민법이 개정될 때까지 한시적으로만 운영되었고 운영 재원의 절반도 자체 세금을 거두어서 충당하는 것으로 설계되었다(Kinealy, 2005). 그리고 1847년 8월, 수프키친 활동이 최고조에 이르렀을 때 빈민법이 개정되었다. 그에 따라 수프키친이 문을 닫고, 빈민법으로만 빈민을 구제하는 시스템으로 전환했다.

1847년 8월의 개정된 빈민법은 갑작스러운 심각한 기근에 개입하지 않기로 한 원칙이 고수되었다. 이러한 원칙은 노역소를 운영하기 위해 부과되는 세금과 관련된다. 빈민법의 핵심은 빈민 구호에 필요한 재원을 모두 아일랜드에서 조달하는 것이었고 영국 정부는 빈민 구호에 필요한 재원을 토지세로 마련하게 했고 이는 토지 소유자들, 특히 지주들이 부담하는 것이었다. 그런데 빈민 구호를 위한 토지세는 자치단체별로 부과되었기 때문에 더욱 많은 빈민을 노역소에 수용하는 자치단체는 세금을 더욱 많이 거두어야 했다. 그러나 세금에 대한 반발이 적지 않았기 때문에 정부는 이미 1843년에 그 가치가 4파운드 이하인 토지를 보유한 소작농들에게 세금을 면제해주기로 결정한 바 있다. 이렇게 토지세를 통한 재원마련이 어려운 상황에서 기근과 같은 대규모의 빈곤 문제에 노역소 체제를 확대해서 대처하기는 곤란했다.

3.3 아일랜드 경제 개조 핑계로 대규모 아사와 이민 방치

개정된 빈민법은 작업소 밖에서의 구호를 허용하였다. 그러나 여러 가지 조건이 더해졌고 사전에 빈민법 위원회의 동의를 받아야 했다. 이로 인해 구호 관련 규제는 오히려 더욱 강화되었다고 볼 수 있다. 작업소 바깥에서 구호를 받는, 일할 능력이 있는 빈민들은 하루에 최소 8시간 일을 해야 했다. 그러나 가장 문제가 되는 개정 조항은 그레고리 조항(Gregory Clause)이었다. 이는 1/4쿼터 이상의 토지를 가진 사람은 노역소 안에서든 바깥에서든 구호를 받을 수 없다는 조항이었다. 여기에 더해 4파운드 이하의 농지를 경작하는 소작농의 경우 토지세를 면제해 왔으나 지주들이 대신 세금을 내도록 빈민법이 개정되었다. 이러한 조항으로 인해 소작농이 내야 할 세금까지 부담하게 된 지주들은 수많은 영세 소작농을 토지에서 추방하는 현상이 나타났다(Donnelly, JR., 1995).

영국 정부는 기근은 1847년 가을 이후에는 끝날 것이며 그와 함께 영국 정부의 재정 지원도 더 이상 필요 없을 것이라고 전망했다. 따라서 이후의 빈민법

운영과 관련된 모든 재원은 아일랜드가 마련하고 그에 더해서 영국 재무부가 미리 빌려준 선급금도 갚게 했다. 그러나 실제 상황은 그렇게 전개되지 않았다. 기근과 빈곤 문제는 1848년 수확 이후와 1849년에도 매우 심각했다. 당시 개혁된 빈민 구제책으로는 아일랜드는 심각한 상황에 제대로 대응할 만한 재원을 마련할 수 없었는데, 영국 정부가 1848년에 기근이 끝났다고 선포하는 바람에 영국 내 민간 자선단체들의 지원도 사라져 상황을 악화시켰다. 빈민 구호의 부담은 오로지 아일랜드 내에서의 토지세 세수가 떠안게 되었기 때문에 1849년 5월 구호를 위한 새로운 세금(Rate-in-Aid)이 토지에 부과되었다. 이는 기근에서 회복된 아일랜드 일부 유니온들이 아직 어려움에 처한 다른 유니온들을 도와야 한다는 논리에서였는데, 이로 인해 부유한 유니온들과 그렇지 못한 유니온들 간의 갈등이 심화되었다. 그러나 대기근이 지속됨에 따라 1950년에 2차 세금(Rate-in-Aid)이 도입되었고 기근 문제는 1952년까지 지속되었다.

기근 문제가 해결되지 않았음에도 불구하고 재무부는 더 이상 빈민 구제를 위한 재원을 빌려주지 않기로 결정함에 따라 빈곤한 유니온들의 사정은 악화되었고 제공되는 구호는 매우 소량에 불과했다. 기근이 지속되자 노역소는 수용인들로 차기 시작했고 노역소 바깥에서의 구호도 진행되었지만 일할 능력이 되는 빈민들이 주된 대상자가 됨에 따라 노인, 아동, 장애인들이 혜택을 받지 못하게 되었고, 그로 인해 사망자들이 발생하기 시작했다. 영국 정부는 재정을 절약하게 되었지만 아일랜드 측면에서 보면, 아사, 토지에서의 추방, 이민, 증가하는 세금과 부채 증가 현상이 뚜렷했다. 아사와 이민으로 인해 1841년에 8백만 명 이상이었던 아일랜드의 인구는 1871년에 5.5백만 명이 되었다.

이러한 상황에 직면해서도 빈민법이 아일랜드 경제를 개조하는 중요한 수단이라고 여겼던 영국 정부는 어떠한 타협을 할 생각이 없었다. 그레고리 조항에 따른 추방 현상에 대해서는 영국 정부는 긍정적으로 생각했다. 극단적인 처방으로 영세농이 사라지고 아일랜드가 자본주의적 농업으로 전환할 것으로 보았기 때문이다. 또한 노역소에서의 강제노역을 핵심으로 하는 빈민법은 아일랜드 경제를 자급 수준의 소규모 농업체제에서 임금 노동과 자본주의적인 농업체제로 변화시키는 중요한 역할을 할 것으로 영국 정부는 기대했다. 이와 동시에 엄격하게 관리되는 빈민 구제 시스템이 '아일랜드인들의 부정적인 습성, 관행, 사회적 조건'을 바꾸게 되면 자본이 아일랜드로 유입되어 산업이 발전하게 될 것이라고 전망했다. 이러한 전환 과정에서 발생할 수 있는 아사나 이민은 어쩔 수 없이 치러야 하는 희생이라고 여겼다.

실제로 대기근으로 인한 아사와 이민으로 빈농은 사라지게 되었다. 그러나 빈농의 소멸로 아일랜드 경제가 영국이 주도하는 자본주의 체제로 전환한 것은 아니었다. 오히려 이후 지주계급과 대결하는 부유한 소작농들이 새로운 정치 세력으로 떠올라 아일랜드 민족주의 운동을 주도하게 되었고 아일랜드는 소작농 중심 경제로 전환했다. 이러한 이유로 인해 아일랜드 민족주의자들은 영국 정부가 빈민법이 가져올 재앙을 예측 못했기 때문이 아니라 알면서도 일부러 그렇게 가혹한 형태의 빈민법을 실시했다고 주장한다. 결국 빈민법 개정 이후에도 빈민 구제가 제대로 이루어지지 않았을 뿐 아니라 영국 정부가 의도했던 경제적 전환도 요원했고 오히려 아일랜드 경제는 인구가 크게 감소하는 재앙을 겪게 되었다.

대기근은 영국 제국이 아일랜드에게 아일랜드가 필요로 하는 정부를 제공하지 못한다는 것을 분명히 했다. 대기근을 계기로 영국 정부의 무능함이 드러났으며 혹자는 아일랜드를 완전히 종속시키기 위해 고의로 대규모의 아사를 방치했다고 주장하였다(Coogan, 2012). 신혜수(2003)도 아일랜드의 대기근이 유례없는 사건이고 이 사건으로 인해 잉글랜드를 향한 아일랜드의 적개심이 더욱 강해져서 아일랜드 민족의 독립운동이 과격한 방향으로 나아갔으며 인구의 감소로 인해 아일랜드 언어의 쇠퇴를 초래하였고 농업 구조의 변화, 주택 조건의 개선, 식품 다양화를 가져왔다고 분석했다. 대기근 발생 20년 이후, 파넬의 민족주의(Parnellite nationalism)가 지주제도(landloardism)와 영국 정부에 대해 공격할 때에도 대규모 아사와 강제 이민을 야기한 당사자라는 비판이 강력한 무기였다.

4. 결론

　18세기의 유럽은 산업혁명과 자유무역을 시작하였고 심도있는 변화를 경험하였다. 그런데 농업 중심 산업구조를 가진 비슷비슷한 소규모 유럽 국가 중 북유럽 국가들은 성숙한 산업 사회로 나갔던 반면 아일랜드는 주변화되고 오랫동안 저발전 국가로 남아있게 되었는데, 그 이유는 무엇인가? 본 연구는 중요한 전환기에 아일랜드가 자신의 미래를 위해 바람직한 선택을 하지 못한 것은 주요하게는 영국의 식민지배 때문이었음을 보이고자 했다.

　18세기에 시작된 아일랜드의 산업화가 19세기에 이르기까지도 주변 산업에 머무를 수밖에 없었던 것, 아일랜드 농업이 발전하지 못하고 정체되었던 것, 19세기 중반에 발생했던 감자마름병이 대규모의 아사와 대량이민으로 이어졌던 것이 아일랜드를 유럽의 빈국으로 정체하게 만들었으며 이러한 역사적 전개의 근원에는 영국의 식민지배가 있었다는 점에 주목했다. 대기근은 감자마름병의 발생과 홍수로 감자 수확이 대폭 감소한 것이 직접적 원인이었으나 식민 지배로 인해 산업화가 지체되고 봉건체제 지속으로 농업이 피폐화되었던 당시 경제체제의 문제가 더욱 근본적인 원인이었다.

　아일랜드는 1922년 자유국가 수립 이후 상당히 오랜 기간 동안 식민지적 경제 시스템을 유지했다. 정치적으로는 자유국가가 되었으나 경제적으로는 그러하지 못한 것이다. 1949년이 되어서야 드디어 영연방에서 탈퇴하고 온전한 독립 국가가 되었으며 자립적 성장의 길을 모색하기 시작했다. 물론 그 이후에도 오랫동안 빈곤을 경험하였고 그로 인해 수많은 아일랜드인들이 지속적으로 해외로 나가야만 했다. 이러한 어두운 과거를 생각해보면 1980년대 이후의 경제적 성과는 놀랍기만 하다. 아일랜드 경제의 성공이 영국 경제와의 긴밀한 통합이 아니라 미국 다국적 기업의 적극적 투자, 영국만이 아니라 미국, 유럽 등 대서양 전체에 걸치는 국제 교역 덕분이라는 점은 아일랜드의 성공은 영국의 식민지배에도 불구하고 이루어낸 성과임을 방증한다.

참고문헌 ···

신혜수 (2003), "아일랜드 대기근(The Great Famine)에 대한 일고찰 – 그 원인과 영
국정부의 초기 대응책을 중심으로", Vol.16, 『한성사학』.

Coogan, Tim Pat, (2012), The Famine *Plot: England's Role in Ireland's Greatest
Tragedy*, Palgrave Macmillan.

Cullen, L.M. (1972), *An Economic History of Ireland since 1660*, London:
Belfast.

Donnely Jr., James S. (1995), "Mass Eviction and the Great Famine: The
Clearances Revisited" in The Great Irish Famine edited by Cathal Póitéir,
Mercier Press, Cork: Ireland.

Kinealy, Christine (2005), "Was Ireland a colony? The Evidence of the Great
Famine" in Was Ireland a Colony? edited by Terrence McDonough, Irish
Academic Press: Dublin.

McCullough, Joseph (2010), *A Pocket History of Ireland*, Gill Books.

Mokyr, Joel (1980), "Malthusian Models and Irish History", The Journal of
Economic History, Vol. 40, No. 1, 159 – 166.

Ó Gráda, Cormac (1995), Ireland: *A New Economic History*, 1780 – 1939,
Clarendon Press.

Ó Gráda, Cormac (2007), "Yardsticks for Workhouses during the Great Famine",
UCD Centre for Economic Research Working Paper Series 07/08, University
College Dublin.

O,'Hearn, Denis (2005), "Ireland in the Atlantic Economy" in Was Ireland a
Colony? edited by Terrence McDonough, Irish Academic Press: Dublin.

Whelan, Kevin (1995), "Pre and Post–Famine Landscape Change" in The Great
Irish Famine edited by Cathal Póitéir, Mercier Press, Cork: Ireland.

공기업 민영화 추진정책의 제도개선 방안
: 유럽의 경험을 중심으로*

박명호** · 이영섭***

1. 서론

우리나라 경제발전 과정에서 공기업은 사회간접 서비스의 제공, 주요 중간재 공급, 필요한 수요 창출, 정부의 재정수입 등 여러 측면에서 중요한 역할을 해왔다. 그러나 국제경쟁 강화, 민간부문의 급성장 등 경제환경이 변화함에도 불구하고 이에 탄력적으로 대응하지 못함에 따라 경제개발의 주역에서 비효율적인 집단으로 낙인되는 등 공기업의 비효율성이 심각한 문제로 대두되었다.

1990년대 이후 특히 IMF 위기 이후 우리나라는 모든 분야에 걸쳐 총체적인 개혁을 요구하게 되었으며, 위기극복 및 경제체질 개선 방안 중의 하나로 공기업 부문 개혁을 주요 정책과제로 제시하면서 공기업 민영화 및 경영혁신이 모멘텀을 가지고 추진되었다. 그 결과 한전, 포스코, 담배인삼공사, 가스공사, 한국통신, 한국중공업 등 굴지의 공기업들이 민영화되었으나, 추진 과정에서 이해집단의 반

---

* 이 논문은 김세원 교수님을 연구 책임자로 모시고 진행했던 프로젝트 보고서 중 현재까지도 유용한 시사점을 제공하는 내용을 중심으로 정리·수정한 것이다.
** 한국외국어대학교 경제학부 교수, mhpark@hufs.ac.kr
*** 서울대학교 국제대학원 교수, ysrhee @snu.ac.kr

발 등 커다란 문제에 직면해 지지부진한 상태에 머물기도 했고 민영화 이후에도 많은 후유증을 낳았다.

민영화 추진 과정에서 여러 옵션을 고려했는데 가장 적극적으로 추진된 것은 외국자본에 매각하는 방안이었다. 그러나 해외 매각을 통해 공기업의 민영화를 추진할 때는 단순하게 일부 지분을 매각하고 일부 경영권의 변화를 가져오는 것과는 달리 추가적으로 중요하게 고려해야 할 사항들이 있다. 이러한 새로운 문제점들을 인식하고 극복하지 못한다면, 향후에도 공기업의 민영화 추진방안은 커다란 잡음과 후유증을 야기해 소기의 목적을 달성하기 어려울 수도 있다.

이에 본 연구는 유럽의 공기업 민영화 경험을 바탕으로 해외 매각을 통한 민영화 정책을 성공적으로 추진하기 위한 방안을 모색해 보고자 한다. 해외 매각을 통한 민영화 과정에서 실질적인 성과를 거두기 위해서는, 합리적인 해외 매각 방식을 선택하는 방안뿐만 아니라 해외 매각 방식에 수반되는 갈등 관계를 관리할 수 있는 적절한 대응책을 제시할 필요가 있다.

이하 본 연구는 다음과 같이 구성되어 있다. 제1절의 서론에 이어 제2절에서는 해외 매각을 통한 공기업 민영화 추진과정에서 나타날 수 있는 중요한 문제들을 간단하게 설명한다. 제3절에서는 공기업 민영화와 관련된 이해당사자들의 갈등 문제를 분석한다. 마지막으로 제4절에서는 성공적 민영화를 위한 제도 개선 방안을 제시한다.

2. 해외 매각을 통한 공기업 민영화 과정에서 고려해야 할 사항

공기업 민영화 방안의 여러 대안 중 해외 매각을 추진하는 경우 우선 고려의 대상이 국내에 한정되지 않고 전 세계로 확산되며, 또한 동시에 거래 상대방의 범위도 동종 산업에 한정되지 않고 광범위해진다. 따라서 국내의 특정 산업에 한정하는 경우와는 달리 다음과 같은 문제들이 추가로 나타날 수 있다.

첫째, 무엇보다도 해외 매각을 통한 공기업 민영화가 정부의 인식과는 달리 항상 성공을 보장하지는 않는다는 것이다. 외국자본의 경우 수익에만 관심이 있고 정부의 정책 의도는 도외시할 수 있어 더욱 그렇다. 이와 같은 문제는 이미 민영화를 추진해 온 구미 각국의 사례를 소개할 때도 마찬가지로 노정되고 있다. 대부분 영국, 뉴질랜드 등 선진국의 사례를 성공적인 측면에서만 강조하고 있다. 그러나 성공적인 결과를 낳기까지 수반되는 여러 가지 부작용 및 이에 대처하기 위한 정부의 정책 대응 등과 같은 이면에서의 노력들은 거의 고려되지 못하고 있다.

둘째, 해외 매각을 통한 공기업 민영화 효과를 해당 산업 차원에서만 고려해서는 안 되고 타산업과의 연계 및 국가 거시경제 차원에서 인식해야 한다. 지금까지 공기업의 민영화와 관련된 연구들은 기본적으로 민영화 방안의 효과를 산업적인 수준에서 주로 비교한 후 구체적인 해외 매각 방안의 선택에 대해서만 논의하고 있다. 그러나 각각의 매각 방식이 산업 수준에서 미치는 긍정적 및 부정적 영향은 거시경제적인 차원에서 미치는 영향과 다를 수 있기 때문에, 공기업의 해외 매각을 단순히 산업적인 차원에서만 판단하면 안 된다. 때로는 산업적인 차원에서 성공적인 방안처럼 보일지라도 타산업 및 국가 거시경제에 미치는 파급효과 때문에 해외 매각 방안이 추구하고자 했던 소기의 목적을 달성할 수 없을 수도 있기 때문이다.

셋째, 해외 매각과 관련해 이해당사자 그룹의 집단적인 반발 등 많은 문제가 수반되므로 이에 대한 관리 능력에 따라 해외 매각의 성공 여부가 좌우되는 경향이 있다는 점 또한 염두에 두어야 한다. 대부분의 연구들은 이해 당사자 그룹 간의 내부 갈등에 대한 고려 없이 민영화 및 해외 매각의 정당성을 제시하거나 구체적인 민영화 방안의 선택에 대해서만 언급하고 있다. 공기업의 해외 매각 과정에서는 국내 자본과 해외 자본 간의 갈등, 경쟁정책과 산업정책 간의 갈등, 정부와 민간 간의 갈등, 노조의 반발, 주주들의 저항 등 수많은 문제가 당연히 수반될 것이다. 이러한 문제를 해결하지 못하면 해외 매각을 통한 공기업 민영화 정책은 하지 않는 것만 못한 결과를 가져올 수도 있을 것이다.

민영화는 단순한 기업의 소유 관계만의 변화가 아닌 기업 운영 전반에 걸쳐 획기적인 변화를 수반하기 때문에, 이 중에서도 특히 마지막 문제는 중요하게 고려되어야 한다. 민영화 이후에는 공기업 시절의 느슨한 경영과 노동 관행은 더이상 유지될 수 없으므로, 대다수 종업원들의 반발은 쉽게 예상할 수 있다. 그리고 민영화 이후에는 경영진도 대다수 바뀔 것이므로 공기업의 경영진 역시 민영화를 크게 환영하지 않을 것이라는 점은 자명한 사실이다. 민영화에 대한 종업원의 반발은 우리나라 공기업만의 문제는 아니고 대부분 국가에서 경험하고 있다. 그러나 선진국의 경우 민영화 정책이 단순한 민영화 방식에 대한 논의에 그치지 않고, 직접적 이해 당사자인 종업원 및 노조, 그리고 공기업의 명목적 주인인 일반 국민, 그 밖에도 관련 업계 등 공기업 민영화와 관련된 광범한 이해 당사자들의 참여를 구체적으로 유도하고 있다는 점에서 우리와는 커다란 차이를 나타내고 있다. 즉, 선진국의 경우에도 이해 당사자의 반발은 있었지만 이들 국가에서는 이해 당사자들의 갈등관계를 잘 조정함으로써 계획된 민영화를 성사시켰다는 점이 우리에게 주는 중요한 시사점이라 할 수 있다.

3. 공기업 민영화 과정에서 이해 당사자들의 갈등 분석

그러면 민영화 대상 공기업을 둘러싸고 매우 복잡하게 얽혀 있는 이해관계를 살펴보도록 하자. 우선 공기업과 관련된 이해당사자는 정부, 정치권, 주주, 채권자, 경영진, 노조, 해외 투자자, 소비자, 그리고 관련 업계 등 크게 9개 집단으로 구분할 수 있다. 이들의 입장 및 반응을 정치경제학적 입장에서 각 집단들 간의 상호관계를 중심으로 살펴보자.

민영화 정책의 가장 중요한 당사자는 일차적으로 정부이다. 여기서 정부는 정부 부문의 개혁을 담당하는 부처 및 공기업의 주무 부처, 그리고 행정부의 수반인 대통령을 모두 포함한다. 우선 국정의 최고 책임자가 민영화에 대한 의지를 굳히면, 정부의 관련 부서는 민영화 정책의 구체적 안을 만들고 그 안이 국회에서의 입법 절차를 거쳐 법적 효력을 지니게 되면 이를 구체적으로 집행하는 책임을 지닌다. 그런데 정부는 항상 민영화에 대해 일관된 생각을 지니고 있지만은 않다. 공기업 관련 부처는 자신의 영향력 밑에 공기업을 두고 있어야 자신의 권한이 커지기 때문에 일반적으로 공기업을 보호하는 입장을 견지한다. 공기업 역시 민영화 문제가 제기될 때마다 관련 부처가 민영화의 부작용에 대한 의견을 정부 내에 강하게 제기하도록 청탁한다. 이런 연유에서 관련 부처와 공기업 간에는 일종의 포획관계가 설정되어 있다고 볼 수 있다. 반면 정부 내에서도 정부 개혁을 주도하는 부처에서는 세계적인 추세에 발맞추어 공기업의 민영화 등을 포함해 작은 정부를 지향하는 움직임을 주도하고 있다. 따라서 공공부문 개혁 주도 부처는 공기업 관련 부처와의 마찰이 불가피할 수밖에 없다. 그렇기 때문에 공기업의 민영화는 정부 부처 간의 협의보다는 국정의 최고 책임자의 의지적 요인에 의해 크게 영향을 받을 수밖에 없다고 하겠다.

민영화의 두 번째 관계자인 정치권은 정부의 민영화 정책을 제도화하는 역할을 담당한다. 정치권은 자신의 가장 중요한 목적이 선거에서의 승리이므로 자신들의 정치적 이해를 고려해 민영화 정책에 대한 입장을 정하게 된다. 최고 책임자가 민영화 원칙을 정하면 여당은 기본적으로 정부와 같은 입장을 취한다는 점에서 민영화 정책을 제도화하기 위해 최선의 노력을 기울여야 한다. 그러나 최고책임자 역시 민영화 정책을 결정하는 과정에서 정치권의 의견을 무시할 수 없는데, 이는 민영화 원칙이 아무리 옳다고 해도 국민들의 지지가 없다면 선거를 의식한 정치인들은 민영화를 적극적으로 지지하기 어렵기 때문이다.

세 번째 이해 당사자는 회사의 주인인 주주로, 이들의 입장은 정부 지분을 모두 매각하는 경우와 정부가 여전히 대주주로 남으면서 보유 주식의 일부를 매각하는 경우에 따라 달라질 수 있다. 주식투자에서 회사의 안정성을 중시한다면, 정부가 대주주로 남으면서 자신의 지분 일부를 매각하는 경우 주식투자자(주주)들은 민영화를 반대하지 않을 것이다. 그러나 정부가 보유지분의 대부분을 매각하는 경우 주주는 더 이상 기업의 안정성을 보장받을 수 없다는 점에서 주주총회에서 민영화 방안에 대한 거부권을 행사하거나, 자신의 주식을 회사가 매입할 것을 주장할 것이다. 반면 주식투자에서 수익성을 중시한다면 공기업의 민영화에 대해 주주들은 대부분 반대하지 않을 것이다. 왜냐하면 지금까지 민영화는 주주에게 많은 혜택을 주었다고 평가되기 때문이다.

민영화의 네 번째 당사자인 채권자는 민영화 이전에는 공기업에 신용을 제공하면서 기업 파산 위험에 대해 고려할 필요가 없었다. 그러나 공기업이 민영화된다면 채권자의 입장은 달라질 수밖에 없다. 민영화된 기업이 보다 효율적으로 운영되어 채무를 쉽게 환수할 수도 있지만 민영화된 기업이 자칫하다가 도산하는 경우 채권자는 더 이상 정부로부터 어떤 지급 보장도 기대할 수 없다. 특히 민영화로 경쟁이 도입되면 산업 전체적으로는 효율성이 증대할 수 있으나, 개별 기업 차원에서는 경쟁에서 승리하는 기업뿐만 아니라 패배해 도산하는 기업도 당연히 발생할 수 있다. 따라서 국내 및 해외 채권자들은 도산에 따른 채무 불이행(default) 사태를 우려한다면 민영화에 찬성할 이유가 없어진다.

다섯째, 이해 당사자인 공기업의 경영진의 경우 적어도 외관상 민영화에 반대할 명분이 없다. 정부가 민영화 원칙을 일단 정하면 공기업 경영진은 정부의 의지를 관철시키기 위해 일정한 노력을 기울여야 한다. 그런데 경영진의 입장에서는 민영화 이후 자신의 거취가 매우 불안하므로 입장이 매우 난처해질 수 있다. 민영화된 공기업의 경우 민영화 이후 일차로 정리되는 사람이 바로 경영진임은 주지의 사실이기 때문이다. 물론 일부 공기업의 경우 민영화를 앞두고 임원진을 교체하여 이들로 하여금 민영화 이후에도 계속 경영진으로 남을 수 있도록 하는 유인제도를 도입하기도 하였다. 또한 민영화 이후 경영진의 보수는 민영화 이전에 비해 현격하게 올라갈 것으로 기대되므로 잔류 가능성이 큰 일부 임원진은 민영화에 대해 적극적으로 대응할 것이다. 그러나 민영화를 앞둔 시점에서 임원진의 대폭 교체는 종업원 전체의 반발로 이어질 수 있다는 점에서 쉬운 선택만은 아닐 수 있다.

여섯째, 민영화에 대한 자신의 입장을 가장 뚜렷하게 표명할 수 있는 집단은 역시 노동조합이다. 노동조합은 민영화로 인한 전체 종업원의 신분 및 고용 불안정을 우려해 민영화에 대해 매우 강하게 반발할 수밖에 없다. 그리고 노동조합은 단순히 회사 내에서 경영진에 대한 반발뿐만 아니라 사회, 정치적으로 민영화를 반대하는 움직임을 확산시켜 민영화를 조직적으로 저지하려고 할 수 있다.

따라서 민영화를 성공적으로 달성시키기 위해서는 민영화에 가장 적극적으로 반발하는 노조의 문제를 해결해야 한다. 선진국의 경우 민영화 과정에서 일정 기간 동안 종업원에 대한 신분 보장, 종업원에게 주식을 배분해주는 종업원 주주제도, 그리고 퇴직시 인센티브의 지급 등을 적극적으로 도입하여 종업원이 민영화를 수용할 수 있도록 유도하였는데, 이런 제도는 성공적인 민영화에 매우 중요한 요인이었다고 판단된다.

일곱째, 이해 당사자인 공기업 구매자, 그 중에서도 해외 투자자는 기본적으로 민영화에 대해 긍정적인 태도를 갖는다. 공기업의 민영화는 해외 투자자의 입장에서 볼 때 투자 대상이 그만큼 늘었음을 의미한다. 따라서 풍부한 유동성을 갖고 투자할 곳을 물색하는 해외 투자자로서는 민영화가 반가운 일일 수밖에 없다. 실제로 대부분 국가의 공기업 민영화에는 해외 투자자가 일정 지분을 참여하고 있다. 한편 해외 투자자의 입장에서는 수익성이 높다고 판단되는 기업이 민영화되는 경우 자본 참여를 최대한도 범위에서 하고자 한다. 투자 대상국의 자본 사정이 열악한 경우 해외 투자자는 투자 대상국의 정부에게 투자 위험을 줄일 수 있는 안전망의 보장을 요구하기도 한다. 이를테면 민영화 이후 노사 간 갈등이 발생하는 경우 노조 파업에 따른 보상 규정을 명시화하거나, 일정 수준의 투자 수익률 보장과 함께 사업이 잘 되지 않는 경우 다시 되팔 수 있도록 하는 바이백(buyback) 등을 요구하기도 한다.

여덟째, 민영화와 관련된 판단의 최종 이해 당사자는 역시 소비자이다. 시장경제의 기본 원리는 소비자 후생이고, 공기업의 민영화 역시 소비자 후생의 증대를 이유로 추진되는 것이다. 민영화는 단순히 소유권만의 이전이 아니라 독점적으로 운영되던 공기업의 경쟁력을 제고시키기 위해 경쟁을 도입하는 과정이다. 따라서 관련 산업에서는 경쟁 도입으로 인한 소비자 후생의 증진을 기대할 수 있다. 대표적으로 통신 분야의 민영화 및 경쟁 도입은 통신 서비스의 향상 및 통신 요금의 하락을 가져와 소비자 후생 증대에 커다란 기여를 하였다고 평가받는다. 그러나 일부 산업에서의 민영화는 그동안 왜곡되었던 요금 구조를 조정하는 과정에서 과도기적으로 요금 인상이 발생해 소비자 후생이 다소 감소할 수 있다.

특히 이 과정에서 발생한 기업 이익의 상당 부분을 경영진에 대한 보상 및 주식 배당으로 사용해 소비자의 이익보다 주주 및 경영진의 이익을 챙겼다는 비난도 있었다. 그러나 민영화는 궁극적으로 산업 전반의 효율성 증진을 제고시켜 가격 인하 및 품질 향상을 가져와 소비자 후생을 증진시키는 것으로 평가받는다.

마지막으로 민영화 대상 기업과의 경쟁 및 하청 관계에 있는 관련 업계 역시 공기업의 민영화와 무관할 수 없다. 공기업은 대부분 시장의 자연독점을 상정하고 운영되었으므로 공기업이 존재하던 시장에서는 공정 경쟁을 기대하기 어려웠다. 그런데 공기업의 민영화는 경쟁 도입을 전제로 이루어지기 때문에 관련 분야의 진입을 희망하던 국내외 기업은 당연히 민영화에 긍정적 입장을 표방할 것이다. 특히 독점적 위치에서 방만하게 운영되던 공기업이 민영화되는 경우 민간 기업의 반응은 매우 고무적일 수밖에 없다. 이런 공기업의 행위는 민간부문의 경쟁을 위축시켰는데 공기업의 민영화로 시장에서 공정 경쟁 여건이 조성된다면 관련 민간 기업은 민영화에 긍정적인 입장을 표방할 것이다.

4. 성공적 민영화를 위한 정책 과제와 제도 개선방안

4.1 성공적 민영화를 위한 제도 개선방안

성공적 민영화를 위한 제도개선은 크게 두 가지 차원에서 고려할 수 있다. 한편으로는 사회 전반에 걸쳐 민영화를 이루기 위한 경제적 기초여건을 조성하는 것이고, 다른 한편으로는 이러한 기초적인 제도 개선을 토대로 이해 당사자 그룹들 간의 갈등을 조정하는 민영화 방식의 선정이다. 그러면 우선 민영화를 위한 제도 개선과제를 살펴보자.

4.1.1 기초여건 조성

민영화를 추진할지 안 할지, 그리고 어떤 방식의 민영화를 추진할지의 문제는 우선 자국 산업의 여건에 대한 정확한 판단에서 출발한다. 예를 들어 과거 전력산업 구조 개편 및 민영화를 추진했던 영국 및 프랑스의 대조적인 경험을 살펴보면, 자국 전력산업의 현실에 대한 명확한 인식하에 나름대로의 처방을 제시하였다고 평가된다. 영국의 경우 전력산업의 과잉 인력으로 인한 자국 산업의 경쟁력 약화를 인식하여 과감한 민영화를 추진하였다. 이 경우 민영화는 필연적으로 고용 감축을 수반할 수밖에 없다. 반면 프랑스는 자국의 전력산업 경쟁력이 상당한 수준이라는 인식하에 민영화 등과 같은 다른 방식의 구조개편을 시도하지 않고 기존 체제를 지속적으로 유지하고자 하였다. 프랑스 전력산업의 구조개편은 국영기업 EDF(Electricite de France)의 수직통합 형태를 존속하되 단지 발전 부문의 경쟁만 도입하는 선에서 결정되었다. EU는 발전, 송전, 변전의 사업분리를 포함한 보다 적극적인 의미의 경쟁 도입 방안을 원했지만 프랑스는 자국 전력산업의 현행 유지를 끝까지 고집하였다. 프랑스는 시장이 개방될지라도 국제적 경쟁력을 충분히 갖추었다는 판단하에 마지막 순간까지 EDF의 현행 유지를 고수하였다. 회원국에 대한 보조성의 원리를 중시여기는 EU는 프랑스의 개방화 방안을 인정하였다. 프랑스는 EU 차원의 경쟁 도입 요구에 대해서도 자국의 이익에 충실한 방향으로 제도를 변경시키는 적극적인 수완을 발휘하여 결과적으로 EU로 하여금 단독 구매자 제도를 채택하도록 하였다.

또한 공기업의 민영화가 성공적으로 수행되기 위해서는 기본적으로 대상 공기업의 성과가 좋아야 한다. 만일 성과가 나쁜 공기업의 민영화를 추진한다면 시장의 반응은 냉담할 것이다. 그렇다면 민영화는 실패로 돌아갈 수밖에 없다. 따라서 공기업 민영화를 제대로 수행하기 위해서는 성과가 좋은 공기업부터 민영화를 실시해야 한다. 특히 공기업의 성과가 좋아야 시장에서 제값을 받고 매각을 할 수 있다는 점에서 공기업의 실적을 어느 정도 개선시킨 후 민영화를 추진하는 것이 바람직하기 때문이다. 프랑스의 SEITA(Service d'Exploitation Industrielle des Tabacs) 민영화 경험을 살펴보면, SEITA는 민영화를 준비하는 과정에서 생산공장의 합리화, 근로자의 지속적 감축 등 경영 개선 및 생산성 향상을 위한 지속적인 노력을 기울인 결과 근로자의 1인당 노동생산성이 1,440만 단위에서 2,460만

단위로 크게 향상되었다.

동시에 원활한 민영화를 위해서는 주식시장의 흡수 능력이 전제되어야 한다. 아무리 성과가 좋은 공기업일지라도 시장에서 자금이 충분하지 못해 제값을 받지 못하고 매각한다면 국유재산 관리라는 측면에서 공기업 민영화는 성공적이었다고 보기 어렵기 때문이다. 과거 우리나라의 경우 주식시장의 흡수 능력이 미흡하다는 판단하에 민영화를 미루거나 중단한 사례를 종종 찾아볼 수 있었다. 그러나 공기업의 민영화가 단지 주식시장의 흡수 능력만을 지나치게 의식할 필요는 없다. 주식시장이 침체되어 있을지라도 성과가 좋은 공기업이 민영화된다면 이는 주식시장의 활성화를 촉진시키는 역할을 할 수 있기 때문이다. 실제로 민영화가 일종의 대중 자본주의 확산의 수단으로 간주되는 유럽의 경우 주식시장에서의 매각을 통한 민영화 방식은 금융시장의 발전을 선도하는 역할도 동시에 수행한다는 평가를 받기도 한다. 영국과 프랑스는 1980년대와 1990년대를 거치면서 엄청난 액수의 민영화를 주식시장에서의 매각 방식으로 단행하였는데, 초기의 우려와는 달리 주식시장의 흡수 능력이 문제되어 민영화에 실패한 경우는 거의 없었다고 평가된다.

4.1.2 갈등 해소를 위한 민영화 방식

민영화에 대한 국민적 합의를 도출하는 과정에서 제기되는 중요한 쟁점은 종업원의 고용 불안과 노조의 반발이다. 일부 공기업은 재정적자를 감수하면서 고용을 유지하는 수단으로 이용하기도 하였다. 그러나 공기업을 유지함으로써 늘어나는 고용보다 공기업이 민간에 주는 부담 때문에 발생하는 고용 축소가 더 커지는 경우 공기업을 그대로 존속시키는 행위는 국민경제에 후생 손실을 유발시킨다. 이 경우 공기업을 민영화하면 장기적으로 고용 창출을 이룸에도 불구하고 민영화되는 공기업의 종업원과 노조의 반발을 극복하고 설득할 정책적 노력과 제도적 보완이 필요하다.

민영화와 관련된 이해 관계자의 갈등을 조정하기 위한 방안은 크게 3가지 형태로 나누어 볼 수 있다. 우선 경제 운영 전반적인 차원에서 요구되는 제도 개선 방안이 있고, 이어서 민영화로 인한 충격을 흡수하기 위한 방안이 있으며, 마지막으로 보다 구체적인 민영화 방법상의 인센티브 부여 방안이 있다.[2]

첫째, 민영화를 성공적으로 이끌기 위해서는 경제 운영 전반에 걸친 준비과정이 필요하다. 이를테면 민영화 과정에서 근로자가 노동시장에서 퇴출되더라도 국민연금과 같은 사회보장제도가 기본적으로 갖추어져 있는 경우와 그렇지 못한 경우를 비교한다면 사회보장제도가 갖추어진 상태에서의 노조 및 종업원의 반발이 적으리라는 점은 분명하다. 따라서 고용 조정이 발생하더라도 국민연금이나 기업연금이 제대로 갖추어져 있다면 그 부담은 상당히 경감될 수 있다는 점에서 사회보장제도의 구축이 중요한 필요조건이라 할 수 있다.

한편, 공공부문의 민영화로 인한 고용 감축이 민간부문에서 고용 확대로 흡수되기 위해서는 경제의 활성화를 위한 제반 조치가 수반되어야 한다. 이를 위해서는 시장에서의 각종 규제를 완화하고 경쟁을 유도하여 경제의 활력을 높여야 한다. 이와 함께 중요한 요인은 노동시장의 유연성 제고이다. 고용이 창출되기 위해서는 노동시장이 경직적이어서는 안 된다. 노동시장의 유연성이 제대로 갖추어져야만 직장의 이동이 용이해지기 때문이다.

민영화가 성공적으로 추진되기 위해서는 해외 자본의 유입 역시 간과되어서는 안 될 것이다. 해외 자본은 단순한 투자로 인한 고용 창출 이외에도 선진적 기업경영 방식과 첨단기술을 동시에 수반한다는 점에서 민영화된 기업의 효율성 제고에 기여할 수 있다. 그러나 국내의 제도 및 기업문화가 외국자본 유입에 대해 부정적이라면 외국 자본 유입 기회를 놓치게 된다. 따라서 노동시장의 유연성, 국내 투자 환경의 개선 등을 통해 외국 자본 유입이 적극적으로 이루어질 수 있는 여건을 조성해야 한다.

둘째, 민영화로 인한 직접적 충격을 흡수하기 위해서는 우선 재취업할 때까지 최소한의 생활이 가능하도록 하고 동시에 퇴직자의 창업 교육과 창업 지원을 활성화해야 한다. 민영화 대상 기업은 고용 축소의 충격을 완화하기 위해 신규

---

2) 아래의 내용은 류상영(1997), "민영화 성공을 위한 종합적 정책 제언"의 내용을 중심으로 정리하였다.

인력의 충원을 가능하면 자제하도록 한다. 잉여 인력이 어느 정도 해소될 때까지는 고용 조정 기간으로 정하여 기존 인력은 재교육 및 재배치를 통해 내부에서 활용하도록 하고, 동시에 철저한 성과급제를 도입하여 고용으로 인한 경직적 비용을 줄이도록 한다. 그리고 여기서 발생하는 잉여자금으로 재교육 및 재취업을 알선토록 한다. 이 밖에도 창업을 희망하는 경우 창업 자금의 일부를 융자 등의 형태로 지원해 주거나 창업에 필요한 교육을 확대하는 조치 역시 요청된다. 그리고 민영화로 인해 민간으로 신분이 바뀜으로써 기득권이 박탈되는 경우 연금 등 최소한의 재정적 의무사항은 국가가 기업과 계약하여 분담해줄 필요가 있다.

한편, 노조가 자율적으로 고용 조정안을 수립할 수 있도록 정보를 공개하고 끊임없이 설득하는 방안도 병행해야 한다. 민영화가 원활히 추진되기 위해서는 이해 당사자의 협조가 절대적이다. 만일 일방적으로 이해 당사자의 견해를 무시하고 민영화를 추진한다면 민영화는 이들의 반발로 쉽게 이룰 수 없기 때문이다.

여기서 또한 프랑스의 SEITA의 경험을 살펴보자. SEITA의 경우 주된 이해 당사자는 담배 경작자, 종업원, 그리고 소매상을 포함한 담배 유통 조직 3가지 그룹이라 할 수 있다. 프랑스의 경우 정부는 이들 그룹과의 지속적인 대화를 통해 이들의 요구 사항을 최대한 수용하는 범위 내에서 민영화를 단행하였다. 특히 SEITA의 민영화 과정에서 노조와의 마찰을 최소화하기 위해 경제성 장관은 노조 대표를 만나서 민영화에 대한 설명을 하였고, 노조도 민영화 이후에도 민법상 어떤 신분상의 불이익이 없으리라는 판단하에 민영화를 수용하였다. SEITA는 공산당 계열의 강성 노조인 CGT(Confédération Generale du Travail)로 구성되었지만 민영화 이전에 정부와 종업원의 고용 승계 등 모든 문제에 대한 사전 협의를 마친 상태였기 때문에, 노조에 의해 단 하루만의 파업이 있었으며 이는 형식적인 부분 파업에 불과하였다.

셋째, 민영화 방식에 다양한 인센티브 제도를 도입함으로써 종업원들이 민영화를 새로운 기회로 인식하도록 하고 고용 조정의 충격을 줄이도록 한다. 기업의 사정에 따라 다르기는 하지만 퇴직시 일정한 보상을 실시함으로써 고용 조정을 원활히 할 수 있다. 실제로 유럽 국가의 경우 대중 자본주의를 확산한다는 이념하에 종업원 주주제도의 도입을 매우 적극적으로 추진함으로써 대다수의 종업원들의 큰 반발 없이 민영화를 수행할 수 있었다. 특히 종업원 주주제도를 실행함에 있어 보유 기간을 길게 함으로써 경영권의 안정 역시 도모할 수 있다.

예를 들어, SEITA의 경우 여러 가지 인센티브를 통해 80% 이상의 종업원이 할당된 주식을 매입하였다. 특히 종업원에게 할당된 주식은 가격면에서 시장가격보다 20% 쌀 뿐만 아니라, 1년 이상 주식을 보유하고 있으면 사회보장의 월정 한도액의 50%에 해당하는 6,465프랑의 무상주를 국가로부터 받을 수 있을 뿐더러 주식의 구입액도 최대 4년까지 회사가 무이자로 대출해 주는 등 종업원을 위한 혜택을 최대한 보장해 주었다. 이러한 종업원 주주제도는 전통적으로 주식시장이 취약한 프랑스의 주식시장 활성화 측면뿐만 아니라 민영화를 위해서도 매우 효과적인 처방으로 제시되었다.

한편, 소규모 자회사의 경우에는 임원 및 종업원에 의한 인수를 권고하는 방안 역시 원활한 민영화를 위한 전략 중의 하나이다. 그리고 인수계약 시 인수기업에 고용 승계 비율별 인센티브를 제공하거나, 판매 및 대리점 배정 시 종업원을 우선시 하는 방안 역시 바람직한 전략으로 권고된다. 이외에도 매각 수익의 일부를 고용 창출과 알선 자금으로 지출하도록 하는 방안 역시 종업원의 반발을 줄이는 데 도움이 될 것이다.

4.2 이해 관계자의 갈등 조정과 리더십의 역할

민영화의 성패는 한마디로 이해관계자의 갈등을 어떻게 조정하는지에 달려 있다고 할 수 있다. 민영화와 관련된 복잡하게 얽힌 갈등 관계를 해소하기 위해서는 영국이나 프랑스의 경우와 같이 정치적 조정 능력과 리더십이 필수적이다. 정부와 공기업으로 하여금 기득권을 과감히 포기하고 민영화를 실시하겠다는 강한 정치적 의지와 결단, 그리고 한번 세운 원칙은 일관되게 유지함으로써 이해당사자들이 스스로 자신의 행위를 조정하도록 하는 정부의 정책 집행 능력, 그리고 이해 관계자와 국민들의 이해를 공평하게 조정하고 설득할 수 있는 여론 수렴 과정과 정부의 지속적인 노력이 동시에 갖추어질 때 민영화는 성공적으로 이루어질 수 있다.

4.2.1 이해 관계자의 갈등 조정

대립된 이해관계를 해소하는 가장 이상적인 방식은 당사자들 스스로 협상에 참여해서 해결책을 제시하는 방식이다. 그러나 이해관계가 첨예하게 대립되어 있는 상태에서 제각기 이익을 달리하는 집단들이 자발적으로 합의에 이르기를 기대하는 것은 불가능한 일이다.

그렇다면 어떻게 이해관계의 조정을 이루어야 하는지에 대한 질문이 제기되는데 그 답은 민영화의 원래의 취지를 고려하면 자명해진다. 즉, 민영화의 목표가 경쟁 도입으로 인한 소비자 후생의 증진 및 기업의 경쟁력 강화이므로 이들 목표 달성을 기본 원칙으로 설정할 수 있다. 그리고 이와 함께 민영화 방식의 설정에 있어 사회적 비용을 최소화하는 방식이 바람직하다는 점에서 민영화 추진 비용의 최소화를 추가할 수 있다.

정부는 민영화의 기본 목표를 달성하기 위한 원칙을 뚜렷이 제시함과 더불어 이해 조정 과정을 투명하게 해야 한다. 이 과정에서는 일부 관료나 전문가들만의 정책 개발과 협의뿐만이 아니라 전국가적인 차원에서 정책 토론과 여론 형성이 필요하다. 특히 정책을 제도화하는 역할을 담당하는 정치인의 참여가 매우 중요하기 때문에 의회를 중심으로 하는 공청회나 정책 토론회의 활성화가 효과적이다. 입장을 달리하는 각 정치 세력 사이의 토론과 타협을 통해 민영화의 취지를 보다 명확하게 부각시키고 결국 이를 제도화시키는 노력이 뒤따라야 한다. 이 밖에도 시민단체나 관련 업계의 의견 수렴 역시 민영화 여건의 조성에 중요한 역할을 한다. 그리고 언론 역시 일반 국민의 입장에서 사안을 공정하게 보도할 수 있도록 전문가 집단을 활용해 지원해야 한다. 그 중에서도 민영화가 국민 모두에게 도움이 된다는 공감대의 형성이 무엇보다도 중요하다. 즉, 민영화가 결국에는 국민 후생의 증진에 기여할 것이라는 확신을 국민들에게 확고히 심어주어야 하는데, 바로 이 역할을 정부가 수행해야 한다.

그런데 우리 정부는 민영화 방안을 모색하는 데는 상당한 공을 들였지만 실제로 정부안이 구체적인 정책으로 제도화되는 과정에서는 주도적인 역할을 수행하지 못한 것으로 판단된다. 정부는 정책의 입안 단계에서부터 어떻게 이해 당사자들을 대상으로 납득시킬 수 있는지를 고려해야 할 것이다. 특히 정부는 민영화에 따른 후생 증진이 어떻게 발생하는지, 그 이익이 누구에게 가는지 등의 내용을 객관적으로 알리고 이익집단들 간의 대화의 장을 마련하는데도 최선의 노력을 경주해야 한다. 바로 이런 노력이 선결될 때 정치권 역시 자연스럽게 정책의 제도화에 참여할 수 있게 된다.

4.2.2 구조조정의 일정 제시

정부는 공기업의 구조개편 전반에 걸친 청사진과 그 일정을 제시하고 큰 틀 내에서 구체적인 민영화 작업을 추진해야 한다. EU의 공공 부문 개혁 프로그램에서 볼 수 있었던 바와 같이 정부는 민영화에 대한 일정을 미리 확실히 설정해야 한다. 그래서 민영화가 정부의 일과성 정책이 아니라 커다란 구도 속에서 일관성 있게 진행되는 정책기조임을 모든 경제주체에게 확실히 알려주어야 한다. 바로 이런 이유에서 민영화를 추진하는 정부는 보다 더 신중한 입장을 취해야 한다.

민영화의 청사진은 민영화 대상 기업의 선정에서 민영화 방식 및 일정, 그리고 민영화를 추진하는 과정에서의 갈등 조정 방법에 이르기까지의 내용을 가능하면 구체적으로 담고 있어야 한다. 특히 이 과정에서 중요한 것은 주요 서방 국가의 경험을 토대로 민영화의 일정 및 대상 기업 설정이 일관성 있게 이루어져야 한다는 점이다.

우리나라의 경우 통신부문의 경쟁 도입은 비교적 빠른 속도로 이루어졌고, 이러한 경쟁 도입은 결과적으로 통신산업의 경쟁력을 빠른 기간 내에 갖출 수 있도록 하였다. 통신분야의 민영화 및 경쟁 도입으로 인한 소비자 후생 증대 및 산업 경쟁력 강화의 교훈을 국민들에게 널리 알리는 작업이 곧바로 공기업 부문의 경쟁 도입의 시발점이어야 한다. 그리고 EU의 경험에서 볼 수 있는 바와 같이 한 분야에서의 경쟁 도입의 교훈이 다른 분야에도 적용됨을 인식해야 한다.

4.2.3 국민적 지지를 얻기 위한 노력

민영화에 따른 구조 개편 시 많은 고용 감축이 수반될 수 있으므로 노조를 비롯한 이해당사자 집단의 반발이 예상된다. 과거 영국 및 프랑스의 경우에도 유사한 문제가 발생했었는데, 영국 및 프랑스 정부는 이를 극복함으로써 민영화를 성공적으로 완수했다는 평가를 받고 있다.

예를 들어 영국의 대처는 자신의 선거 공약의 일환으로 과감한 공공부문의 개혁을 제시하였다. 대처는 당시 영국병이라 불리던 영국 경제의 고질적인 병폐가 공공부문의 방만한 경영에서 비롯된다는 인식하에 공공부문의 축소를 주된 내용으로 하는 개혁 프로그램을 영국병에 대한 처방으로 제시하였다. 그리고 총선을 승리로 이끌면서 국민과의 약속대로 공공부문에 대해 과감한 개혁을 단행하였다. 강성의 공공부문 노조에 대해 적당한 선에서 타협안을 제시하기보다는 원칙에 충실하게 과감한 민영화 및 고용 감축을 실행하였다. 특히 이 과정에서 대처가 노조에게 보여준 단호한 입장은 이후 영국식 민영화에도 상당한 영향을 끼쳐, 국민의 지지만 확실하다면 공공부문의 과감한 개혁도 별 문제없이 이룰 수 있음을 보여주었다.

영국 및 프랑스의 민영화 과정과는 달리 우리의 경우 국민들의 광범위한 지지를 확보하지 못한 측면이 많다. 따라서, 정부측에서는 우리가 처한 여러 가지 상황을 종합적으로 판단하여 구조 개편 방안을 적절하게 제시했음에도 민영화가 구체적으로 추진되는 과정에서 이해당사자들이 강력히 반발하고 나올 때 합리적인 대처를 제대로 하지 못했고 이로 인해 나름대로의 최선의 정책이 실행에 옮겨지지 못하는 경우가 많았다.

이와 함께 지적될 수 있는 중요한 점은 정부가 대국민 설득을 위해 어느 정도 노력하였는지 문제이다. 과연 정부가 공기업 민영화, 특히 해외 매각의 이슈를 국민들에게 제대로 전달하였는지, 그리고 이로부터 확고한 지지를 받았는지를 따져본다면 그 대답은 전혀 그렇지 못했다는 점이 지적될 수 있다. 만일 국민적 지지가 견고했다면 정치권이 굳이 노조의 로비에 넘어가지 않았으리라는 점을 쉽게 확인할 수 있기 때문이다.

이상의 내용을 정리해 보면 유럽의 경우 국민적 지지를 얻기 위한 다양한 노력이 경주되어 공기업 민영화 과정에서 리더십이 발휘될 수 있었다. 반면, 우리의 경우에는 민영화 정책을 실행하는 데 있어 발생할 수 있는 이해집단 간의 갈등을 해소하려는 노력이 부족했을 뿐만 아니라, 국민들을 설득시킴으로써 민영화를 성공시킬 수 있는 기반을 만들지 못했다. 따라서 이해 관계자와 국민들의 이해를 공평하게 조정하고 설득할 수 있도록 정부는 지속적으로 노력해야 하며, 이러한 노력이 충분히 갖추어질 때 오히려 리더십이 발휘될 수 있고 민영화는 성공적으로 이루어질 수 있을 것이다.

참고문헌 ∙∙∙

류상영 (1997), 민영화성공을 위한 정책제언, 삼성경제연구소 편, 민영화와 한국경제,
    pp. 679 – 704.

Does the euro increase FDI in the real estate industry? Evidence from the German case*

Changkyu Choi** · Kyungsun Park***

Abstract

Results from panel data from 34 countries between 1986 and 2009 suggest that the euro contributed to the increase in the German bilateral FDI in the real estate industry to and from European partner countries. However, it is interesting that the euro's effects were only significant in FDI inflows under a random effects model.

---

* 이 논문은 *Journal of European Real Estate Research*, Vol. 5 Iss. 1, 2012.4, pp. 88–100.에 게재된 저자들의 "Does the Euro Increase the foreign Direct Investment in the Real Estate Industry? Evidence from German Case" 논문을 요약하여 정리한 것이다.
** 명지대학교 경제학과 교수, ckchoi@mju.ac.kr
*** 前 영산대학교 부동산금융학과 교수, ksunbak@gmail.com

1. Motivation

In 1999, 11 of the EU's 15 members adopted a single currency, the euro. Later, six more countries became members of the Economic and Monetary Union (EMU). Now 19 countries belong to the Eurozone. Participants in the EMU adopt a common currency and therefore undertake common monetary policy. Furthermore, they also agree to impose common criteria relating to fiscal policy. There is considerable literature documenting the euro's impact on trade volume, FDI and the integration of European financial markets.

The EMU has had a positive and quite large effect on trade among Eurozone countries (Rose, 2000; Glick and Rose, 2002; Micco *et al.*, 2003). The literature on the euro's effect on FDI is not as rich as that on its effect on trade.

Most of the research on the euro's effect on FDI concludes that the EMU has pro−FDI effects (de Sousa and Lochard, 2011; Petroulas, 2007; Brouwer *et al.*, 2008; Coeurdacier et al., 2009). Using panel data from 22 OECD countries for the period 1973-2006, Aristotelous and Fountas (2009) found that the EMU led to a statistically significant overall increase in inward FDI flows to countries that adopted the euro as their national currency. They also found that the EMU effect on inward FDI flows differs substantially across member countries with the core countries having benefited the most from FDI flows.

Numerous studies have examined the euro's impact on European financial market integration and found that there is evidence of increased integration in the European financial markets (Baele *et al.*, 2004; Blanchard and Giavazzi, 2002; Cabral et al., 2002; Coeurdacier and Martin, 2007; Spiegel,

2009).

In our paper, we study the euro's effect on FDI in the real estate industry. There are two ways to determine the integration of real estate markets: analyze the integration of real estate securities and measure the flows of FDI directly. Most research has focused mainly on the euro's effect on the integration of real estate securities markets in Europe, mainly analysing the convergence of real estate securities prices. Eurozone countries turned out to show greater levels of convergence in the real estate stock market than the non−Eurozone countries (Lizieri et al., 2003; Yang *et al.*, 2005; McAllister and Lizieri, 2006; Lee, 2009; Andrews and Lee, 2008).

As far as we are aware, no previous studies measure the flows of FDI to directly analyze the euro's effect on the real estate market integration. Thus, we explore the euro's effect on FDI flows. In this context, it is hypothesised that the single currency contributes to an increase in FDI in the real estate business. A positive effect of the EMU on FDI in Europe's real estate industry can be hypothesized for two reasons: First, a single currency facilitates pricing decisions and investment cost calculations. Second, a common currency eliminates exchange rate risk, reducing transaction costs associated with cross−border real estate direct investment flows.

For this purpose, German bilateral FDI flows to and from European partner counties are used to illuminate the euro's contribution to the integration of European real estate markets. The rest of the paper is structured as follows. Section 2 reviews the previous literature on European real estate market integration. Section 3 presents the model for the empirical analysis. Data and empirical results are in section 4. Section 5 concludes this paper.

2. Literature Survey

As mentioned before, most research on European real estate market integration focuses mainly on real estate securities markets. Eichholtz *et al.* (1998) were the first to study convergence in securitised real estate within Europe. They found a continental factor in European real estate securities markets. It appears to have increased in strength from the early 1990s with increasing economic and institutional integration.

Since then, numerous empirical studies have investigated convergence in European real estate securities markets. Lizieri *et al.* (2003) investigated whether the introduction of the euro in 1999 led to greater convergence in European general and real estate securities. They showed that real estate securities across the Eurozone were much more segmented than general securities.

McAllister and Lizieri (2006) also examined the EMU's impact on different types of stock returns in Europe. They found some evidence of convergence in returns of different types of stock, which they attributed to a global, rather than a European, effect. Within the real estate securities market, the authors found core European countries (Belgium, France, Finland, Germany, and the Netherlands) exhibiting clear evidence of convergence, while noncore countries (Denmark, Italy, Ireland, Portugal, Spain, Sweden, and the UK) showed little evidence of common trends or movements.

Using publicly traded daily real estate stock price indexes for nine European countries and a variance decomposition methodology, Yang *et al.* (2005) investigated the EMU's impact on European public real estate markets. They found that several EMU markets (Germany, France and the

Netherlands) became more integrated with other European markets after EMU. On the other hand, no such increased integration after EMU was observed for other EMU markets, including Italy, Belgium and Spain, while the three non−EMU economies (Denmark, Switzerland, and the UK) showed either little change or less integration.

Andrews and Lee (2008) found that the level of integration for real estate securities markets in Europe has on average increased since 1990, although the effect varied from country to country. Lee (2010) assessed whether the returns of the Spanish securitised real estate market are converging with those of the other countries in Europe relative to the returns in the United States. He looked into the correlation between the Spanish real estate securities market and other countries within Europe and showed that there is evidence of a convergence with some countries within Europe, especially since the introduction of the single currency, but little evidence of convergence with others.

As seen above, numerous studies have analyzed the euro's effect on the integration of European real estate securities markets. As far as we know, few studies have analyzed the euro's effect on FDI in the real estate business, which could be a direct test of real estate market integration in the Eurozone.

3. Model

It is hypothesised that the adoption of the euro will increase the volume of FDI flows in the real business industry between Germany and European partner countries. To estimate the euro's effect on FDI in the real estate industry, a modified gravity equation is adopted.[1] The gravity equation has been used quite extensively in estimating the volume of international trade, FDI, and other economic measures ever since it was used by Tinbergen (1962). This implies that the volume of trade or FDI is proportional to both countries' economic sizes (GDP) and inversely proportional to the distance between them. The following FDI equation for estimation is used.

$$\log(TOTAL_{it}) = \beta_0 + \beta_1 \log(GDP_{it}) + \beta_2 \log(PGDP_{it}) + \beta_3 \log(Distance_i) \quad (1)$$
$$+ \beta_4 Border_i + \beta_5 euro_{it} + \beta_6 EU_{it} + u_{it}$$

$$\log(INLOW_{it}) = \beta_0 + \beta_1 \log(GDP_{it}) + \beta_2 \log(PGDP_{it}) + \beta_3 \log(Distance_i) \quad (2)$$
$$+ \beta_4 Border_i + \beta_5 euro_{it} + \beta_6 EU_{it} + u_{it}$$

$$\log(OUTFLOW_{it}) = \beta_0 + \beta_1 \log(GDP_{it}) + \beta_2 \log(PGDP_{it}) + \beta_3 \log(Distance_i) \quad (3)$$
$$+ \beta_4 Border_i + \beta_5 euro_{it} + \beta_6 EU_{it} + u_{it}$$

where $u = \eta_i + V_t + \varepsilon_{it}$, η_i is an individual (country) effect, V_t is a time effect, and ε_{it} is independently and identically distributed among countries and years. $TOTAL_{it}$ stands for the sum of absolute value of FDI inflows in the real estate industry from partner country i to Germany and FDI outflows in the real estate industry from Germany to partner country i in year t. $INFLOW_{it}$ stands for FDI inflows from partner country i to Germany in year t. $OUTFLOW_{it}$ stands for FDI outflows from Germany to partner country i in year t. GDP_{it} and $PGDP_{it}$ are the nominal GDP and per capita GDP of partner country i in year t, respectively. $Distance_i$ is the distance

---

1) A similar gravity equation is used in Wei and Choi (2004). This model is modified in the sense that German GDP is omitted for simplicity. The euro dummy variable is assumed to be an exogenous variable.

between Bonn, Germany, and capital city of partner country i. $Border_i$, a dummy variable, is 1 if Germany and partner country i share a border, and 0 otherwise. $euro_{it}$, a dummy variable, is 1 if partner country i uses the euro as its currency in year t, and 0 otherwise. EU_{it}, a dummy variable, is 1 if partner i is a EU member country in year t, and 0, otherwise.

4. Data and Empirical Results

Data for 34 countries from 1986 to 2009 are used in our empirical analysis. German bilateral FDI data in the real estate industry are from balance of payment statistics by country from the Bundesbank. FDI data up to 1998 is denominated in DM and FDI data from 1999 is denominated in euro. All data are converted to US dollars using exchange-rate International Financial Statistics data from the International Monetary Fund. GDP and per capita GDP are taken from the World Development Indicators of the World Bank. The list of countries with a common border with Germany is from the CIA World Factbook homepage. The date of entry into the EU and the EMU is from the official website of the European Union.

Pooled ordinary least squares (OLS) and random effects models are used to test the significance of the euro's impact on FDI in real estate industry. Tables 3, 5, and 7 list estimation results from a pooled OLS. Tables 4, 6, and 8 report estimation results from a random effects model. Before the empirical analysis, we tested for heteroscedasticity and serial correlation. A Wald test (Drukker 2003; Wooldridge 2002) revealed serial correlation, and a Likelihood Ratio test showed heteroscedasticity. In all pooled OLS regressions, Driscoll and Kraay (1998) standard errors for the coefficients are used. The error structure is assumed to be heteroscedastic, autocorrelated up to some lag, and possibly correlated between the panels. In the GLS random effects model, heteroscedasticity and autocorrelation are considered by using a Huber−White sandwich estimator. As FDI, GDP, and per capita GDP are assumed to be trend stationary, trend or year dummies are included as an additional explanatory variable.

Table 1 lists the benchmark regression results by a pooled OLS. Columns (a) and (b) list the regression results of the total FDI in the real estate industry equation, columns (c) and (d) list the regression results of FDI inflows, and columns (e) and (f) list the regression results of FDI outflows. Here total FDI is defined as the sum of the absolute values of FDI inflows and outflows.

According to column (a) in Table 1, the estimated coefficient of GDP_{it} is 1.047 and significant at the 1% level as expected. This means that when the GDP increases by 1%, total FDI increases by 1.047%. The estimated coefficient of per capita GDP is 0.759 and significant at the 1% level. The coefficient of $Distance_i$ is −0.884 and significant at the 1% level. This implies that as a partner country is located farther from Germany, the amount of FDI flows between two countries decreases. The coefficient of $Border_i$ turns out to be 0.188 and insignificant. The estimated coefficient of $euro_{it}$ is 0.891 and significant at the 1% level. This means that total FDI flow between Germany and a euro member country is 143.8%[2] greater

---

2) $(EXP(0.891) - 1)*100 = 143.8\%$

than those between Germany and a non−euro country.

In column (b), the EU_{it} dummy is added as an independent variable. The estimated coefficient of $Border_i$ is 0.275 and significant at the 10% level. This implies that a country sharing a border with Germany has 31.7%[3] more total FDI. The estimated coefficient of $euro_{it}$ is 0.742 and significant at the 1% level. The estimated coefficient of the EU_{it} dummy is 0.410 and significant at the 5% level. Total FDI flow between Germany and an EU member country was 50.7%[4] greater than that between Germany and a non−EU country. The euro's impact on FDI was still robust even after the EU dummy is included.

FDI inflows are regressed in columns (c) and (d) and the results are similar to columns (a) and (b). Estimated coefficients of $euro_{it}$ are 0.774 and 0.813, respectively, and both are significant at the 1% level. However, estimated coefficients of $Border_i$ and EU_{it} become insignificant. This implies that FDI flows into Germany are not influenced by border effects or EU membership. FDI outflows are regressed in (e) and (f). Estimated coefficients of $euro_{it}$ are 0.913 and 0.736 and significant at the 1% level. Estimated coefficients of $Border_i$ are positive and significant at the 1% level. This implies that FDI outflows are influenced by border effects. The estimated coefficient of EU_{it} is positive and significant at the 1% level. EU membership of partner countries turns out to help attract FDI from Germany.

---

3) $(EXP(0.275) − 1)*100 = 31.7\%$
4) $(EXP(0.410) − 1)*100 = 50.7\%$

Table 1 | Benchmark Pooled OLS Regressions[1,2]

Variables	(a) log(TOTAL$_{it}$)	(b) log(TOTAL$_{it}$)	(c) log(INFLOW$_{it}$)	(d) log(INFLOW$_{it}$)	(e) log(OUTFLOW$_{it}$)	(f) log(OUTFLOW$_{it}$)
log(GDP$_{it}$)	1.047***	1.028***	0.738***	0.745***	0.910***	0.864***
	(0.026)	(0.027)	(0.111)	(0.097)	(0.043)	(0.053)
log(PGDP$_{it}$)	0.759***	0.669***	0.628**	0.641*	0.925***	0.784***
	(0.164)	(0.174)	(0.298)	(0.316)	(0.155)	(0.135)
log(Dist$_i$)	-0.884***	-0.824***	-1.351***	-1.370***	-0.567***	-0.495***
	(0.176)	(0.194)	(0.369)	(0.317)	(0.112)	(0.148)
Border$_i$	0.188	0.275*	-0.120	-0.152	0.358***	0.438***
	(0.146)	(0.155)	(0.243)	(0.212)	(0.097)	(0.122)
euro$_{it}$	0.891***	0.742***	0.774***	0.813***	0.913***	0.736***
	(0.145)	(0.136)	(0.221)	(0.252)	(0.189)	(0.172)
EU$_{it}$		0.410**		-0.110		0.521***
		(0.148)		(0.408)		(0.147)
Trend	-0.002	0.003	0.115***	0.114***	-0.015	-0.010
	(0.012)	(0.013)	(0.025)	(0.027)	(0.014)	(0.016)
Constant	-10.956***	-10.577***	-6.840*	-6.834*	-13.077***	-11.981***
	(2.490)	(2.736)	(3.831)	(3.682)	(1.835)	(1.649)
Observations	377	377	276	276	544	544
R-squared	0.694	0.700	0.543	0.543	0.752	0.760

Note: 1. Robust standard errors in parentheses (Driscoll and Kraay, 1988).
2. ***p<0.01, **p<0.05, *p<0.1

Table 2 lists the estimation results with a random effects model. The results are less significant than those of Table 1. The estimated coefficient of GDP is positive and significant at the 1% level and that of *Distance$_i$* is negative and significant at the 5% level. The estimated coefficients of *per capita GDP* and *Border$_i$* are all insignificant. Estimated coefficients of *euro$_{it}$* are positive and significant at the 5% level only in equation (c) and (d). Eurozone membership seems to have a positive effect only on German FDI inflows. All estimated coefficients of *EU$_{it}$* in Table 2 are insignificant.

In the previous regressions, some observations were omitted while

Table 2 | Random Effects Model[1,2]

Variables	(a)	(b)	(c)	(d)	(e)	(f)
	log(TOTAL$_{it}$)		log(INFLOW$_{it}$)		log(OUTFLOW$_{it}$)	
log(GDP$_{it}$)	1.012***	1.015***	0.705***	0.713***	0.766***	0.756***
	(0.137)	(0.131)	(0.205)	(0.214)	(0.136)	(0.138)
log(PGDP$_{it}$)	0.482	0.366	0.447	0.542	0.230	0.180
	(0.433)	(0.430)	(0.507)	(0.554)	(0.333)	(0.321)
log(Dist$_i$)	-0.973**	-0.934**	-1.084*	-1.124*	-0.859**	-0.842*
	(0.446)	(0.442)	(0.563)	(0.577)	(0.431)	(0.431)
Border$_i$	0.482	0.511	0.322	0.291	0.618	0.629
	(0.634)	(0.640)	(0.729)	(0.747)	(0.684)	(0.683)
euroit	0.355	0.370	1.152**	1.198**	0.265	0.273
	(0.270)	(0.269)	(0.542)	(0.534)	(0.246)	(0.242)
EUit		0.383		-0.427		0.135
		(0.284)		(0.399)		(0.262)
Trend	0.047*	0.047**	0.126***	0.123***	0.051**	0.051**
	(0.025)	(0.024)	(0.036)	(0.035)	(0.025)	(0.024)
Constant	-8.187	-7.600	-6.973	-7.388	-3.644	-3.226
	(5.952)	(5.868)	(6.172)	(6.445)	(5.388)	(5.271)
Observations	377	377	276	276	544	544
Number of codes	31	31	29	29	33	33

Note: 1. Huber—White sandwich estimator is used (Huber, 1967; White, 1980).
2. ***p<0.01, **p<0.05, *p<0.1

the natural logarithm of FDI was taken. To preserve the zeros in the data, we added one in the original FDI data (*FDI* + 1) before taking the logarithm in Tables 5 and 6. The results from the pooled OLS with *FDI* + 1 are listed in Table 3. As a result, the number of observations of total FDI increased from 544 in equations (e) and (f) from Tables 3 and 4 to 612 in those from Tables 5 and 6. The estimation results in the Table 3 are very similar to those from Table 1. All estimated coefficients of *euro$_{it}$* in Table 3 are positive and significant at the 1% level. The results from the random effects model with *FDI* + 1 are listed in Table 4. The estimation results are similar to those of Table 2. The coefficient of *Distance_i* is negative and significant at the 1% level in FDI inflows and at the 5% level in total FDI and FDI outflows. The estimated coefficients of *euro_{it}* in Table 4 are positive and significant at the 5% level only in FDI inflows.

Table 3 | Pooled OLS Regressions with FDI + 1[1,2]

Variables	(a)	(b)	(c)	(d)	(e)	(f)
	$\log(TOTAL_{it} + 1)$		$\log(INFLOW_{it} + 1)$		$\log(OUTFLOW_{it} + 1)$	
$\log(GDP_{it})$	0.990***	0.974***	0.578***	0.574***	0.817***	0.777***
	(0.035)	(0.036)	(0.082)	(0.077)	(0.052)	(0.065)
$\log(PGDP_{it})$	0.800***	0.705***	0.552***	0.534***	0.972***	0.850***
	(0.150)	(0.169)	(0.150)	(0.165)	(0.100)	(0.084)
$\log(Dist_i)$	-0.813***	-0.764***	-1.096***	-1.085***	-0.491***	-0.419***
	(0.170)	(0.183)	(0.273)	(0.255)	(0.106)	(0.133)
$Border_i$	0.180	0.259*	-0.287	-0.271	0.351***	0.426***
	(0.135)	(0.136)	(0.219)	(0.199)	(0.113)	(0.115)
$euro_{it}$	0.833***	0.701***	0.949***	0.923***	0.857***	0.695***
	(0.158)	(0.143)	(0.215)	(0.263)	(0.188)	(0.162)
EU_{it}		0.377**		0.074		0.465***
		(0.151)		(0.205)		(0.143)
Trend	-0.008	-0.003	0.065***	0.066***	-0.021	-0.017
	(0.012)	(0.012)	(0.014)	(0.016)	(0.013)	(0.015)
Constant	-10.945***	-10.470***	-4.740*	-4.655*	-12.753***	-11.848***
	(2.352)	(2.620)	(2.480)	(2.625)	(1.030)	(0.990)
Observations	388	388	389	389	612	612
R-squared	0.711	0.716	0.576	0.576	0.755	0.762

Note: 1. Robust standard errors in parentheses (Driscoll and Kraay, 1988).
2. ***$p<0.01$, **$p<0.05$, *$p<0.1$

Table 4 | Random Effects Model with FDI + 1[1,2]

Variables	(a)	(b)	(c)	(d)	(e)	(f)
	log(TOTAL$_{it}$ + 1)		log(INFLOW$_{it}$ + 1)		log(OUTFLOW$_{it}$ + 1)	
log(GDP$_{it}$)	0.910***	0.915***	0.538***	0.539***	0.641***	0.640***
	(0.120)	(0.116)	(0.127)	(0.128)	(0.139)	(0.140)
log(PGDP$_{it}$)	0.506	0.440	0.540	0.543	-0.008	-0.012
	(0.391)	(0.394)	(0.353)	(0.391)	(0.296)	(0.280)
log(Dist$_i$)	-0.871**	-0.847**	-0.958***	-0.959***	-0.910**	-0.909**
	(0.426)	(0.423)	(0.369)	(0.366)	(0.440)	(0.443)
Border$_i$	0.523	0.534	-0.124	-0.125	0.648	0.648
	(0.630)	(0.630)	(0.534)	(0.536)	(0.710)	(0.708)
euro$_{it}$	0.358	0.370	0.999**	1.001**	0.321	0.321
	(0.263)	(0.262)	(0.452)	(0.457)	(0.240)	(0.239)
EU$_{it}$		0.224		-0.011		0.012
		(0.280)		(0.237)		(0.255)
Trend	0.042*	0.042*	0.072***	0.072***	0.054***	0.054***
	(0.022)	(0.022)	(0.020)	(0.020)	(0.021)	(0.021)
Constant	-7.717	-7.414	-5.291	-5.314	0.547	0.577
	(5.523)	(5.447)	(4.358)	(4.594)	(4.743)	(4.667)
Observations	388	388	389	389	612	612
Number of codes	33	33	34	34	34	34

Note: 1. Huber−White sandwich estimator is used (Huber, 1967; White, 1980).
2. ***p<0.01, **p<0.05, *p<0.1

In the previous estimations, trend variables are included. In the final set of tests, year dummies are added to the explanatory variables. FDI + 1 is used as a dependent variable again. The estimation results are listed in Tables 7 and 8. All other specifications are exactly the same as in Tables 5 and 6. The estimated coefficients for the year dummies are not reported. Overall empirical results are very similar to those of Tables 5 and 6. The results for the pooled OLS with FDI + 1 and year dummy variables are listed in Table 5. The coefficients of euro$_{it}$ are all positive and significant at the 1% level in total FDI, FDI inflows, and FDI outflows. This means that after inclusion of year dummies, the euro's effect on FDI inflows and outflows in the real estate industry is still robust. In the random effects model with FDI + 1 and year dummies (Table 6), the coefficients of FDI inflows are again positive and significant at the 5% level, but those of total FDI and FDI outflows are positive but insignificant.

Table 5 | Pooled OLS Regressions with FDI + 1 and year dummies[1,2,3]

Variables	(a)	(b)	(c)	(d)	(e)	(f)
	$\log(TOTAL_{it} + 1)$		$\log(INFLOW_{it} + 1)$		$\log(OUTFLOW_{it} + 1)$	
$\log(GDP_{it})$	0.945***	0.931***	0.591***	0.593***	0.830***	0.784***
	(0.043)	(0.049)	(0.086)	(0.078)	(0.051)	(0.065)
$\log(PGDP_{it})$	0.784***	0.703***	0.457**	0.464**	1.052***	0.919***
	(0.149)	(0.168)	(0.167)	(0.169)	(0.099)	(0.081)
$\log(Dist_i)$	-0.828***	-0.773***	-1.129***	-1.135***	-0.446***	-0.358**
	(0.183)	(0.197)	(0.290)	(0.268)	(0.120)	(0.152)
$Border_i$	0.138	0.222	-0.273	-0.281	0.371***	0.457***
	(0.141)	(0.138)	(0.231)	(0.222)	(0.113)	(0.121)
$euro_{it}$	0.901***	0.724***	1.030***	1.048***	0.910***	0.705***
	(0.164)	(0.153)	(0.186)	(0.240)	(0.175)	(0.132)
EU_{it}		0.408**		-0.040		0.552***
		(0.148)		(0.222)		(0.126)
Constant	-10.361***	-10.102***	-3.245	-3.266	-14.357***	-13.476***
	(2.258)	(2.498)	(2.860)	(2.856)	(1.168)	(1.089)
Year dummies included	yes	Yes	yes	yes	yes	yes
Observations	388	388	389	389	612	612
R-squared	0.735	0.741	0.605	0.605	0.778	0.786

Note: 1. Robust standard errors in parentheses (Driscoll and Kraay, 1988)
2. ***$p<0.01$, **$p<0.05$, *$p<0.1$

Table 6 | Random Effects Model with FDI + 1 and year dummies[1,2,3]

Variables	(a)	(b)	(c)	(d)	(e)	(f)
	$\log(TOTAL_{it} + 1)$		$\log(INFLOW_{it} + 1)$		$\log(OUTFLOW_{it} + 1)$	
$\log(GDP_{it})$	0.912***	0.940***	0.546***	0.563***	0.658***	0.635***
	(0.114)	(0.104)	(0.134)	(0.134)	(0.132)	(0.134)
$\log(PGDP_{it})$	0.754*	0.749	0.384	0.443	0.337	0.255
	(0.428)	(0.478)	(0.408)	(0.432)	(0.260)	(0.260)
$\log(Dist_i)$	-0.798**	-0.740**	-0.987**	-1.034***	-0.756*	-0.752*
	(0.386)	(0.355)	(0.398)	(0.384)	(0.395)	(0.403)
$Border_i$	0.431	0.311	-0.053	-0.130	0.619	0.647
	(0.603)	(0.552)	(0.594)	(0.578)	(0.666)	(0.674)
$euro_{it}$	0.373	0.504	1.106**	1.129**	0.410	0.407
	(0.316)	(0.354)	(0.543)	(0.556)	(0.259)	(0.258)
EU_{it}		0.409		-0.127		0.144
		(0.338)		(0.262)		(0.268)
Constant	-10.437*	-11.106*	-3.270	-3.543	-4.123	-3.211
	(5.594)	(5.890)	(4.843)	(4.925)	(4.112)	(4.133)
Year dummies included	yes	Yes	yes	yes	yes	yes
Observations	388	388	389	389	612	612
Number of codes	33	33	34	34	34	34

Note: 1. Huber−White sandwich estimator is used (Huber, 1967; White, 1980).
2. ***$p<0.01$, **$p<0.05$, *$p<0.1$

5. Conclusion

There have been many studies on the euro's impact on the economic integration of member countries. Previous research has tried to find empirical evidence for convergence of real estate securities markets. In this paper, however, we hypothesise that a single currency such as the euro contributes to an increase in FDI in the real estate business for the following two reasons. First, pricing decisions and investment cost calculations will be facilitated. Second, transaction costs associated with cross−border real estate direct investment flows will be reduced by removing exchange rate uncertainty.

In this context, the euro's effect on the bilateral FDI in the real estate industry between Germany and European partner countries is empirically analyzed. A modified gravity equation is utilised for the analysis. Data for 34 countries from 1986 to 2009 are used. According to pooled OLS regression results, German FDI flows from and to European partner countries in the real estate industry proved to increase when both countries adopt the euro as a common currency. In a random effects model, only FDI inflows in the real estate industry were affected by the adoption of euro.

It can be concluded that the euro contributes to the increase in the German bilateral FDI in the real estate industry to and from European partner countries. However, the result that the euro's effect is significant only in FDI inflows according to the random effects model is interesting and future studies remain to be done on this issue.

REFERENCES ···

Andrews, M. and Lee, S.L. (2008), "The integration of securitised real estate markets in Europe", paper presented at the Asian Real Estate Society Meeting, Shanghai, China, July.

Aristotelous, K. and Fountas, S. (2009), "What is the impact of currency unions on FDI flows? Evidence from Eurozone countries", Department of Economics University of Macedonia Discussion Paper Series, No. 10.

Baele, L., Ferrando, A., Hördahl, P., Krylova, E., and Monnet, C. (2004), "Measuring financial integration in the Euro area", ECB Occasional Paper Series, No.14.

Blanchard, O. and Giavazzi, F. (2002), "Current account deficits in the Euro area: The end of the Feldstein–Horioka puzzle?" *Brookings Papers on Economic Activity*, Vol. 2, pp. 147-209.

Brouwer, J., Paap, R., and Viaene, J.–M. (2008), "The trade and FDI effects of EMU enlargement", *Journal of International Money and Finance*, Vol. 27, 2, pp. 188-208.

Cabral, I., Dierick, F., and Vesala, J. (2002), "Banking integration in the Euro area", ECB Occasional Paper Series, No. 6.

Coeurdacier, N., and Martin, P. (2007), "The geography of asset trade and the Euro: Insiders and outsiders", CEPR Discussion Paper Series, No. 6032.

Coeurdacier, N., De Santis, R.A., and Aviat, A. (2009), "Cross–border mergers and acquisitions and European integration", *Economic Policy*, Vol. 24, No. 57, pp. 55-106.

De Sousa, J. and Lochard, J. (2011), "Does the single currency affect FDI", *The Scandinavian Journal of Economics*, Vol. 113, No. 3, 553-578. DOI: 10.1111/j.1467 − 9442.2011.01656.x

Driscoll, John C. and Kraay, A.C. (1998), "Consistent covariance matrix estimation with spatially dependent panel data", *Review of Economics and Statistics*, Vol. 89, pp. 549-560

Drukker, D.M. (2003), "Testing for serial correlation in linear panel − data models", *Stata Journal*, Vol. 3, No. 2, pp. 168-177.

Eichholtz, P., Huisman, R., Koedijk, K., and Schuin, L. (1998), "Continental factors in international real estate returns", *Real Estate Economics*, Vol. 26, No. 3, pp. 493-509.

Glick, R. and Rose, A.K. (2002), "Does a currency union affect trade? The time series evidence", *European Economic Review*, Vol. 46, No. 6, pp. 1125-1151.

Huber, P.J. (1967), "The behavior of maximum likelihood estimates under nonstandard conditions", in *Proceedings of the Fifth Berkeley Symposium on Mathematical Statistics and Probability*, University of California Press, Berkeley, CA, Vol. 1, pp. 221-233.

Lee, S.L. (2009), "Is the UK real estate market converging with the rest of Europe?" *Journal of European Real Estate Research*, Vol. 2, No. 1, pp. 18-32.

Lee, S.L. (2010), "Are the returns of the Spanish real estate market converging with the rest of Europe?" manuscript.

Lizieri, C., McAllister, P., and Ward, C. (2003), "Continental shift? An analysis of convergence trends in European real estate securities", *Journal of Real Estate Research*, Vol. 25, No. 1, pp. 1-21.

McAllister, P. and Lizieri, C. (2006), "Monetary integration and real estate markets: The impact of the Euro on European real estate equities", *Journal of Property Research*, Vol. 23, No. 4, pp. 281-303.

Micco, A., Stein, E.H., and Ordoñez, G. (2003), "The currency union effect on trade: Early evidence from EMU", *Economic* Policy, Vol. 18, No. 37, pp. 315-356.

Petroulas, P. (2007), "The effect of the Euro on FDI", *European Economic Review*, 2007, Vol. 51, No. 6, pp. 1468-1491.

Rose, A.K. (2000), "One money, one market: Estimating the effect of common currencies on trade", *Economic Policy*, Vol. 15, No. 30, pp. 7-45.

Spiegel, M.M. (2009), "Monetary and financial integration in the EMU: Push or pull?" *Review of International Economics*, Vol. 17, No. 4, pp. 751-776.

Tinbergen, J. (1962), *Shaping the World Economy: Suggestions for an International Economic Policy*, The Twentieth Century Fund, New York.

Wei, S.-J. and Choi, C. (2004), "Currency blocs and cross-border investment", Working paper No. 4, Forum on East Asian Financial and Monetary Cooperation.

White, H. (1980), "A heteroskedasticity-consistent covariance matrix estimator and a direct test for heteroskedasticity", Econometrica, Vol. 48, pp. 817-830.

Wooldridge, J.M. (2002), *Econometric Analysis of Cross Section and Panel Data*, MIT Press, Cambridge, MA.

Yang, J.J., Kolari, W., and Zhu, G. (2005), "European public real estate market integration", *Applied Financial Economics*, Vol. 15, No. 13, pp. 895-905.

가족협약을 통한 EU기업의 승계 사례
: 독일 Henkel과 프랑스 Mulliez*

1. 서론

　　기업은 주주 이외에 종업원, 정부, 지역사회 등 다수의 이해관계자와 긴밀한 관계를 형성하고 있다. 따라서 성공적인 기업승계는 단순히 기업 창업주와 후손들만의 문제가 아니며, 사회적이며 국가적인 문제라고 할 수 있다. 기업승계 과정에서 충분한 사전적인 승계전략 및 계획이 수립되지 않을 경우 가족 주주 간 갈등이 발생할 소지가 많다. 특히 승계관련 분쟁 과정에서 기업이 해체 또는 분할되는 경우가 많으며, 존속되더라도 기업가치가 크게 훼손되는 경우(Fan, 2013)가 많다. 실제로 전 세계적으로 볼 때 기업이 3세대까지 승계되어 존속하는 경우는 5~15%에 불과한 것으로 조사되고 있다(IFC, 2011).

　　기업승계 문제의 핵심에는 가족 주주 간 경영권 확보 등과 관련한 불화가 자리하고 있다는 점에서 가족 구성원 간 기업 승계 또는 경영권 승계와 관련하여

---

* 본 논문은 저자가 「경제질서저널」, 제20권 3호(2017년 9월)에 게재한 "가족협약을 통한 기업승계 해외사례 연구: 독일 Henkel과 프랑스 Mulliez를 중심으로"를 축약한 것이다.
** 서울여자대학교 경영학과 교수, sblee@swu.ac.kr

가족협약을 통한 EU기업의 승계 사례　223

협력적이며 합리적인 합의를 도출하는 것이 무엇보다 중요하다. 이러한 가족 주주 간 승계문제는 한 세대에서만 발생되고 없어지는 문제가 아니며, 여러 세대를 걸쳐서 계속적으로 발생될 수 있다는 점에서 장기적으로 가족 주주 구성원 간 합리적인 합의를 제도화하는 것이 필요할 수 있다.

이와 관련해서 EU 선진국에서는 가족협약이 기업의 승계와 장기적인 발전과 관련해서 다양하게 활용되고 있다. 특히 독일과 프랑스의 경우 가족 중심의 장기적인 기업 발전의 역사를 갖고 있다는 점에서 가족협약을 통해서 성공적인 기업 승계와 장기적인 발전을 이루고 있는 기업 사례를 분석하는 것이 필요하다.

성공적인 기업승계에 대한 해외사례에 대해서는 최근에 몇몇 연구(Nam, 2005; Lee, 2016; Lee, 2017)가 진행되었으나, 가족협약을 통한 기업승계 해외 사례에 대해서는 일부 연구에서 단편적인 소개(Lee, 2016)에 불과하였다는 점에서 보다 심도 있는 추가 연구가 필요하다. 이에 본 연구에서는 Lee(2016)의 연구에서 소개된 독일 Henkel의 '가족지분풀링협약(Aktienverbindungsvertrag; family share-pooling agreement) 사례를 보완하여 심도 있게 분석하고, 추가적으로 프랑스의 대표적인 가족 대기업인 Mulliez 그룹의 가족협약인 'Association Familiale Mulliez(AFM)' 도 분석한다.

.

2. Henkel의 가족협약을 통한 기업승계

2.1 Henkel의 현황 및 기업승계

독일 Henkel은 1876년 Friedrich Karl Henkel이 독일 아헨(Aachen)에 세제 생산공장인 "Waschmittelfabrik Henkel & Cie"라는 회사를 설립한 것을 필두로 140년 넘는 역사를 갖고 있는 독일의 대표적인 장수 기업이다. Henkel 그룹은 모회사인 "Henkel주식합자회사(Henkel AG & Co KGaA)"를 정점으로 전 세계 300여 개의 자회사를 둔 기업이다. 사업 분야는 세제 및 생활용품(laundry & home care),

화장품(beauty care), 산업용 접착제(adhesive technologies) 등 세 분야이다.

　　Henkel의 창업주인 Friedrich Karl Henkel(1848~1930)은 Fritz(1875~1930)와 Hugo(1881~1952) 그리고 딸 Emmy(1884~1941)에게 각각 4:4:2로 지분을 전액 상속하였다. 이후 Henkel 지분은 이들 2세대 3명 자녀의 자손들에게 세대를 걸쳐서 분할되며 상속된다. 이 세 자녀들의 자손들이 2017년 현재 약 150명이 넘으며, 소위 3대 지파(Fritz지파, Hugo지파, Emmy지파)를 구성하여 회사의 지분을 보유하고 있다(Bruck, 2009).

　　2세대의 자손 3명 중에서 경영에 직접 참여한 사람은 장남 Fritz와 차남 Hugo였다. Fritz는 경영학을 공부한 다음 Henkel의 경영관리분야를 담당했고, Hugo는 화학분야 박사학위를 취득한 다음 Henkel의 기술분야를 맡는 형태로 형제 간 이원적 경영체제를 유지했다.

　　3세대 자손 중에서 승계와 관련하여 주목할 인물은 2세대 Hugo의 차남인 Konrad Henkel(1915~1999)이다. 그는 1948년부터 Henkel에서 근무를 시작했고, 1949년부터 1956년까지 Henkel 제품 개발 책임자로 일했으며, 1961년부터 1990년까지 그룹 총수직을 수행했다. 그가 총수로 있던 기간에 기업승계와 관련된 중요한 사안들이 추진되었는데, 1975년 회사 형태를 유한회사에서 주식합자회사로 변경하였고, 1985년에는 Henkel을 프랑크푸르트 증시에 상장시키면서, 당시 약 80여 명의 자손들을 규합하여 가족지분풀링협약을 체결하면서 Henkel 가문에서 약 51% 지분율을 확보하여 기업승계와 경영권을 안정화시켰다(Hillmann, 2001).

　　4세대 자손 중에서 2세대 Emmy의 외손자인 Albrecht Woeste(1935~)가 승계와 관련해서 중요한 역할을 수행했다. 그는 1990년에 Konrad Henkel이 사망한 이후 Henkel 가문 구성원의 요청으로 Henkel주식합자회사의 감사이사회 의장 및 주주위원회 의장으로 취임하여 2009년까지 약 20년 동안 Henkel 가문을 대표하여 경영을 총괄하였다. 그는 2009년 그룹 총수 역할을 내려놓으며 5세대 후임 총수 선출에 적극적인 역할을 수행한다.

　　5세대 자손 중에서는 여성이자 2009년 당시 약관 40세에 총수에 오른

Simone Bagel－Trah(1969~)가 승계의 정점에 있다. Simone Bagel－Trah는 2세대인 Fritz의 외증손녀로 2009년 9월에 Albrecht Woeste의 주도하에 가족지분풀링협약에 따른 선출과정을 통하여 감사이사회 및 주주위원회 회장으로 선출되었다. 2017년 현재 Simone Bagel－Trah는 가족지분풀링협약에 참여하고 있는 약 150여 명의 자손들을 대표하여 Henkel그룹의 총수 역할을 해오고 있다.

Henkel의 지분이 5세대에 걸쳐 150여 명이 넘는 자손들에게 분산 상속되었지만 140년 넘게 장기적으로 안정적인 기업승계가 이루어질 수 있었던 이유는 바로 1985년에 체결된 가족지분풀링협약에 있다. 2018년 말 현재 이 가족지분풀링협약이 보유하고 있는 지분은 모두 61.12%로 안정적 지배구조를 갖추고 있다.

2.2 Henkel의 가족지분풀링협약을 통한 승계의 특징

Henkel 가족지분풀링협약은 Henkel가의 전설적인 지도자로서 "patriarch"라고도 불리는 3세대 그룹총수 Konrad Henkel이 1985년 회사의 주식시장 상장과 함께 가문의 지분 지배력 약화를 우려하여 당시 80여 명의 지분 보유 자손들을 설득하여 체결한 것으로 처음에는 50%를 약간 넘는 지배력으로 출범했다. 동협약은 1996년 4세대 총수 Albrech Woeste에 의해서 2016년까지 연장되었고, 2016년에 다시 2033년까지 연장되었다.[1]

가족지분풀링협약의 가장 핵심적인 내용은 협약에 참여하는 가족 구성원의 보유 지분을 매각하는 것을 협약에서 제한한다는 점과 회사에 대한 의결권 행사에서 협약에서 정한 절차에 따라 결정된 사항을 따르도록 한다는 점이다. 가족지분풀링협약은 기본적으로 계약이지만 그 자체로서 독일 민법상 조합으로서 법적 지위를 인정받고 있다(Roth, 2013). 독일 민법상 조합의 의사결정 방식은 기본적으로 만장일치 방식이지만, 조합에서 이를 달리 정한 경우 통상적으로 다수결의 원칙이 적용될 수 있다. 이러한 가족지분풀링협약의 법적 안정성을 토대로

---

1) http://www.henkel.com

Henkel은 그룹총수의 선출과 같은 중요한 의사결정에 있어서 150명이 넘는 가족주주 구성원 간 합리적 결정이 가능하게 하고 있다(Lee, 2016). 즉, 가족지분풀링협약을 통해서 장기적으로 안정적인 기업 승계 체계를 구축하고 있는 것이다.

가족지분풀링협약을 통한 안정적 지배구조 및 합의 체계, 경영 능력 검증 및 합리적 선출 절차 등이 원활한 기업승계를 가능하게 하는 하드웨어 요소라고 할 수 있다면, 가문 내 가족구성원 간 소통 증진 및 유대감 강화를 위한 가문 구성원들의 노력과 전통 또한 성공적 기업승계를 가져온 소프트웨어 요소라고 할 수 있다. 가문의 미래를 만들어갈 차세대 구성원 간 다양한 소통기회를 통한 유대감 강화를 위한 노력이 원활한 승계에 결정적인 영향을 미치는 것으로 평가된다(Bruck, 2009).

3. Mulliez의 가족협약을 통한 기업승계

3.1 Mulliez의 현황 및 기업승계

프랑스의 대표적인 가족 대기업 집단으로 대표 회사로는 대형 할인매장 체인 Auchan이 있으며, 소속 회사 중에 상장된 회사는 없어서 정확한 그룹 매출액 및 종업원은 발표되지 않으나 총 매출액 약 700억 유로, 종업원수 40만 명이 넘는 것으로 알려져 있다. Mulliez 가문은 200년 전부터 섬유 제조업에 종사해왔는데, 회사형태로는 창업주 Louis G. Mulliez-Lestienne(1877-1952)이 1903년 창업한 섬유 제조회사 Phildar가 그룹의 시초이다. 현재 Mulliez 그룹은 550여 명의 Mulliez 가문 구성원이 속해 있는 가족협약인 "Association Familiale Mulliez (AFM)"을 정점으로 여러 개의 하위 사업 그룹별로 수많은 회사들이 소속되어 있다(Bonner, 2014; Gobin, 2007).

창업주 Louis G. Mulliez-Lestienne가 사망하고 3년 뒤인 1955년에 자손들은 여러 사업체에 대한 상속과 관련하여 사업체들에 대한 공동 소유를 목적으로 가족협약인 "AFM"을 창설하게 되는데, 이 AFM이 Mulliez 그룹 지배구조의 정점에 있게 된다.[2] AFM의 운영원칙은 편입된 회사의 지분을 모든 구성원이 동등하게 분할하여 소유한다는 것이다. 가문 구성원이 새로운 기업을 설립하여 AFM에 소속된 형태로 운영하고자 할 경우 이를 AFM에 신청하여 AFM이 지분 참여를 결정하고, 가문 구성원들이 지분에 참여한다. 가문 구성원이 설립한 회사로 AFM에 속하게 되는 신규 회원사의 지분을 여러 가문 구성원이 매입할 수 있는 기회를 매년 3월에 제공하게 된다.

AFM 회원사의 AFM 가입 및 탈퇴는 7명의 이사로 구성된 AFM 이사회에서 결정한다. 이사들은 AFM의 회장을 선임하며, AFM 회장의 임기는 4년으로 연임할 수 있다. 이사들의 임기가 4년이므로 매 4년마다 AFM 이사를 가문 구성원들이 선출한다. AFM 소속 회사를 최소 4년 이상 경영했던 가족 주주 4명의 추천을 받아야 이사 후보자가 될 수 있다. AFM 이사회는 AFM 보유 모든 재산을 관리한다. 현재 AFM 회장은 Gerald Mulliez의 조카인 Thierry Mulliez이며 2006년 이후 계속 회장직을 수행해 오고 있다. Gerald Mulliez가 13명의 자녀를 두었지만 그의 조카가 2006년 이후 계속 AFM 회장직을 수행한다는 사실은 AFM이 가문 내 공동 가치를 얼마나 잘 추구하고 있는지를 보여주는 사례이다.

3.2 Mulliez의 가족협약을 통한 승계의 특징

AFM에 편입된 회사의 지분은 자손들이 동등하게 분할하여 소유하게 되며, 각 구성원별로 지분을 상속하여 승계하는 독특한 체계를 갖추고 있다. 이러한 균등소유 및 승계 방식은 두 가지 측면에서 전통적 방식과 차이가 있다(Bonner, 2014).

첫째, 가장 많은 기여를 한 가족 구성원이 가장 많은 지분을 갖는다는 것이 논리적인 것 같지만, Mulliez 가문 자손들은 이렇게 생각하지 않는다. 이러한 접

---

2) https://fr.wikipedia.org/wiki/Association_familiale_Mulliez

근은 단기적으로는 맞는 논리이지만 장기적으로는 분열을 조장할 수 있다고 생각하고 이를 받아들이지 않고 지분은 균등 소유하는 원칙을 세웠다.

둘째, Mulliez 가문이 거주하는 프랑스 북부 지방의 상속 전통은 남자는 가업을 승계하고 여자는 부동산을 승계하는 것이었는데, Mulliez 가문은 이를 받아들이지 않고 여자들도 동일하게 사업체의 지분을 승계하도록 하였다.

AFM 협약은 지난 60년 동안 아주 효율적이었다고 평가되고 있다. 그러나 이를 모방하는 기업 집단이 나타나지 않은 것은 이를 실행하는 것이 거의 불가능하기 때문이다. 현재 회장인 Thiery Mulliez가 말하길 "이 시스템이 작동하려면 공평에 대한 강력한 열망이 있어야 한다. 공유한다는 것은 항상 어려운 일이다. 더구나 모든 것을 공유한다는 것은 더 어려운 일이다. 내가 강조하고 싶은 것은 이 협약을 실행을 원했던 사람은 부모들이 아니라 자녀들이었다는 점이다. 바로 이 점이 이 협약이 성공하게 된 요인이라고 생각한다. 그들은 이 해결 방안을 그저 따른 것이 아니다. 그들이 스스로 선택한 것이다"(Gobin, 2007).

Mulliez는 철저한 가문 구성원 순혈주의를 표방하여 Mulliez 가문의 후손만이 AFM 소속 회사들을 통제할 수 있는 지분(AFM 회원사가 되면서 정한 AFM 통제 지분)을 보유할 수 있다(Gobin, 2007). 예를 들어 AFM의 핵심 기업인 Auchan은 1961년 AFM의 회원사가 되면서 84%의 지분을 AFM 통제 지분으로 정했으며, 이 지분을 AFM 회원인 가문 구성원들이 균등하게 보유할 수 있는 기회가 주어졌던 것이다.

만약, 가문 내에서 특정 AFM 회원사의 통제 지분을 강화하고자 하는 가문 구성원이 있을 경우 가문 내 다른 구성원에게서 매입할 수 있는 가족 내부 지분 거래 시스템을 갖추고 있다. 그러나 이 AFM 통제 지분을 AFM 외부로 매각하는 것은 허용하고 있지 않다. 유동성 문제 때문에 가문 구성원이 AFM 소속 특정회사의 지분을 매각해야 하는 상황이 있더라도 매각은 오직 다른 가문 구성원에게만 매각할 수 있다. 팔아서 그 돈으로 더 좋은 일을 할 수 없다고 생각하기 때문이다. 기본적으로 Mulliez 가문의 구성원들은 주식시장이 기업의 매춘과 동일하다는 인식을 갖고 있다. 기업을 팔려고 세운다는 생각을 갖고 있지 않다. 자녀들에게 책임과 함께 물려주기 위해서 기업을 세워나간다는 인식을 갖고 있다. 기업을 만들어 나간다는 것은 아이를 갖는 것과 똑같다고 생각한다(Bonner, 2014).

유럽의 다른 대기업에서 나타나는 가족협약과 AFM의 가장 큰 차이는 소속 회원사에 대해서 독립적인 경영을 보장한다는 점이다(Gobin, 2007). 동일한 주주를 두고 있지만 개별 기업들의 운영은 AFM의 통할을 받지 않는다는 점을 의미한다. 각 개별기업이 스스로 전략을 수립하여 실행하고 주주들은 어떠한 제약도 두지 않는다. AFM은 소속 회원사의 경영진 승인만 할 뿐 경영에 대해서는 경영진에게 자율권을 보장한다. 이러한 소속 회원사 경영의 자율성은 특정 소속 회원사가 손실을 보더라도 다른 건실한 소속 회원사들에게 전이되지 않도록 보장한다. 가족들이 일련의 여러 기업들을 통합하여 소유하는 것이 아니라 같은 기업들의 지분을 보유하는 소유자 그룹이 가족인 것이라는 개념으로 기업의 성장과 승계가 이루어진다.

현재 AFM에 소속된 Mulliez 가문 구성원은 약 550명으로 알려져 있다. Mulliez 가문은 독실한 가톨릭 신도들로 많은 자손을 두었다. 가문의 구심점이자 Auchan을 일군 3대 Gerald P. Mulliez도 13명의 자녀를 두었다. 이들 자녀들도 역시 많은 자녀를 두고 있는데, 그 중 세 명은 각각 7명의 자녀를 두고 있는 등 많은 자녀는 가문의 전통이다. 다수의 자손이 있다는 것은 기업 승계 과정에서 재산을 분할해야 한다는 단점도 있을 수 있지만, 그 중에서 우수한 경영능력을 갖춘 차세대 기업 경영자가 나올 가능성이 그만큼 높아진다는 장점도 있다.

차세대 가문 인재 양성을 위한 AFM의 하나의 특징은 소속 회원사 내에서 가문 구성원에게 보장된 자리가 없다는 점이다(Gobin, 2007). 중요한 것은 가문 구성원에게 어떤 자리를 보장하지 않고, 그 자리에 가장 적임자를 임명할 뿐이라는 점이다. 따라서 모든 가문 구성원들이 소속 회원사에서 일하지는 않는다. 기업을 경영하고 운영하는 것을 배우길 원하는 가족 구성원을 위해서 AFM은 고도의 훈련 프로그램을 운영하고 있다. 가문의 정신과 원칙에 근거하여 AFM 협약은 차세대에 대한 엄격한 교육으로 구현되고 있으며, 가문의 주요 가치관을 함께 강조하고 있다.

프랑스의 어느 동네를 가더라고 Mulliez 가문이 운영하는 사업체를 볼 수 있지만, 실제 Mulliez 가문 사람들은 철저하게 뒤에 숨긴다(Bonner, 2014). 뭔가 달라 보임으로써 자신들의 위치를 재확인 받고 싶어 하지 않는다. 사회에서 특권 의식이라고는 전혀 나타내지 않으며, 정부나 정치인을 상대로 하는 로비도 거의 하지 않는 것으로 유명하다. 그러나 가문 내에서 사업과 관련된 이슈를 논의하는 곳에서는 지나칠 정도로 치열하게 토론하는 것으로 알려져 있다. 그러나 그러한 토론은 분열이 아닌 결국 합의로 귀결되고 항상 Mulliez 가문 전체를 위한 결론 으로 통합된다고 한다(Gobin, 2007).

4. 가족협약을 통한 기업승계의 장점 및 성공조건

Henkel과 Mulliez의 기업승계 사례는 모두 가족협약의 체결을 통하여 이루 어졌으며, 앞으로도 가족협약을 통해서 이루어질 것이다. 두 기업 모두 100년이 넘는 기업 역사를 갖고 4~5대에 걸쳐서 수백 명의 자손들에게 기업의 지분이 분 산되어 승계되고 있지만, 가족 구성원들은 여전히 그룹에 대한 지배력을 아주 안 정적으로 유지하면서 기업을 계속 발전시켜오고 있음을 알 수 있다. 두 사례에서 확인된 가족협약 기업승계의 장점과 성공조건을 살펴보자.

4.1 가족협약을 통한 승계의 장점

4.1.1. 승계 과정에서 지배력 분산 방지를 통한 기업 연속성 위험 최소화

가족협약은 기업승계과정에서 자손 지배력 분산을 방지함으로써 기업 연속 성 위험을 최소화할 수 있다. Henkel과 Mulliez의 가족협약이 출범한 시기는 각 기업의 역사상 가장 중요한 시기였는데, 두 경우 모두 지배력 분산이냐 아니면 지배력 결집이냐의 결정 시점에 협약을 체결하고, 이를 중심으로 가족들이 결집 하게 되었다. Henkel의 경우 그룹 모회사의 지분을 보유하고 있는 가족구성원이

3세대까지의 지분상속 과정을 통해서 80여 명을 넘어선 상황에서 1985년 기업 공개를 추진하게 되었고, 이 과정에서 가족의 과반 지분율 유지가 필요했다. 이 과정에서 가족지분풀링협약이 체결되어 가문의 지분율이 51%가 되면서 안정적인 기업 존속을 담보할 수 있었다. Mulliez그룹의 경우 1세대 창업주가 사망한 시점에 각기 규모는 작았지만 다양한 사업체가 있었는데, 11명이나 되는 많은 자녀들이 이 사업체들을 어떻게 상속할 것인지에 대해서 논의하였다. 논의의 핵심은 여러 회사들을 나누어 가질 것인가 아니면 모든 자손들이 공동 소유할 것인가 하는 점이었고, 후자의 방식으로 결정되면서 이를 구현할 수 있는 방안으로 모든 가족구성원이 모든 사업체를 대를 이어서 공동 소유할 수 있는 방안으로 가족협약인 AFM이 체결한 것이다. 이 협약을 통해서 모든 가족의 공동소유라는 독특한 구조로 지배력을 결집시켰고, 그룹 내 회사 지분에 대한 매각, 상속, 증여는 가족구성원끼리만 하도록 제한함으로써 기업 존속 위험을 제거하였다.

4.1.2. 가족 최고 경영자에 대한 합리적 선임 과정을 통한 안정적 경영권 승계

가족협약은 가족 최고 경영자 선임 과정에서 합리적 절차의 토대를 제공함으로써 안정적인 경영권 승계를 가능하게 하였다. 가족 지분이 결집되어 안정적인 지배력을 확보하였다 하더라도 가족들을 대변하여 그룹의 핵심 경영을 담당할 대표 경영자를 선임하는 경영권 승계 과정에서 갈등이 발생할 소지가 큰 것이 사실인데 가족협약이 이 과정을 합리적으로 처리할 수 있는 토대를 제공할 수 있다. Henkel과 Mulliez의 다양한 가족 구성원을 대신하여 기업을 성공적으로 경영할 가족 경영자 선임과정에서 모두 가족협약이 중요한 역할을 하고 있다. Henkel의 경우 제5대 그룹 총수의 선임을 위해서 가족지분풀링협약에 의거하여 가족주주 대표 5인과 외부인사 5인 등 총 10명으로 구성된 선임위원회를 진행하였고, 가족 주주 중 5인의 후보자를 놓고 선임절차를 진행하여 현 총수인 Simone Bagel – Trah의 선임을 통해 경영권을 안정적으로 승계하였다. Mulliez는 AFM이 그룹의 정점에서 가족들이 보유하고 있는 모든 지분을 관리하는 역할을 수행하는데, AFM 자체 이사회 회장의 선임 절차도 협약에 따르며, 소속회사의 주요 가족 경영자 선임 과정도 협약에 따른 능력 검증 원칙을 적용하고 있다. 이러한 방식을 통해 전체 그룹의 경영권 및 개별 소속 회사의 경영권의 승계 과정이 안정적으로 진행되도록 하고 있다.

4.1.3 가족 주주의 이해에 대한 상시적 조정을 통한 승계 과정 갈등 예방

가족협약은 가족 주주의 다양한 이해 상충을 상시적으로 조정함으로써 20~30년마다 발생하는 기업 및 경영권 승계 과정에서 나타날 수 있는 갈등을 사전에 예방하고 있었다. Henkel과 Mulliez 모두 가족협약은 지분 승계 및 경영권 승계 등 수십 년마다 한 번씩 있는 승계 과정에서만 작동되는 것이 아니라 상시적으로 가족 주주들의 다양한 이해관계를 조정하는 역할도 수행하고 있다. 이를 통하여 부정기적인 지분 및 경영권 승계 과정에서 발생할 수 있는 첨예할 갈등을 사전에 예방하고 있었다. Henkel의 경우 가족지분풀링협약에 의거하여 매년 가족총회를 개최하며, 모임에서 가족 주주들은 세 지파별로 그룹경영에 대한 주주 의견을 수렴하여 발표하는 형태로 공식적인 의견 조정을 상시적으로 진행하고 있다. 또한 Henkel Family Office(HFO)를 통하여 가족 주주들의 자산 관리, 세무 지원, 금융 지원 등의 지원 활동을 상시적으로 수행하고 있다(Bruck, 2009). Mulliez의 경우에도 AFM이 새로운 가족 구성원의 가입, 참여 신청 가족 기업에 대한 결정, 각 소속회사에 대한 가족 경영진 선임 등 다양한 가족 주주들의 이해관계 문제를 상시적으로 처리하고 있다.

4.2 가족협약을 통한 성공적 기업승계의 조건

4.2.1 가족협약의 출범 및 정착을 위한 가문 내 리더십 형성 및 발현

가족협약을 출범시키고 정착시키기 위해 가문 내 리더십 형성 및 발현이 필요하다. Henkel과 Mulliez 모두 많은 상속자들이 있는 상황에서 가족협약 체결을 주도했던 가부장적 리더가 있었고, 그 리더십은 회사에 대한 가족들의 이해를 하나로 결집시키는 방향으로 발현되었다. Henkel의 경우 3세대 Konrad Henkel

의 리더십이 성공적인 가족협약의 체결에 결정적인 역할을 수행했다. 그는 가족 경영인 중 가장 탁월한 역량을 발휘하여 회사를 크게 성장시키며 Henkel의 Patriarch로 불리었다. 그의 가문 내 리더십을 보여주는 예화로 그는 시간이 있을 때마다 Henkel 가문의 수많은 어린 후손들을 Henkel 공장으로 데려와서 함께 놀아주면서 가업과 가문의 전통에 대해서 후손들이 몸으로 직접 느끼도록 해주었다고 한다. Mulliez의 경우에도 2세대 Gerald Mulliez의 리더십이 중요한 역할을 했다. 그는 부친인 창업주의 주요 업종인 섬유분야가 프랑스에서 퇴조하는 트렌드를 간파하고 과감하게 유통분야에 진출하여 그룹의 성장을 주도하는 등 탁월한 경영능력을 보였다. 그는 부친의 사망 이후 10명의 다른 형제 자매들과 사업체들에 대한 상속문제 논의를 주도하면서 AFM 체결을 이끌어냈다. 특히 그는 자신의 경영역량과 그룹 성장에 대한 큰 기여에도 불구하고 다른 모든 가족들의 합의를 이끌어내기 위해서 평등 공동 상속 원칙을 가족협약의 핵심가치로 도출하는 리더십을 보여주었다.

4.2.2 가족 주주들의 다양한 이해를 반영할 주요 원칙의 도출과 합의

가족주주들의 다양한 이해를 반영하고 모두에게 이익이 돌아갈 수 있는 가족협약의 주요 원칙을 도출하고 합의하는 것이 필요하다. Henkel과 Mulliez의 가족협약의 핵심적인 기능은 가문이 보유하고 있는 지배력이 외부로 유출되는 것을 방지하는 데 있지만, 여러 가족 구성원들의 다양한 이해를 반영하는 다른 원칙들도 협약에 포함시켰다. Henkel의 경우 가족 구성원이 재정적으로 어려운 경우 지분을 다른 구성원에게 매각할 수 있도록 하였으며, 2세대인 세 명의 형제 자매를 기원으로 하는 지파별 의견 반영 원칙 등이 있다. Mulliez의 경우 가문 구성원이 새로운 회사를 설립하여 AFM 소속으로 편입시키길 원할 때, AFM 모든 구성원이 동등하게 분할하여 지분을 소유한다는 기본 원칙을 적용하고 있지만, 개별 회사별로 AFM 지분은 다르게 가져갈 수 있도록 하고 있다. 또한 가족 구성원들은 각자의 판단하에 AFM 편입 회사 지분 매입 여부를 결정할 수 있는 등 다양한 이해를 반영하는 원칙들도 주주협약에 반영하고 있다.

4.2.3 기업경영 관련 가족 주주 의견수렴 및 의사결정과 관련한 합리적 절차 마련

기업경영적인 측면에서 가족 주주들의 의견수렴 및 의사결정의 합리적인 절차를 규정하여 운영하는 것이 필요하다. 특히 가족 최고 경영자의 선임 및 가족 인재의 등용에 있어서 가족 주주들의 다양한 의견을 수렴하고 이를 반영하여 결정하는 합리적인 절차가 반드시 필요하다. 이는 그룹 전체의 경영권 승계나 주요 가족 경영진 직책 임명 등에 대해서 가족 구성원들의 수용이 중요하기 때문이다. Henkel의 경우 5세대 그룹 총수를 선임하는 과정에서 볼 수 있었듯이 회장선임 위원회를 가족 주주 대표 5인과 외부 인사 5인 등 총 10명으로 구성하여 가족 구성원 중에서 후보자를 추천받고, 가족 주주들의 의견을 수렴하고 후보자들의 의지 등을 파악하여 최종적으로 선정하는 절차가 진행되었다. Mulliez는 가족 구성원이라는 이유로 소속회사의 특정 경영 직책을 맡기는 것을 원천적으로 차단하고, 철저한 능력검증 절차를 통하여 임명하고 있다.

4.2.4 가문 구성원의 공동체 의식 및 유대감 강화를 위한 다양한 노력

가문 구성원 모두가 하나의 공동체라는 인식을 형성하기 위한 유대감 강화 노력이 지속적으로 이루어질 필요가 있다. 가문 구성원 서로가 서로에게 소중하고 필요한 존재이며 함께 한 배를 탄 운명 공동체라는 인식이 강하게 형성되기 위한 가문의 문화 형성에 적극적으로 노력하는 것이다. Henkel의 경우 가문의 전설적 지도자였던 Konrad Henkel이 어린 후손들에게 보여주었던 가문 공동체 전통을 기초로 가문의 구성원들의 일체감 및 유대감을 증진시킬 수 있는 세대 간 또는 세대별 다양한 모임과 행사 등을 운영해오고 있다. 특히, 어려서부터 비슷한 연령대별 구성원들이 참여하는 여러 모임이나 행사들을 통하여 친밀도를 높이고, 이를 통해 후일 왕성한 활동을 전개할 시기에 서로를 이해하고 함께 협력할 수 있는 토대를 형성하고 있다. Mulliez의 경우도 550명이 넘는 가족 구성원 간 유대감 형성을 위해서 노력하고 있다. 특히 선대 가족 구성원들의 가문 발전을 위한 노력과 기업 경영과 관련한 성공한 이야기들이 전설이 되어 후대 자손에게 공유되도록 하고 있으며, 가문의 구성원들이 의식적으로 가문의 원칙, 가치, 철학 등을 공유하기 위한 다양한 활동을 전개해 오고 있다.

5. 결론

본 연구에서는 독일의 Henkel 그룹과 프랑스의 Mulliez 그룹이 모두 100년이 훨씬 넘는 기간 동안 4~5세대에 걸친 성공적인 기업승계를 통하여 발전해온 사례를 가족협약을 중심으로 분석하였다. Henkel의 경우 1985년에 그룹의 모회사인 Henkel 주식합자회사의 기업공개가 이루어지면서 '가족지분풀링협약'의 체결을 통하여 51%의 가족 지배력이 결집될 수 있었으며, 이를 통하여 그룹의 안정적인 지배구조 구축과 함께 차세대로의 경영권 승계가 성공적으로 이루어지게 되었다. Henkel의 가족지분풀링협약은 2차례의 연장을 통하여 2033년까지 유효한 상황이다. 현재 150명이 넘는 자손들이 참여하고 있으며, 모회사 Henkel주식합자회사 지분의 61.02%를 보유하고 있다.

국내 대기업 중에서 Henkel이나 Mulliez와 같은 가족협약을 통해서 기업승계와 장기적인 발전을 이끌어내고 있는 경우는 아직 발견되지 않고 있다. 이는 기업 성장의 역사와 기업 및 경영권 승계와 관련된 사회문화적 차이에 기인한다고 평가된다. 그러나 국내 대기업들이 기업승계와 관련하여 자손 간 갈등과 분쟁으로 많은 사회적 비용을 치르고 있다는 점에서 독일과 프랑스의 대표적인 기업이 활용한 가족협약을 통한 승계 방식에 관심을 갖고 한국적 상황에 적용할 수 있는 방안을 모색하는 노력이 필요해 보인다. 특히, Henkel의 '가족지분풀링협약'의 경우 독일 민법상 조합의 지위를 보장받고 있는데, 협약자체도 단순한 계약 차원을 넘어서 제도적 틀 안에서 작동되고 있다는 점을 고려하여 우리나라에서도 이러한 가족협약이 사용되기 위한 제도적 여건을 정비해 나가는 것도 필요하다고 판단한다.

참고문헌 ···

Bonner, W, (2014), *6 Success Secrets of a $22−Billion Family*, 2014 (http://bonnerandpartners.com/6−success−secrets−of−a−22−billion−family/)

Bruck, M. (2009), *Simone Bagel−Trah. Die Henkel−Erbin ubernimmt den Oberbefehl über Clan und Konzern*, http://www.wiwo.de

Fan, J. P. (2013), *The Great Succession Challenge of Asian Business*, Honk Kong.

Gobin, B, (2007), *All for One: The Mulliez Dynasty's Secret Pact*, 2007, (http://www.campdenfb.com/article/all−one−mulliez−dynastys−secret−pact).

Henkel (2015), *Corporate Governance at Henkel AG & Co. KGaA.* http://www.henkel.com/

Hillmann, K. (2001), *Familie Henkel − Milliarden mit Megaperls*, Spiegel Online vom 17. Marz 2001

(http://www.spiegel.de/wirtschaft/die−reichsten−deutschen-familie −henkel−milliarden−mit−megaperls−a−123089.html).

IFC (2011), *IFC Family Business Governance Handbook*, Washington D.C.

Lee, S.B. (2016), *Business Succession Cases in the U.S., Netherlands, and Germany ant Its' Implications to Korea*, KERI Policy Research 2016−17.

Lee, S.B. (2017), A Case Study of BMW Equity Succession and It's Policy Implication to Corporate Succession in Korea, *Korean Journal of Economics and Management*, 35(2), pp. 21−40.

Lee, Y.J. (2009), Eine Untersuchung der KGaA im detuschen Recht, *Han Yang Law Review*, 25, pp. 419−441.

Nam, Y.H. (2005), A Study on the Succession Planning In Korean Family Businesses, *Review of business & economics* 18(1), 57−78.

Roth, M.. (2013), Shareholders' Agreements in Listed Companies: Germany, *RULES Research Unit Law and Economics Studies*, Paper No. 2013−9, Universita Commerciales Luigi Bocconi.

프랑스 개인훈련계좌제도로부터의 교훈*

옥우석**

1. 서론

    최근 비전통적이고 비전형적인 근로형태와 계약들이 증가함에 따라 노동시장의 작동방식은 심대한 변화를 경험하고 있다. 특히 평생 직업훈련 지원과 관련하여 근로자의 종사상 지위에 연계된 전통적인 고용주 주도 지원체계는 훈련기회의 불평등성 및 고용주 훈련투자 감소 등 근본적인 한계를 노정하고 있다. OECD, ILO, EU 등 다수 국제기구를 중심으로 개인학습계좌제도(ILA: individual learning accounts)와 같은 근로자 주도 평생교육지원체계 도입의 필요성이 제기되는 것은 이러한 우려에서 출발한다고 할 수 있다(OECD, 2019; EC-VPL, 2020; European Commission, 2021). 많은 나라들이 전국 또는 일부 지역을 대상으로 개인주도형 훈련지원 제도를 도입하여 시행하고 있지만, 이들 중 진정한 의미에서 "개인학습계좌"라고 할 수 있는 제도는 프랑스의 개인훈련계좌(CPF: Compte Personnel de Formation)가 유일하다고 할 수 있다(OECD, 2019).

    프랑스에서는 제2차 세계대전 후 호황이 종식된 후 발생한 고용 불안정성

---

  * 「EU학연구」 제26권 제3호(2021년 12월 발간)에 게재한 연구를 축약, 수정하였다.
 ** 인천대학교 글로벌정경대학 무역학부 교수, wooseokok@inu.ac.kr

및 분절 노동시장의 심화, 그리고 보다 최근의 새로운 고용 형태 확산에 따른 비임금근로자 증가 등과 같은 현상에서 볼 수 있듯이 고용 안정성이 전반적으로 악화되는 경향을 보인 반면, 전통적인 고용주 의무 분담금 시스템(train−or−levy)하에서 취약 근로자들은 취업 기회의 제약이 훈련 참여 기회의 제약으로 이어져 직업경력 단절 위험의 악순환 현상이 반복되어 왔다. 이러한 문제에 대처하기 위해 프랑스는 1970년대 개인훈련휴가제도(CIF: Congé Individuel de Formation)를 도입한 것을 기점으로 하여, 개인주도 훈련 지원체계를 발전시키기 위한 꾸준한 노력을 진행하여 왔으며, 2015년 개인훈련계좌제도 도입을 통해 고용주 주도 훈련지원에서 개인주도 훈련지원으로 전면적인 방향 전환을 꾀하였다(France Stratégie, 2015).

한국도 직업훈련 개인지원의 개념이 처음 도입된 2009년 이래, 2015년 내일배움카드제 도입, 2020년 국민내일배움카드제도 도입 등 개인주도 훈련 지원체계를 발전시키기 위해 꾸준한 노력이 진행되어왔다(장신철, 2020). 최근에는 2021년 8월, 「근로자 직업능력 개발법」이 「국민 평생 직업능력 개발법」으로 개정되어 종사상 지위 등과 관계없이 모든 국민에 대하여 평생에 걸친 직업 능력 개발을 폭넓게 지원하기 위한 법적 기반이 마련되었다(일자리위원회, 2021). 하지만, 한국의 직업훈련 개인 지원 제도는 진정한 의미의 계좌제라기보다는 바우처 방식이라고 할 수 있으며, 온전한 형태의 개인 학습 계좌에 도달하기에는 불충분한 점이 많다고 할 수 있다. 이에 따라 최근에는 근로자들의 훈련에 대한 권리가 보험원리를 탈피하여 하나의 사회적 권리로 인정되어야 한다는 주장도 제기되고 있다. 프랑스의 개인훈련계좌제도는 정책 설계 및 제안을 위한 중요한 참고사례로 활용되고 있다(김안국 외, 2018; 김안국, 2019; 최영섭 외, 2019; 장신철, 2020; 옥우석, 2021).

본고에서는 프랑스의 개인훈련계좌제도를 전체적인 관점에서 분석하고 평가함으로써 한국의 평생훈련 지원체계 정책 설계를 위한 시사점을 도출하고자 한다. 이를 위해 먼저 평생직업훈련의 시장실패 요인에 대한 이론적 분석에서 출발하여 훈련 지원 체계가 고용주 주도에서 근로자 주도로 이행할 때 필요한 조건들에 대해 논의한 후, 구체적 사례로 프랑스 개인훈련계좌제도 관련 법제 및 정책 연구자료들의 분석을 통해 이들 제도적 조건들을 충족하기 위한 다양한 정책적 시도들을 소개하고 평가할 것이다.

2. 개인훈련계좌제도의 이론적 취지에 대한 검토

고용주와 근로자 개인의 평생 직업훈련에 대한 투자가 부족한 이유는 시장의 불완전성 또는 시장실패 때문이며, 이는 아래 〈표 1〉과 같이 요약, 정리할 수 있다(Ok and Tergeist, 2003).

표 1 | 직업훈련 시장의 실패

시장실패의 유형	주요 원인	결과	훈련에 대한 효과	
			공급	수요
자본시장 실패	담보의 결핍	대출자가 없거나 지나치게 높은 이자율		-
	도덕적 해이 발생 가능성	가입 가능한 보험의 부재		-
노동시장 불완전성	근로자 능력에 대한 정보비대칭성	고용주 수요독점력 및 한계생산성 이하의 훈련생 보수	+	
	가로채기 외부성	범용 훈련에 대한 과소투자	-	
훈련시장 불완전성	훈련 내용 및 질에 대한 정보비대칭성	가격신호의 부재		-
조정실패	신기술/인적자본 간 상호보완성 구인/훈련 간 상호보완성	저숙련-저급 기술의 덫 저숙련-나쁜 일자리의 덫		-

출처: Ok & Tergeist(2003)

문제는 이러한 직업훈련 시장실패의 부정적 효과는 저숙련 근로자들에게 더 강하게 나타난다는 점이다. 지나친 단순화를 무릅쓰고 말한다면, 기존 훈련 지원체계에서는 이러한 시장의 실패를 완화하기 위해, 재직자에 대해서는 고용주에 의무를 부과하거나 유인을 제공함으로써 종업원 훈련을 장려하는 한편, 실업자에 대해서는 공공 고용서비스를 매개로 훈련을 지원하는 이분법적 접근을 취하여 왔다고 할 수 있다. 하지만 전통적인 고용주 주도 방식의 재직자 훈련 지원체계

표 2 | 고용주 주도 훈련의 한계와 근로자 주도 훈련으로의 이행의 주요 조건

	고용주 주도 훈련지원의 한계	근로자 주도성 확보를 위한 조건
훈련권의 귀속	고용주와의 근로계약 → 근로계약 단절 시 훈련기회도 단절 → 비정형근로 등 훈련 사각지대 발생	종사상 지위와 관계없는 개인적 권리 보장 → 훈련 사각지대 해소 필요 → 이·전직, 실직 시 훈련권 이동 보장 필요
훈련기회의 제공	내부시장 및 노동시장 분절화로 인한 고숙련 핵심근로자 중심 훈련 → 저숙련·단순업무 근로자에 대한 훈련 과소투자 → 중소기업 근로자에 대한 훈련 과소투자	근로자 개인이 취득한 훈련권 활용 → 근로자 훈련권 활용 자율성 보장 필요 → 근로자의 금전적/시간적 제약 해소 필요
훈련과정 선택	기업특수적 숙련 중심 → 근로자의 취업능력보다는 기업 내 활용성에 초점 → 훈련 공급자 중심의 훈련과정 선택	근로자 취업능력 중심 → 취득 숙련의 사회적 인정 확대 필요 → 근로자의 정보 제약 해소 필요

로는 훈련 과소투자 및 근로자 그룹별 훈련 기회 불평등 확대 등의 문제를 해소하기에는 역부족이었다는 지적이 제기되어 왔다(Fourcade et al., 2017). 가장 먼저, 고용주 주도 직업훈련 지원체계에서는 훈련의 권리가 현 직장에서의 근로계약과 연계되어 있어, 근로계약이 단절되는 경우 훈련 기회도 단절될 뿐만 아니라, 비정규직, 비정형 근로 등 훈련 기회의 사각지대가 광범위하게 존재할 수밖에 없다. 둘째, 고용주는 숙련 향상이 기업의 생산성과 직결되어 있는 고숙련 핵심 근로자에게는 상대적으로 풍부한 훈련 기회를 제공하는 반면, 자본이나 다른 근로자로의 대체가 용이한 단순업무 종사 저숙련 근로자들에 대해서는 훈련 지원에서 배제하려는 경향이 크다. 또한 종업원의 이직을 억제할 수 있는 능력이 상대적으로 큰 대기업과 그렇지 못한 중소기업 간 훈련기회의 격차도 무시할 수 없다. 마지막으로, 훈련과정의 선택에서도 고용주 주도 훈련 지원 체계에서는 근로자들의 이·전직에 대비한 훈련보다는 기업 특수적(firm-specific) 훈련에 집중할 가능성이 크며, 따라서 직장 이동의 위험에 처한 근로자가 현 직장에서 취득한 숙련의 가치와 활용 가능성은 직장 이동 후에는 현저하게 감소할 가능성이 크다고 할 수 있다(표 2).

개인훈련계좌제도의 근본적인 취지는 근로자 직업훈련 지원 체계를 고용주

주도에서 근로자 주도로 전환함으로써 공급측 시장실패의 부정적 효과를 극복하자는 것이다. 이때, "계좌"를 통하여 훈련의 권리를 "축적"할 수 있다는 사실은 훈련권에 대한 근로자의 "소유권(ownership)"을 확립함으로써, 직업훈련 참여기회를 시혜나 지원이 아닌 근로자의 개인적 권리로 확립하는 데 매우 중요한 역할을 한다고 할 수 있다. 그런데 근로자 훈련 지원의 사각지대가 존재하거나 직장이 변화할 때 과거 축적한 훈련권을 활용할 수 없다면 개인 주도성의 의미는 심하게 감소할 수밖에 없다. 개인주도성은 근로자가 보유한 권리를 종사상 지위나 직장의 변화가 발생하였을 때도 여전히 행사할 수 있을 때 온전하게 발휘되기 때문이다. 요컨대, 개인훈련계좌는 훈련 참여 결정에서 개인 주도성과 훈련참여 권리의 보편성 및 이동성(portability)을 확립함으로써, 고용주 주도 훈련 지원 체계에서 팽배해 있던 훈련에 대한 과소투자와 근로자 그룹별 훈련 기회의 불평등 문제를 해결하기 위해 도입된 제도라고 할 수 있다. 이렇게 볼 때, 개인주도성, 보편성/이동성 및 훈련기회 격차 해소는 개인훈련계좌제도의 근간을 구성하는 가장 중요한 요소들이라고 할 수 있다.

이렇듯 개인훈련계좌제도는 공급 측면의 시장실패는 어느 정도 완화할 수 있지만, 수요 측면의 시장실패를 해결하기에는 충분하지 못하며, 따라서 이에 대한 보완책이 필요하다고 할 수 있다.

가장 먼저, 개인, 특히 훈련 기회가 적은 취약 근로자들의 자기 주도적인 훈련 참여 결정에서 흔히 지적되는 문제는 정보 비대칭성과 관련된 것이다(Fourcade *et al.*, 2017; Perez and Vourc'h, 2020). 정보 비대칭성에 의한 부정적 효과는 훈련기회가 더 적은 근로자들에게 집중되어 있을 가능성이 크다. 한편으로는 취약 근로자들일수록 적합한 훈련과정과 기관에 대한 정보가 적을 가능성이 크고, 다른 한편으로는 근로자 능력개발과 관련된 노사문화가 정착된 기업 내에서 근로자 훈련에 대한 정보가 더 많이 제공되기 때문이다(Deschamps, 2012). 이러한 의미에서, 특히 저숙련 근로자들의 개인훈련계좌 훈련 참여를 유도하기 위해서는 제도 도입만으로는 불충분하고, "참여 결정을 가능하게 하는 환경들(enabling environments)"이 중요하며, 이들 환경 중 가장 중요한 요소가 지도·상담 서비스와 관련된 다양한 조치들이라고 할 수 있다(Gautié & Perez, 2012).

둘째, 특히 전직훈련 등 시간과 비용이 많이 소요되는 경우, 개인 주도적 지원제도 도입만으로는 근로자들의 훈련 참여에 대한 시간 및 재정적 부담을 해소하기는 어렵다. 많은 OECD 국가들에서 근로자들은 시간 부족과 재정적 부담을 훈련 참여의 가장 큰 장애요인으로 꼽고 있다(OECD, 2019b). 근로자들, 특히 저숙련 근로자들에게 직업훈련에 참가할 수 있는 시간상 제약을 완화해주기 위해 많은 나라에서 유급 훈련 휴가제도가 시행되고 있지만, 이·전직 등 새로운 숙련 습득을 위한 장기간 훈련이 필요한 근로자들이 활용하기에는 기간이나 임금 보장 등이 부족한 경우가 대부분이다.

마지막으로, 정책 효과의 측면에서 훈련권의 이동성과 숙련의 이동성은 상호보완적이라고 할 수 있다. 직장을 옮길 때마다 기존 근로활동을 통해 취득한 숙련을 인정받지 못한다면, 근로자 관점에서 훈련 참여로 인한 보상이 줄어들기 때문이다. 많은 국제기구의 정책 보고서들이 훈련의 이동성과 함께 숙련(훈련결과)의 이동성을 함께 언급하는 것은 바로 이러한 이유에서일 것이다(CEDEFOP, 2020; OECD, 2021). 범용적 숙련이 아닌 기업 특수적 숙련의 경우 숙련 이동성은 섬세하게 고안된 숙련 인증제도를 통해 뒷받침할 수 있다(ILO, 2007).

3. 프랑스 개인훈련계좌제도의 실제

프랑스의 개인훈련계좌제도는 제2절에서 살펴본 바 있는 개인 주도성, 보편성/이동성, 훈련기회 격차 해소의 3대 요소에 대응하기 위한 기본설계를 중심으로, 정보 비대칭성, 시간 및 금전적 제약, 그리고 숙련의 이동성 문제 등 수요측면 시장실패에 대응하기 위한 다양한 제도들로 보완하는 방식으로 설계되어 있다.

3.1 프랑스 개인훈련계좌제도의 기본설계

가장 먼저, 훈련 참여의 개인주도성을 강화하기 위해서는 근로자의 주도성을 보장하기 위한 법적 보장과 함께, 적립제도와 반대권의 설정을 통한 보완장치들이 포함되었다. 프랑스 노동법전(Code du Travail)에는 개인 훈련 계좌의 활용은 "근로자 개인이 주도적으로" 또는 "수급권자의 명시적인 동의가 있어야만" 이루어지며, "수급권자가 사용을 거절하는 것에 대해 책임을 물을 수 없다"고 명시하였다.[2]

이러한 법적 권리는 "계좌제"라는 특유한 방식에 의해 보완되었는데, 훈련권이 말 그대로 "적립"된다는 것은 프랑스 개인훈련계좌제도의 가장 큰 특징이라고 할 수 있다. 적립된 권리의 한도 내에서 근로자는 제한 없이 훈련에 참여할 수 있지만, 훈련 참여 비용이 적립된 권리보다 클 때는 "가산 적립(abondements)"을 통해 보충할 수 있다. 이러한 특징으로 인하여 개인훈련계좌제도에서는 훈련 지원의 수혜적 성격이 약해지고 근로자 개인의 "소유권(ownership)"이 강화되므로, 바우처 방식 지원에서 발생하는 도덕적 해이를 막기 위한 훈련생 자부담 설정 등에 대한 고민이 불필요하다고 할 수 있다. 또한 근로자가 권리를 "적립"하는 과정에서 계획과 준비가 이루어지므로 권리 활용의 초기 단계에서부터 더 적극적인 자세를 띨 가능성이 크다. 적립금이 상한액보다 낮아지게 되면 "납입액(시간)"을 재충전할 수 있도록 설계되어, 근로자들이 숙련을 정기적으로 유지·보수할 수 있는 기회를 확대하였다. 개인 훈련 계좌의 단위를 시간에서 화폐 금액(유로)으로 변경한 것 또한 훈련 참여 결정에서의 근로자 개인 주도성 강화를 목적으로 한 조치였다. 과거 프랑스에서 훈련권을 시간 단위로 적립해왔던 경우 중개기관(OPCA)에 의한 "스크리닝"이 필연적으로 개입될 수밖에 없었기 때문이다(Perez and Vourc'h, 2020).

부분적이기는 하지만, 근로자의 반대권(droit opposable)을 허용한 것도 개인

---

2) Légifrance, Code du Travail L6111 − 1.

주도성을 강화하는 데 큰 역할을 하였다. 재직자의 경우, 훈련이 근무시간 외에 진행될 때는 훈련 참여를 위한 고용주 허가가 불필요하다. 다만, 훈련의 일부 또는 전부가 근무시간 중에 진행될 때는 고용주의 부재 허가가 필요하다.[3] 실업자의 경우, 계좌에 축적된 권리가 충분하기만 하면 조건 없이 훈련 참여를 허가하도록 규정하여 훈련 참여의 수급조건 심사를 폐지하였다.[4]

둘째, 개인훈련계좌제도의 가장 큰 특징은 권리가 평생에 걸쳐 개인에 귀속된다는 점이다. 이를 위해서는 훈련권의 보편성과 이동성이 필수적이다. 사실 보편성은 이동성을 확보하기 위한 전제조건이라고 할 수 있다. 개인훈련계좌가 대부분의 종사상 지위에 적용되지 못한다면, 노동시장에서 지위가 바뀔 때 수급권의 단절이 발생하기 때문이다(Fourcade et al., 2017). 훈련권의 축적이 특정 직장에서의 고용 계약과 연계되어 있었던 기존 제도와는 달리, 프랑스 개인훈련계좌제도는 수혜 대상을 점진적으로 확대하여 2016년 이후에는 16세 이상 "취업자, 구직자, 독립 근로자, 자유직종 종사자, 비임금 근로자 또는 가족종사자(conjoint collaborateur) 등의 지위와 관계없이" 활용할 수 있도록 하였다.[5] 15세 이하라고 하더라도 현장 실습 계약(contrat d'apprentissage) 근로자에게는 수급권이 주어진다.[6] 이동성을 확대하기 위해서 개인훈련계좌는 실직 또는 전직으로 인하여 기존 고용주와의 근로계약이 종료되더라도 그동안 축적하였던 훈련권을 계속 유지할 수 있도록 하였다. 노동시장에서 완전히 은퇴한 이후에는 계좌를 폐쇄하도록 규정하고 있지만, 이 경우에도 자선활동 또는 자원 봉사 활동에 종사하는 경우는 시민참여계좌(CEC)와 연계된 권리를 여전히 활용할 수 있으며, 은퇴 후 다시 직업활동을 재개하기를 원하는 때는 계좌를 다시 개설할 수 있도록 규정하였다.[7] 이 제도가 도입되면서 전통적으로 유지됐던 재직자 훈련과 실업자 훈련 간 이분법적 구분과 직종별 훈련권의 격차가 사라지게 되었으며, 따라서 개인훈련계좌제

---

3) Légifrance, Code du Travail L6123-17.
4) Légifrance, Code du Travail L6123-22.
5) Légifrance, Code du Travail L6323-2.
6) Légifrance, Code du Travail L5151-2.
7) Légifrance, Code du Travail L6323-3.

도는 직업훈련권을 사회적 권리로 인정하는 초석을 놓은 것이라는 평가를 받고 있다(Fourcade et al., 1997).

마지막으로, 개인훈련계좌제도는 그 도입 목적 자체가 훈련기회 격차를 해소하기 위한 것이었지만, 프랑스의 경우 근로자 학력별 차등 지원 등 이러한 목표 달성을 위한 추가적인 조치들을 포함하고 있다. 구체적으로, 우리나라 고졸에 해당하는 학력수준 제3급 이하 학위 소지자, 국가직능인증목록(RNCP: Répertoire National des Certifications Professionnelles)의 제3급 이하 직능자격증 소지자 및 전국 수준 산별 단체협약에서 정한 일정 숙련수준에 미달하는 임금 근로자들에 대해서는 계좌 적립금액 및 상한을 보통의 1.6배를 적용하도록 규정하였다.[8] 산업재해 및 직업병으로 인한 장애 근로자들도 더 우월한 수준의 적립금 및 상한액을 적용받는다.[9]

가산납입(abondements)제도 역시 훈련 기회가 상대적으로 적은 표적그룹에 대한 집중적인 지원을 가능하게 하고 있다. 가산납입제도는 법규나 노사간 협약에 의해 일반적인 경우보다 근로자에게 더 유리한 조건으로 적립할 수 있도록 허용하는 제도로 기본적으로 모든 근로자 훈련참여 기회를 확대하기 위한 것이지만, 그 중 협약 가산납입, 노사성과 가산납입, 장애근로자 가산납입 등 취약근로자들의 훈련기회 확대를 직접적인 목표로 하는 정책 요소들이 포함되어 있다. 특히, 협약 가산납입 중 단체협약을 통해 사회적으로 우선적으로 훈련이 필요한 근로자군(저숙련군, 고실업위험군, 시간제근로자 등)을 정하고 이들에 대해서는 더 유리한 가산적립을 허용하는 경우와, 계절근로자들에 대한 협약 가산적립 등이 이에 해당한다고 할 수 있다. 또한, 실직 위험에 처한 근로자들을 대상으로 하는 노사성과협약 가산납입과 장애근로자들을 대상으로 하는 장애근로자 가산납입은 법적으로 이들 근로자들에게 더 유리한 적립 조건을 제공하도록 규정하고 있다.[10]

---

8) Légifrance, Code du Travail L6323−11−1.
9) Légifrance, Code du Travail L6323−34.
10) Légifrance, Code du Travail L6323−14, L6321−9, L6323−37, L2254−2.

3.2 프랑스 개인훈련계좌제도의 보완적 제도들

제2절에서 살펴보았듯 프랑스 개인훈련계좌제도의 도입 과정에서는 기본적인 제도 설계 이외에, 지도·상담서비스제도, 장기훈련휴가제도 및 숙련인증제도 등, 수요 측면 시장실패의 부정적 효과를 완화하기 위한 다양한 보완적 제도들을 정착시키기 위한 노력들이 함께 진행되었다.

가장 먼저, 프랑스의 경력개발상담제도(CEP: Conseil en Evolution Professionnelle)는 훈련 참여에서 취약 근로자들의 정보 격차를 완화함으로써 훈련 기회 격차를 해소하기 위한 핵심적인 수단이라고 할 수 있다. 경력개발 상담은 근로자들이 자신의 현재 직업적 상황에 대한 점검을 원하는 근로자 누구든지 지원받을 수 있는 개인 맞춤형 무료 상담 서비스이며, 고용주는 노동법전 L6315－1에 규정하고 있는 직무 상담(EP: Entretien Professionnel) 등을 통해 근로자에게 경력개발 상담을 받을 수 있음을 알릴 의무가 있다.

근로자의 시간 및 금전적 제약을 완화하기 위해서는 2019년 기존 개인휴가제도(CIF: Congé Individuel de Formation)를 대체한 전직개인훈련계좌제도(CPF de transition)를 운용하고 있다. 전직개인훈련계좌제도의 수혜 대상은 일정 근속연수[11] 이상의 근로자를 원칙으로 하되, 장애인 등 의무고용 대상자와 경영상 이유 또는 부적격으로 인해 해고된 자에 대해서는 최소 근속연수를 요구하지 않는다.[12] 전직개인훈련계좌를 통한 훈련 참가 시 대체임금은 〈표 3〉과 같이 정해져

표 3 | 근무 시간 내 경력 전환 계획 훈련에 대한 대체급여

기준급여 (salaire moyen de référence)	훈련 기간	
	1년 또는 1,200시간 이내	1년 또는 1,200시간 이상
최저임금(SMIC)의 2배 미만	기준임금의 100%	기준임금의 100%
최저임금(SMIC)의 2배 이상	기준임금의 90% (최저임금의 2배 하한)	기준임금의 60% (최저임금의 2배 하한)

출처: 옥우석(2021)

---

11) Légifrance, Code du Travail D6323－9, R6323－9－1.

있다.13) 임금 근로자들의 경우, 개인훈련휴가 기간은 근무 기간에 포함되므로 다른 유급휴가에 영향을 미치지 않는다.

마지막으로 프랑스 개인훈련계좌는 제도 시행 초기부터 직무 능력 인증제도와 연계하여 훈련 참여의 결과가 노동시장에서 공식적으로 인정받게끔 함으로써, 훈련권의 이동성뿐만 아니라 숙련의 이동성도 확보하고자 하였다. 국가 직능 인증 목록(RNCP), 직능 요소군 인증(validation de blocs de compétences), 기초직무능력(socle de connaissances et de compétences professionnelles) 및 특정 직능 목록(RS: répertoire spécifique)에 등록된 자격증(certifications) 또는 면허(habilitations) 등에 의해 인정된 훈련 과정들은 자동적으로 개인훈련계좌 활용 훈련 참여가 가능하도록 하였다. 2017년부터는 취득경력인증제도(VAE), 직무 능력 진단(bilan de compétences), (재)창업자 상담·자문, 운전면허 준비과정 등도 포고령(décret)이 정한 범위 내에서 허용될 수 있도록 적용 범위가 확대되었다.

프랑스 개인훈련계좌제도와 직무능력 인증 간 연계에서 주목할 만한 특징은 교육부가 주관하는 공식 학위와 훈련 시장에서 인정하는 직무능력 인증 또는 자격증 사이에 상당한 수준의 교차성이 존재한다는 점이다. 가장 먼저, 근로자가 노동시장에 진입한 후 대학과 같은 고등교육 기관에서 공식 학위를 받기 위해서 특정 훈련 지원 프로그램에 의존하지 않고 개인 훈련 계좌를 활용하여 언제든지 교육에 참여할 수 있다. 많은 고등교육 기관 학위가 국가 인증 목록에 등재되며, 국가 직능 인증 목록에 등재된 모든 교육·훈련 과정은 개인 훈련 계좌를 활용하여 참가할 수 있기 때문이다. 다음으로, 프랑스는 고용·노동 주무 부처가 인정하는 대학 학위와 등가로 인정되는 직업능력 인증 제도를 도입하고 있어 공식 교육에서 취득한 학위와 평생 직업 훈련을 통해 얻은 숙련 간 등가성을 확보하고 있다. 국가 직능 인증 목록에는 인정 타이틀(titre certifié)을 포함하고 있는데, 인정 타이틀은 고등교육 주무 부처 장관이 아니라 고용·노동 주관 부처의 장관에 의해 인정되며 고등교육 기관에 의해 발급된다.

---

12) Légifrance, Code du Travail L6323 − 17 − 2.

13) Légifrance, Code du Travail D6323 − 18 − 4.

4. 프랑스 개인훈련계좌제도의 평가 및 시사점

프랑스에서 개인 훈련 계좌를 활용한 훈련 참가는 가파르게 증가하고 있지만, 개인 훈련 계좌 활용에 있어서도 근로자 집단별 훈련기회의 격차가 여전히 남아 있는 것으로 보고되고 있다(Balmat & Corazza, 2020; OECD, 2019; Perez & Vourc'h, 2020). 개인훈련계좌제도의 효과가 기대보다 미진한 이유로는 프랑스 특유의 제도 및 절차의 복잡성을 논외로 한다면, 흔히 다양한 보완책에도 불구하고 복수 정책 목표 간 정합성을 유지하는 데 여전히 미흡한 부분이 다수 존재한다는 점을 꼽고 있다. 개인 훈련 계좌가 추구하는 주요 정책 목표와 이를 실현하기 위해 구현된 정책 및 제도들 간 상호 보완성과 정합성이 저절로 주어지는 것은 아니므로 정책 및 제도 설계에서 많은 주의를 기울여야 한다.

첫째, 근로자 그룹들 간 훈련 기회의 불평등이 존재하는 한, 자칫하면 훈련비 지원 확대가 소득분배의 측면에서는 역진적으로 작용할 수 있다. 따라서 장기간 훈련이 필요한 전직 및 실직 위험 취약 근로자들에 대해 충분한 시간과 대체임금을 제공할 필요가 있다.14) 따라서 취약 근로자들의 훈련 참여를 유도하기 위해서 근로자 그룹에 따라 지원 체계를 차등화함으로써 목표 그룹에 대한 타깃팅을 가미하는 것이 필요하다는 의견도 제시되고 있다(OECD, 2019). 또한 재직자 훈련에서 전직 개인훈련계좌제도를 통한 지원과 활용도를 강화하는 것도 중요한 개선사항으로 제시되고 있다(Fourcade et al., 2017).

둘째, 개인훈련계좌제도가 숙련의 이동성을 강화하기 위해 국가 직능 인증 목록에 등재된 인증 취득을 위한 훈련과정에 국한하고, 그중에서도 공식적인 숙련 등급이 부여되는 학위나 인정 타이틀 취득을 장려하고 있는데, 이는 개인 주도권 및 보편성/이동성과 상충할 가능성이 있다(OECD, 2019). 예를 들어 자영업자들이나 프리랜서 등과 같은 독립적 근로자들의 경우에는 그와 관계없는 훈련 과정을 이수하기를 원할 수도 있다. 프랑스에서 "직능 요소군(blocs de competences)"을

---

14) 프랑스는 넓은 의미에서 개인학습지원제도를 도입한 나라 중 훈련비 지원 금액이 가장 큰 편에 속한다(OECD, 2019). 그럼에도 불구하고 근로자들의 자기 주도성 확보를 위해서는 계좌에 의해 지원되는 금액을 상향 조정해야 한다는 평가도 있다(Fourcade et al., 2017).

도입하여 훈련 과정의 모듈화를 통해 접근성을 높이려 한 것도 이러한 문제를 해결하기 위한 시도 중 하나라고 할 수 있다.

마지막으로, 2019년 프랑스 콩페탕스가 설립되어 기존 훈련 지원 기관들의 지도·상담 기능이 시장에 개방되면서, 훈련의 질 관리에 대한 우려가 제기되었다 (Perez, 2019; Perez and Vourc'h, 2020). 개인 훈련 계좌 적립 단위를 화폐 금액으로 전환함과 함께 훈련기관과 훈련생 사이의 "중개인(middleman)"을 없앰으로써 근로자 개인의 주도성을 확대하는 것이 이러한 개혁의 의도였지만, 훈련 기관 및 훈련과정 관련 정보 비대칭성이 팽배한 상황에서 적절한 수준의 질 관리와 정보 제공이 병행되지 못한다면, 근로자의 주도성은 상당 부분 제약될 가능성이 크다. 하지만, 다른 한편으로는 훈련의 질 관리가 강화되는 경우 신규 훈련 기관의 시장 진입이 어려워지고, 훈련생을 정기적으로 모집할 수 있는 능력을 갖춘 인기 과정 (예를 들면, 언어) 중심의 대형 훈련 기관으로 집중될 위험도 존재한다(OECD, 2019).

한국의 경우에도 2020년 국민내일배움카드제의 도입에 이어, 2021년 일자리위원회에서는 「국민 평생직업능력 개발 지원방안」이 보고되었다(일자리위원회, 2021). 프랑스에 비해 개인 주도적 평생 직업훈련 지원의 역사가 짧다는 점을 고려하면, 이러한 변화는 상당한 발전을 가져온 것으로 평가할 수 있다. 하지만, 한국의 국민내일배움카드제와 프랑스 개인직업훈련계좌제도 사이에는 아직도 질적인 차이가 존재한다고 할 수 있다. 한국의 국민내일배움카드제는 근본적으로 바우처를 통한 지원이라는 한계를 지닌다는 점을 제외하고라도, 이·전직으로 장기 훈련이 필요한 근로자들에 대한 지원이나, 숙련 이동성 확대를 통해 근로자들의 "이직능력"을 제고하기 위한 노력에는 아직 부족함이 많다고 할 수 있다. 2021년 「국민 평생 직업능력개발 지원방안」에도 "경력 재설계 지원", "유급 휴가 훈련 활성화" 등 이를 위한 정책요소들은 부분적으로 반영되어 있지만, 이들 정책 요소들 사이 유기적인 설계에는 이르지 못하고 있는 것으로 보인다. 한국과 프랑스가 경제 시스템 등 정책환경이 크게 다르다는 점을 고려하면, 프랑스의 정책을 한국적 상황에 그대로 적용하는 것은 불가능할 뿐만 아니라 바람직하지도 않을 것이다. 그러나 프랑스의 경험은 향후 한국의 평생 직업교육 지원 체계를 발전시켜 나갈 때 고려해야 할 중요한 정책적 고려 요소들에 대한 시사점을 제공한다. 가장 중요한 것은 훈련 지원 절차의 투명성과 단순성을 담보하기 위해서는 직업 훈련 관련 모든 보완적인 지원 제도의 설계에서 개인 훈련 계좌 제도가 중심적인 고려 사항이 되어야 한다는 것이다. 그 속에서 장기유급휴가와 경력 상담 서비스의 연계, 훈련 지원과 직무인증 간 연계, 직능 인증과 공식 학위 간 조응성의 확보, 보편성과 표적그룹에 대한 타깃팅의 적절한 조합 등 다양한 정책적 보완책들이 마련되어야 할 것이다.

참고문헌 ···

김안국 (2019), "프랑스의 직업교육훈련: 제도와 최근 변화", 『HRD리뷰』, 2019년 9월
호, pp. 8 – 27.

김안국·김미란·이상준·장홍근·정원호 (2018), 『시민권 기반 직업능력개발 체제 구축』,
한국직업능력개발원 정책연구 2018 – 06.

옥우석 (2021), 『프랑스의 평생직업교육 지원사례 연구』, 고용노동부·인천대학교 산학
협력단.

일자리위원회 (2021), "미래 환경변화에 대응한 「국민 평생 직업능력개발 지원방안」",
제21차 일자리위원회 1호 안건, 관계부처 합동.

장신철 (2020), "보험원리인가 사회적 권리인가?: 우리나라 계좌제 훈련의 발전과정을
중심으로", 『실천공학교육논문지』, 12(1), pp. 187 – 202,

최영섭·김미란·정재호·남재욱·이영민 (2019), 『내일배움카드 통합 방안 연구』, 한국
직업능력개발원 수탁연구 2019 – 04.

Cedefop (2020), "Developing and matching skills in the online platform
economy: Findings on new forms of digital work and learning from Cedefop's
CrowdLearn study", Office for Official Publications of the European Union.
https://www.cedefop.europa.eu/en/publications/3085

Balmat, C., and Corazza, E. (2020), "Le compte personnel de formation en
2018", DARES résultats, N° 009, février.

EC – VPL (2020), Making Policy Pay: Validation of Prior Learning for Education
and the Labour Market, Series VPL Biennale nr.7.
https://ec – vpl.nl/downloads/book – 2020 – english – vplbiennale – making –
policy – work.pdf

European Commission (2021), "Inception Impact Assessment", Ref. Ares(2021)2059822 - 23/03/2021.

https://ec.europa.eu/info/law/better-regulation/have-your-say/initiatives/12876-Adult-skills-Individual-Learning-Accounts-a-tool-to-improve-access-to-training_en

Fourcade, S., Robert, E. & Wallon V. (2017), Bilan d'étape du déploiement du compte personnel de formation (CPF), Rapport IGAS No2016-140R, Inspection générale des affaires sociales.

France Stratégie (2015), Le compte personnel d'activité, de l'utopie au concret, Rapport de la commission Compte personnel d'activité.

Gautié, J. and Perez, C. (2012), "Promoting Life Long Learning through Individual Accounts: from Asset-Based to Capability-Based Policies", Document de travail du Centre d'Economie de la Sorbonne, No. 21. https://halshs.archives-ouvertes.fr/halshs-00706675v2/document.

ILO (2007), "Portability of Skills", Committee on Employment and Social Policy, GB.298/ESP/3.

OECD (2019), Getting Skills Right: Engaging low-skilled adults in learning, Parishttps://www.oecd.org/els/emp/engaging-low-skilled-adults-2019.pdf

OECD (2021), Inclusive Growth Review of Korea: Creating Opportunities for All, Paris.

Ok, W. and Tergeist, P. (2003), "Improving Workers' Skills" Analytical Evidence and the Role of the Social Partners", OECD Social, Employmnent and Migration Working Papers, No.10.

https://www.oecd-ilibrary.org/docserver/535875452181.pdf?expires=1639024484&id=id&accname=guest&checksum=08F3B6A11D5500BE199625C6B523C152

Perez, C., and Vourc'h, A. (2020), "Individualising training access schemes: France: the Compte Personnel de Formation (Personal Training Account -

CPF)", OECD Social, Employment and Migration Working Papers, No.245.

Perez, C. (2019), "Avec le Compte Personnel de Formation : l'avènement d'une logique marchande et désintermédiée", Savoirs, 2019/2(No.50), pp. 87 − 100.

121 Years of Korea-Belgium Relations

Koo Woong Park*

1. 1901 Treaty

Korea and Belgium signed a Treaty of Friendship, Trade and Navigation on 23 March 1901 at the request of the Belgian King, Leopold II. Léon Vincart (1848–1914), the first Belgian consul accredited to Seoul negotiated with Korean counterparts on the terms of the Treaty. He built a Belgian residence in the centre of Seoul not far from the Bank of Korea. This residence was moved stone by stone to southern area of the Han River in 1982. It is protected as an architectural heritage of Korea. It now functions as one of the buildings of the Seoul Museum of Art.[1]

---

* 인천대학교 무역학부 교수, kwpark@inu.ac.kr.
1) https://koreabelgium120.com/about/. https://sema.seoul.go.kr/kr/visit/namseoul.

2. Korea-Belgium Ties

2.1 Korea-Belgium Trade

The trade between the two nations has grown spectacularly over the last sixty years. Figure 1 shows graphs of exports and imports of Korea to and from Belgium.[2]

We can see in Figure 1 an impressive growth of trade between Korea and Belgium, especially in the new millennium. There had been sharp increases in trade volume in 2008, 2018 and 2021 as well as sharp falls in 2009, 2015 and 2019, respectively. Korea exports construction equipment, steel, and automobiles to Belgium while Belgium exports pharmaceutical products, precious metal, and organic chemicals to Korea.[3] Korean

Figure 1 | Korea-Belgium Trade (1965-2021)

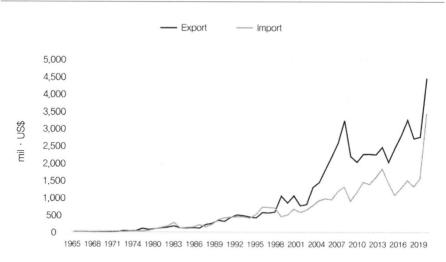

Source: Korea International Trade Association, K—stat,
https://stat.kita.net/newMain.screen.

---

2) Korea International Trade Association, K—stat, https://stat.kita.net/newMain.screen.

exports to Belgium have grown from US$4 million in 1971 to US$4,438 million in 2021 whereas Belgian exports to Korea have increased from US$17 million to US$3,424 million during the same period.

2.2 Korean War and Belgium

During the Korean War (1950−1953), the Kingdom of Belgium sent more than 3000 soldiers fought side by side with the South Koreans under the umbrella of the United Nations Command (UNC).[4] Belgium sent an infantry battalion exclusively with volunteers. The Belgian infantry men fought in a number of operations including the Battle of the *Imjin* River in April 1951, along with a platoon of Luxembourgers. A total of 3,172 Belgians participated in the Korean War for the freedom and independence of the new−born Republic of Korea. The Belgian Battalion lost 106 troops killed in action, including two Luxembourgers and 9 Korean soldiers. Three hundred and fifty eight were wounded during the war.[5]

3. Belgians

3.1 Anthony van Dyck(1599-1641)

Anthony van Dyck was born in Antwerp in 1599 and died in London in 1641. He became a master of the Saint Luc guild in Antwerp at the age

---

3) Korea Customs Service, Trade Statistics, https://unipass.customs.go.kr/ets/index_eng.do.
4) https://koreabelgium120.com/about/.
5) United Nations Command (2022), https://www.unc.mil/Organization/Contributors/.

Figure 2 | Charles I and Henrietta Maria with their two eldest children, Prince
Charles and Princess Mary (by Anthony van Dyck, April–August 1632)

Oil on canvas | 303.8 × 256.5cm(support, canvas/panel/str external) | RCIN 405353
Queen's Gallery, Windsor Castle, https://www.rct.uk/collection/405353/
Royal Collection Trust / © Her Majesty Queen Elizabeth II 2022

of 19. He travelled to Italy and England in 1621 and established himself
as a portrait artist. Charles I of England summoned him to London and

appointed him a knight.[6] Van Dyck was appointed as Court Painter to Charles I in 1632. He completed 'The Greate Peece' during April–August 1632 as a first commission for the King portrayed in Figure 2.[7] Prince Charles, later King Charles II, is standing before his father.

3.2 Queen Elisabeth Competition

Queen Elisabeth Competition had been held in Brussels since 1937. The main competitions are violin, piano, composition, singing, and cello. Brief history of the QEC is summarized in Table 1. Dong–Suk Kang won third prize in violin in 1976 competition. Numerous Korean artists played in the Competition and have so far received two first prizes each in composition and voice, and one first prize in violin. Most recently, Hayoung Choi won first prize in Cello in 2022. We can see in Table 1 that Korean artists are performing well in the Competition.

Table 1 | Queen Elizabeth Competition and Korean Artists

Competitions	Violin	Piano	Composition	Singing	Cello
Competition since	1937	1938	1951	1988	2017
Korean artists	1976(3) 1985(5/6) 2005(6) 2009(4/6) 2012(3) 2015(1)	1987(6) 1991(4) 1995(5) 2007(5) 2010(5/6)	2008(1) 2009(1)	Voice from 2008 2011(1) 2014(1)	2022(1)

Data source: https://queenelisabethcompetition.be/en/home/(Queen Elisabeth Competition).
Table shows years of Korean artists winning first to sixth prizes.
Figures inside parentheses indicate prize rankings.

---

6) https://focusonbelgium.be/en/Do%20you%20know%20these%20Belgians/anthony–van–dyck–favourite–princes.

7) https://www.rct.uk/collection/405353/charles–i–and–henrietta–maria–with–their–two–eldest–children–prince–charles–and–princess–mary. (Royal Collection Trust)

3.3 Free University of Brussels

Vrije Universiteit Brussel (VUB) originated from the French speaking Université Libre de Bruxelles (ULB), that was founded in 1834 by a Brussels' lawyer with Flemish roots, Pierre−Théodore Verhaegen. It was his intention to create a university independent of church and state at which academic freedom would roam. Although ULB would already teach in Dutch at the law faculty as early as 1935, it wouldn't be until 1963 before practically all the faculties would teach in Dutch.[8] The law of May 28th, 1970 legally confirmed the administrative, legal and scientific division of the old university into a Dutch speaking (VUB) university and French speaking (ULB) university.[9] Professor Cae−One Kim should have spent his days in Brussels filled with intellectual and free minds of international scholars. He must have witnessed the very beginning of the European integration at the centre of its history. Professor Cae−One Kim might have dreamt of peaceful unification of Korea too.

4. Epilogue

We have sketched at a brief history of Korea−Belgium relations and a few Belgian treasures over which Professor Cae−One Kim

---

8) https://www.vub.be/en/we−are−vub#rich−history.

9) https://www.vub.be/en/we−are−vub#rich−history.

would have unforgettable reminiscences. The details of the Belgian history, people and culture are not familiar to most Korean people. It would be even more so the other way round. Nevertheless, the two nations have a deep root of mutual understanding, respect and interactions. Two nations share core values of humanity, freedom, democracy, culture and science. These relations between the two nations will widen and deepen slowly yet steadily.

REFERENCES ··

Embassy of Belgium, https://koreabelgium120.com/about/.

Encyclopaedia Britannica, Academic,
   https://academic.eb.com/levels/collegiate/article/Peter−Paul−Rubens/64318.

Focus on Belgium,
   https://focusonbelgium.be/en/Do%20you%20know%20these%20Belgians/anthony
   −van−dyck−favourite−princes.

Free University of Brussels, https://www.vub.be/en/home.

Korea Customs Service, Trade Statistics,
   https://unipass.customs.go.kr/ets/index_eng.do.

Korea International Trade Association (KITA),
   https://stat.kita.net/newMain.screen.

Royal Collection Trust / © Her Majesty Queen Elizabeth II 2022, www.rct.uk/.

Seoul Museum of Art, https://sema.seoul.go.kr/kr/visit/namseoul.

동아시아와 EU 간 지역금융안전망 연계

채희율*

　최근 우리나라의 외환시장과 자본시장이 크게 요동치고 있다. 코로나 사태의 종식이 가까워짐에 따라 서비스업을 중심으로 한 수요가 늘어난 데다가 러시아/우크라이나 전쟁으로 촉발된 에너지 가격 상승 및 글로벌 공급망 훼손 등 공급 측 요인이 동시에 작용하면서 인플레이션율이 전 세계적으로 급등세를 보이고 있다. 이에 따라 미국 연준이 급격하게 정책 금리를 인상하면서 글로벌 금융 사이클의 하락 반전이 나타났다. 미국 연준발 글로벌 신용 경색은 전 세계 모든 지역과 나라에서 자금 흐름을 미국으로 향하게 만들고 있다. 이러한 글로벌 자금 흐름의 큰 변화에 대해 일국 차원의 정책 대응은 매우 제한적으로만 효과를 낼 수 있다. 우리나라에서도 한국은행이 신속하게 금리를 인상하고 앞으로도 그럴 것이라는 신호를 보내고 있지만 외환시장에 미치는 영향은 제한적이다. 오히려 정책 금리 인상이 증시에 부담으로 작용하면서 주가 약세, 장기 금리 상승 및 환율 약세가 동시에 나타나는 양상을 보이고 있다. 이에 따라 외환위기를 다시 맞는 것이 아니냐는 우려의 목소리도 일각에서 제기되고 있는 상황이다.

　자본시장이 개방되어 있는 소규모 개방경제가 글로벌 금융 사이클에 따른

---

* 경기대학교 경제학부 교수, hychai@kyonggi.ac.kr

충격으로부터 자유롭기는 매우 어렵다. 그럼에도 불구하고 그러한 충격의 부정적 영향을 최소화하기 위해 다각도로 대응 방안을 모색할 필요가 있다. 이 글에서는 외환위기 예방을 위해 필요한 정책대응을 논의하고 그 중에서도 동아시아 지역의 지역 금융 안전망과 유로존의 지역 금융 안전망의 연계를 통해 보다 강건한 글로벌 금융 안전망을 구축하는 방안을 논의할 것이다. 여기서 동아시아 지역 금융 안전망이란 ASEAN+3(한중일)의 CMIM/AMRO(Chiang Mai Initiative Multilateral/ Asia Macroeconomic Research Office)를 지칭하고 유로존 지역 금융 안정망은 ESM (European Stability Mechanism)을 지칭한다. 이 두 제도는 각각 자기 지역 내 회원국에서 금융위기를 예방하거나 극복하기 위해 필요한 자금을 지원하는 기능을 수행한다.

동아시아와 유로존 간 지역 금융 안전망의 연계는 최근 그 중요성이 정책적으로 강조되고 있으며 그 의미에 관해 많은 학술적 논의가 진행되고 있는 유럽－아시아 연계(Europe－Asia Connectivity)가 적용될 수 있는 영역의 하나로 고려될 수 있다. 아시아와 유럽 간 연계성에 대한 논의는 2014년 이탈리아 밀라노에서 개최된 제10차 ASEM 정상회의에서 처음으로 강조된 이래 2018년 9월 EU의 'Connecting Europe and Asia: Building Blocks for an EU Strategy' 제하의 유럽－아시아 연계성 구상의 발표, 동년 10월 'ASEM 지속가능한 연계성 포털 (ASEM Sustainable Connectivity Portal)' 설치 등을 통해 발전되어 왔다. 이는 정치, 경제, 사회 문화를 망라하는 포괄적인 내용으로 유럽과 아시아를 연계하여 양 지역이 상생하는 방향을 모색하는 것으로 이해할 수 있다. 아직까지 금융 안전망 분야에서 양 지역 간 연계에 관한 논의가 거의 없는 것으로 보이는 가운데 이 글의 제안이 향후 아시아－유럽 협력에 관한 정책적 포럼의 의제가 될 것을 기대해 본다.

1. 외환시장 안정을 위한 정책 방안

건전한 거시경제 환경의 유지는 한 나라가 외환시장 안정을 위해 지켜야 하는 기본요건이다. 2013년 미국이 양적완화 규모를 축소하겠다고 발표하였을 당시 해외 자본의 급격한 유출로 인해 다수 개발도상국의 통화 가치가 급락하였던 이른바 긴축 발작(taper tantrum) 상황을 돌이켜보면 이 점을 잘 이해할 수 있다. 당시 외환시장에서 위기 상황을 겪은 나라들은 대부분 경상수지 혹은 재정수지, 아니면 둘 다 취약한 나라들이었다. 2015년 미 연방준비제도가 제로 금리를 끝마치고 금리 인상을 시작했을 때나 2018년 양적완화의 종료를 선언하였을 때 등 미국 연준발 글로벌 금융경색 우려에 대해 가장 민감하게 반응하였던 나라들도 공통적으로 재정수지와 경상수지 등 거시경제 지표가 취약한 나라들이었다. 우리나라는 다행히 이러한 지표들이 건전하였던 덕분에 큰 문제없이 이 시기를 지나왔다. 그러나 최근 상황은 이전과 상당히 달라 우려스럽다. 2021년 12월부터 2022년 5월까지 우리나라의 무역수지는 91억 달러 적자를 기록하였다. 특히 일본 엔화가 초약세를 기록하면서 자동차, 철강 등 일본 제품과 경합성이 높은 상품의 수출 부진이 우려되는 가운데 무역수지와 경상수지의 약세가 지속될 것으로 전망되고 있다. 재정수지와 정부 부채도 지난 정부에서 급격하게 약화된 것은 주지의 사실이다. 아직까지 국내총생산 대비 정부 부채가 국제 수준보다 높지 않아서 위안이 되는 것은 사실이지만 이 비율의 악화 속도가 매우 빠른 점이 해외 투자자들의 우려를 불러일으킨다면 국내 채권 및 주식 투자 자금의 가파른 유출도 배제할 수 없다. 사실상 우리나라 시장에 대한 국제적 평가를 반영한 CDS 프리미엄이 2022년 1월 이래 급격하게 상승하고 있는 점은 주목해야 한다. 따라서 지금은 경기 상황이 좋지 않음에도 불구하고 공격적인 재정 운용은 자제하고 체력을 비축할 필요가 있다.

다음으로 적정 규모의 외환 보유액을 보유하고, 필요시 사용할 수 있도록 관리하는 것이 중요하다. 우리나라의 외환 보유액은 2022년 5월 말 현재 4,471억 달러로 2021년 10월 4,692억 달러보다 낮아진 상황이다. 외국인 투자 자금

유출이 외환 보유액 감소의 주요 원인이다. 적정 외환 보유액 수준은 상당히 논란이 되는 개념이지만 현재 수준은 결코 충분한 수준이라고 보기는 어렵다. 과거 적정 외환 보유액은 3개월 수입액을 커버하는 수준과 같이 경상거래에 초점을 둔 평가가 주를 이루었으나 오늘날 국제 자본이동으로 인한 외환시장 교란이 점점 더 중요해짐에 따라 이를 예방 내지 최소화하기 위한 외환 보유액의 중요성이 더 강조되고 있다. 과거 글로벌 금융위기 당시 한국에 투자한 해외 자금의 약 1/3이 빠져 나갔던 경험을 바탕으로 할 때 우리나라의 적정 외환 보유액은 현 수준보다 훨씬 높은 수준이라는 견해도 있다. 물론 외환 보유액으로부터의 수익률이 외환 보유액 조달 금리보다 더 낮기 때문에 외환 보유액 규모를 최대로 늘리는 것이 바람직한 것은 아니다. 하지만 외환위기 발생이 초래한 비용을 감안할 때 넉넉하게 외환을 보유하는 것이 바람직하다.

건전한 거시경제 운용이나 충분한 외환의 보유는 중요한 정책적 과제이지만 단기적으로 그것을 달성하는 것이 쉽지 않고 그 효과도 시차를 두고 나타난다. 이에 비해 통화스왑은 여건이 성숙하면 단기적으로 추진 가능하고, 외환시장 안정 효과도 즉각적으로 나타난다. 예를 들어 2008년 9월 15일 리먼브라더스 파산 이후 1,500원대를 상회하는 수준으로 치솟았던 원/달러 환율이 10월말 미국 연준과 한국은행 간 300억 달러 규모의 원/달러 통화스왑 체결 소식이 전해지면서 곧바로 1,200원대로 급락한 사례를 들 수 있다. 300억 달러의 통화스왑 규모는 일평균 외환시장 거래 규모는 물론이고 외환 보유액에도 훨씬 못 미치는 수준이다. 그럼에도 불구하고 당시 통화스왑이 외환시장을 안정시킨 이유는 바로 통화스왑 규모가 시장 안정을 위해 부족할 경우 추가로 자금 지원이 있을 것이라는 기대를 수반하기 때문이다. 이 점은 외환 보유액을 사용한 시장 개입이 개입이 지속될수록 보유액 규모가 줄어들어 개입의 효과가 약해지는 것과 대조된다. 통화스왑의 경우 스왑 상대국이 해당 통화의 발권력을 가지고 있으므로 무한대의 공급도 가능하다는 점에서 시장 참여자들의 기대를 정책 당국이 원하는 방향으로 변경하는 것이 용이하다는 장점이 있다.

통화스왑이 외환시장 안정에 기여하려면 스왑 상대방 통화가 국제통화일 때만 의미가 있다. 특히 미달러가 가장 중요한 국제통화라는 점에서 미국 연준과의 통화스왑이 가장 중요한 의미가 있고, ECB와 원/유로 통화스왑도 맺을 수 있다면 어려운 시장 상황을 잘 견뎌 낼 수 있는 중요한 기회가 될 것이다. 하지만 통화스왑은 상대방 국가의 동의 내지 승인이 필요하다는 근본적인 문제를 지니고 있다. 2008년 원/달러 스왑의 경우 사실상 미국이 한국에 대해 정치적 배려를 한 것이라고 볼 수 있다. 당시 광우병 소고기 수입 문제로 인해 한국 내 대미 정서가 악화되면서 이명박정부가 미국과 우호관계를 유지하기 어려웠던 상황이 오히려 미국이 한국에 일종의 '배려'를 하게 만든 중요한 배경이 되었다고 생각할 수 있다. 반면 2020년 코로나 사태 발발 이후 맺어진 원/달러 스왑은 미국의 요청에 따른 것이었다. 당시는 각국이 달러 부족사태에 직면해서 미국 국채나 재무성 증권을 매도한다면 미국 금리가 상승할 것이고, 미국경제 침체의 골을 더 깊게 할 것이 예상되는 상황이었다. 따라서 이러한 상황 전개를 우려한 미국 정부 및 연준이 다수 국가에 대해 선제적으로 통화스왑을 제안했던 것이다. 향후 외환시장 안전망으로서 통화스왑을 활용하기 위해서는 우리가 미국이나 유로존 등 스왑 상대방 국가 내지 지역에 대해 정치적이나 경제적으로 의미 있는 영향력을 행사할 수 있어야 할 것이지만 현실적으로 우리가 상황을 주도하는 것은 한계가 있다.

외환시장 안정을 위해 고려할 수 있는 다른 방안은 자본 통제나 외환 관련 건전성 규제 도입이 있다. 양자 모두 국경 간 자본 흐름을 억제한다는 공통점이 있지만 전자는 해외 자본에 대해 배타적으로 적용되는 반면 후자는 국내, 해외자본 구분 없이 공통적으로 적용된다는 차이가 있다. 전통적으로 자유로운 자본이동에 대해서 우호적이었던 IMF 등 국제기구가 글로벌 금융위기 이후 개발도상국에서 제한적 자본 통제의 도입 필요성을 인정하는 보고서를 발간하고 프랑스, 영국 등 정부 수반이 토빈세(Tobin Tax) 도입을 주장하는 등 글로벌 금융위기 이후 자본 통제를 바라보는 국제적 시각에서 상당한 변화가 나타났다. 그러나 G20 차원의 국제적 공조 체제에서 자본 통제를 도입하자는 합의를 도출한 적은 없으며, OECD 자본 자유화 규약을 준수해야 하는 나라들에서는 자본 통제의 도입이 현실적인 대안이 되기 어렵다. 이에 반해 외환 부문 건전성 규제는 대외 신인도에 미치는 부정적 영향을 최소화하면서도 매우 유용한 정책적 효과를 낼 수 있다. 한국은 이 점에서 모범 사례로서 2009년 11월 외환 건전성 규제의 정비와 2010년 6월의 선물환 포지션 한도 규제 등을 통해 외환시장의 변동성을 줄인 경험을 보유하고 있다.

2. 지역 금융 안전망의 협력

지역 금융 안전망이란 지역 내 국가의 금융위기를 극복하거나 예방하기 위한 목적으로 지역 내 국가들이 협력하여 설치한 자금 지원 제도를 의미한다. 가장 오래된 것으로 1960년대에 도입된 Latin America Reserve Fund가 있으며, 오늘날 대표적인 제도로 ASEAN+3 13개국이 도입한 CMIM/AMRO와 유로존 국가들의 지역 안전망인 EMS를 꼽을 수 있다. CMIM(Chiang Mai Initiative Multilateral)은 동아시아 외환위기 이후 2000년에 동아시아 13개국의 쌍무적 통화스왑 네트워크인 CMI의 한계를 극복하고자 2010년 3월 공동의 리저브 펀드로서 출범한 제도이다. 펀드의 규모는 최초 1,200억 달러로 결정된 후 2,400억 달러로 증액되었으며, 그 중 한국이 16%, 중국과 일본이 32%를 부담하여 총금액의 80%를 3국이 부담한다. 역내 국가에서 위기 발생시 다수결로 자금 지원 여부를 결정한다. 위기 발생한 국가뿐만 아니라 위기를 예방하기 위한 목적으로도 자금을 지원받을 수 있다. AMRO(Asian Macroeconomic Research Office)는 역내 국가의 거시경제 상황을 모니터링하면서 CMIM의 자금 지원 여부 결정에 필요한 정보를 제공할 목적으로 2011년 설치되었으며, 국제기구의 지위를 지니고 있다.

EMS는 유럽 재정위기 발발에 따라 금융위기 상황에 처한 유로존 국가들에 대한 자금지원 목적으로 3년의 기한으로 2010년에 한시적으로 특수 목적 기구의 형태로 도입되었던 EFSF(European Financial Stability Facility)를 대체하는 상설기구로서 2012년 설치되었다. 이 기구의 회원은 유로존 국가로 한정되며, 회원국의 경제 규모와 인구 등에 비례하여 책정된 출자금을 납부한다. 자금 지원을 위한 재원은 주로 채권 발행을 통해 충당한다.

CMIM/AMRO와 ESM은 각각 역내 금융 안정을 목적으로 회원국에 대한 자금 지원을 한다는 점에서는 유사하지만 서로 상당히 다른 특성을 지니고 있다. 가장 두드러진 차이는 양 기구의 법률적 성격이다. CMIM은 리저브 펀드라고는 하지만 회원국이 실제 출자금을 납입하여 적립된 기금을 가지고 있지 않으며, 법인격을 지니고 있지도 않다. 다만 CMIM의 거시경제 분석 지원부서라 할 수 있는 AMRO는 법인격을 지니고 있다. 이에 반해 ESM은 유로존 회원국간 국가 간 조약에 기초하고, 회원국이 주주로서 납입한 자본금에 기초한 법인격을 갖고 있다.

CMIM/AMRO와 ESM 간의 첫 번째 유형의 협력은 감시 방법, 대출 제도, 내부 관리 등을 포함하는 기술적 이슈에 관한 협력이다. 이러한 종류의 협력은 현 단계에서도 얼마든지 가능하고 실제 양 기관 간 협력이 전개되고 있다. 하지만 보다 긴밀한 협력을 위해서는 현재 단순한 다자간 스왑협정에 불과한 CMIM의 법률적 성격 변화가 필요하다. 즉 ASEAN+3 회원국이 CMIM 자본금을 실제로 납부하여 법인으로 전환함으로써 보다 심도 있는 다양한 협력 방안을 모색할 수 있다. 그 이후에 두 기관 간의 교차 출자 및 상호 대출 프로그램의 도입을 고려할 수 있다. 이는 한 기관이 상대방 기관이 발행한 채권을 구매할 자기 지역의 투자자를 찾는 데 도움을 줄 수도 있다. 한 기관이 다른 기관에서 발행한 채권에 대해 보증을 제공할 수도 있을 것이다. 이러한 모든 협력은 양 기관의 총체적인 자금 조달 능력을 향상시키고 두 지역의 금융 위기를 피하거나 극복하는 데 기여할 수 있다.

이러한 방향으로의 발전이 모든 관련 국가에게 바람직한 것으로 보이지 않을 수 있다. 우선 한국, 중국, 일본과 같이 자국 외환시장 규모를 감안할 때 CMIM으로부터 최대 지원받을 수 있는 자금 규모가 시장안정에 큰 의미가 없을 것으로 여겨지는 나라에서 CMIM의 법률적 성격을 변화시키기 위해 실제 외환보유액의 일부분을 갹출하는 것에 찬성하지 않을 수 있다. 그러나 CMIM이 진정으로 동아시아 지역의 금융 안정을 위한 제도로서 작동하기 위해서는 현재처럼 단순한 '약속'에 기초한 취약한 구조는 적절하지 않다는 점을 명확하게 인식하고 보다 전향적으로 접근할 필요가 있다. 다만 보다 적극적인 협력을 위해서는 이 기구의 거시경제 분석 능력과 이를 통한 기금의 건전성 유지 능력 제고가 중요할 것이므로 이 측면에 대한 적극적 투자가 우선되어야 할 것이다. 한편 유로존의 일부 국가들은 ESM 주주의 구성 변화 필요성에 대한 의문, CMIM/AMRO가 가지고 있는 거시경제 분석 능력에 대한 낮은 신뢰 등으로 ESM와 CMIM/AMRO가 상호 출자, 지급 보증이나 대출 등으로 긴밀하게 연계되는 것에 대해 난색을 포할 수도 있다. 이 중 두 번째 문제는 CMIM/AMRO의 역량이 강화될 때 큰 문제로 부각되지 않을 것이다. 첫 번째 문제는 지역 간 연계를 통해 지역금융안전망이 제 역할을 더 잘 할 수 있다는 인식이 관련 주체들에 의해 공유되는 경우 극복될 수 있을 것이다.

동아시아 지역 금융 안전망의 기반 강화 및 동아시아–유럽 간 지역 금융 안전망간의 연계 강화가 모든 관련 국가에 대해 동일한 효과와 의미를 지니고 있지 않다는 점은 이러한 방향의 변화에서 관련된 정치적 행위주체들의 상호작용이 변화의 방향을 결정할 것이라는 점을 시사한다. 만약 여러 현실적 장애를 극복하고 양 지역의 지역 금융 안전망 간 연계가 탄탄하게 구축된다면, 이는 양 지역뿐만 아니라 글로벌 차원에서 금융 안정에 아주 중요한 새로운 이정표가 될 것이다.

18세기 서학(西學)에 대한
한국 실학(實學)의 인식과 반응

신용대*

1. 서양(유럽)의 르네상스와 종교개혁, 이후 동양으로의 관심 확대

서양(유럽)은 18세기를 전후로 동양에 지대한 영향을 미치기 시작했다. 크게 동양과 서양은 지리적인 거리감 때문에 저마다 다양한 문화를 따로따로 발전시켜 왔지만, 서양이 르네상스와 종교개혁을 통한 근대정신의 형성이라는 내부의 변화를 계기로 동양으로의 관심을 크게 키워왔다. 이와 같은 서양의 동양으로의 관심을 이해하기 위해서는 서양의 내부 변화를 가져온 배경부터 이해할 필요가 있다.

첫째, 서양은 11세기 말부터 시작된 십자군 운동으로 동양과 교류를 위한 새로운 계기를 마련했다. 십자군 운동이 지중해를 중심으로 동서양의 교통과 무역을 촉진하였기 때문이다. 이렇게 촉진된 동방무역이 중요한 계기가 되어 14세기 말 이탈리아에서 르네상스라는 새로운 문화 운동이 일어났고, 16세기까지 이 운동이 전 유럽으로 확산하여 유럽에 근대정신이라는 새로운 시대정신이 갖추어

---

* 선경최종건재단 이사, 전 건국대 석좌교수, ydshin@hotmail.com

지게 되었다. 즉, 르네상스는 유럽에 과학과 기술의 발전을 크게 촉진하여 새로운 발견과 발명이 잇달아 이루어지게 되었다. 아울러 이 시기 서양에서는 향신료를 비롯한 동양의 물산에 대한 욕구가 커지고, 이는 15~16세기 서양 중심의 지리적 발견으로 이어져 동양과 서양의 교류를 더욱 촉진하는 계기가 되었다.

둘째, 이와 함께 서양 세계에서는 16세기 가톨릭 내부에서 일어난 종교개혁을 시작으로 해외 선교가 활발하게 되었다. 1517년 독일에서 루터에 의해 시작된 종교개혁은 기독교 내 개신교와 구교인 가톨릭 사이에 교리에 따라 교회 체제를 강화하는 계기가 되었다. 가톨릭 편에서는 종교개혁의 소용돌이 속에서 프로테스탄트에 대항하기 위해서 예수회(Societas Jesu)라는 강력한 수도회를 조직하여 유럽 내부적으로 기반을 다지는 한편, 위축된 교세를 유럽 이외 지역으로의 전도를 통하여 회복하려는 노력이 강했다. 특히 신대륙과 새로운 항로의 발견으로 가톨릭 중심으로 그리스도교를 전파하려는 움직임이 크게 일어나 동양으로의 선교 활동이 활발하게 추진되었다.

2. 서학의 전래: 가톨릭 예수회의 현지 '적응주의' 및 '서적선교'의 영향

가톨릭 예수회의 해외 전도 활동은 눈부신 것이었다. 이 가운데에서 가장 괄목할 활동은 중국을 포함한 아시아 지역으로의 전도 활동이다. 예컨대 예수회 창설에 참여한 자비에르(Francisco Xavier, 1506~1552)는 1542년 당시 포르투갈이 지배하던 인도의 수도 고아(Goa)에 예수회 회장 로욜라(Ignatius Loyola, 1491~1556)에 의해 파견되어, 인도 남쪽 끝 해안 및 실론 일대 원주민을 대상으로 선교 활동을 확대해 갔다. 자비에르는 현지 언어를 익힌 선교와 현지인 사제 양육 등 전도의 현지 '적응주의' 방식을 통하여 가톨릭의 확장을 위한 튼튼한 기반을 마련해 갔다. 이후 자비에르는 1549년 일본 전도를 시작하고, 장차 중국으로까지 전도를 확대해 가기로 했다. 이는 자비에르가 일본 사정을 어느 정도 이해하고 일본에서의 전도를 보다 효율적으로 전개하기 위해서는 당시 일본이 우러러보는 중국을 거점으로 하는 전도가 일본뿐만 아니라 한국 등 동아시아지역 전도에 중요하다는 전략적 판단에 따른 것이다.

그러나 자비에르의 중국 전도는 1552년 12월 그의 나이 47세의 죽음으로 좌절되었다. 하지만 중국 전도의 중요성을 강조한 그의 유지는 예수회 안에서 계속 이어져, 1583년 9월 마테오 리치(Matteo Ricci, 1552~1610)와 루제리(Michael Ruggieri, 1543~1607)가 중국 광동(廣東)에 진출하게 된다. 자비에르가 중국 전도의 여한을 품고 세상을 떠난 지 31년 만에 루제리와 리치가 처음으로 중국 전도의 길을 마련한 것이다. 이들은 자비에르의 현지 '적응주의' 선교 방식에 따라 중국어와 그들의 생활을 익히는 동시에 한문 서적의 저술을 통하여 서양의 과학기술을 앞세운 이른바 '서적선교'로 선교사들이 직접 여행하지 않는 곳으로도 가톨릭 교세를 확대해 갔다.

이와 같은 서양의 가톨릭교를 중심으로 한 동양(특히 동아시아)으로의 전도 활동은 문화의 교류라는 관점에서 매우 주목된다. 유럽에서의 르네상스와 종교개혁을 근간으로 한 유럽 근대정신의 확립은 유럽의 역사 발전에서 새로운 원동력이 되었을 뿐만 아니라, 이후 글로벌 차원에서의 동양과의 문화 교류에서도 핵심적인 요소로 작용했다. 비록 선교사들이 가톨릭 교세 확장을 위해서 그들이 자국에서 습득한 의술, 천문, 지리 및 수학 등 앞선 과학기술 지식을 한자로 저술한 '서적선교'에 활용되었지만, 이들 서적이 동양 사회에 미친 영향은 지대했다. 대표적으로 리치는 예수회의 교육을 통해 철학적인 소양을 갖추고 논리적인 대결을 통해서 사상교류를 촉진할 수 있는 능력과 과학 분야에서도 전문적인 지식을 습득해서, 동양과 활발한 과학교류를 증대시킬 수 있는 계기를 마련하였음을 부인할 수 없다. 한국 실학의 입장에서는 이러한 서양의 문물이 서학(西學)이라는 이름으로 전해졌다.

3. 한국 실학의 인식과 반응:
   공서파와 신서파로 나뉘어 서학을 비판 또는 수용

서학(西學)은 중국을 통해서 전해진 예수회 중심의 선교사들이 한자로 저술한 넓은 의미에서의 서양의 종교, 철학, 수학, 과학 및 일반 문화를 망라한 방대한 지식을 지칭한다. 좁은 의미로는 서양의 종교인 가톨릭을 의미하기도 한다.

임진왜란, 병자호란을 거친 이후 조선왕조의 후기로 접어드는 18세기 사회적 혼란기에 한국 실학의 입장에서 서학에서의 신문물 및 가톨릭 교리는 커다란 충격 그 자체였다. 이 문제의 초기 단계에서 서학에 대한 비판의 논리나 수용의 태도가 모두 (남인 계열의) 성호학파를 중심으로 이루어지고 있다는 사실도 매우 특징적이다. 성호 이익(李瀷1681~1763)은 서양 과학에 대해 그 탁월성을 인정하고 적극적 지지 태도를 밝혔다. 아울러 서양의 윤리적인 인식도 유교와 소통할 수 있는 것으로 생각하고 긍정적이었다. 다만, 서양 종교로서 가톨릭의 교리에 대해 비현실적이며 환상적인 것으로 비판했다. 한마디로 서양의 과학에 대해서는 긍정적인 동시에 가톨릭 교리에 대해서는 비판적인 양면성을 보여, 이후 성호학파 안에서 이른바 공서파(攻西派)와 신서파(信西派)로 나누어지는 원인이 되었다.

공서파와 신서파의 대립은 주자학의 정통성을 강화하여 사회적 안정을 추구하려는 주류와 새로운 지식을 수용하고 제도 개혁을 통하여 사회적 변혁을 추구하려는 비주류가 격류를 이루는 과정을 반영한다. 당시의 상황에서 초기 실학은 서학을 비판하려는 입장이 우세하였다. 이와 같은 두 갈래의 흐름은 윤리적 중심의 성리학(性理學)의 관점에서 종교적 중심의 스콜라 철학(哲學)을 비판 또는 수용하고자 함에서 비롯된다.

4. 성호학파의 공서파: 유학의 관점에서 서학을 비판

공서파를 대표하는 인물은 신후담(愼後聃, 1702~1761)과 안정복(安鼎福, 1712~1791)이다. 신후담은 성호 문하에 나갔던 초기인 23세 때(1724) 동양 유교

문화권 최초로 「서학변(西學辨)」이라는 천주교 교리와 서양 문물에 대한 비판서를 저술하여 서학(가톨릭) 비판의 유학적 기준을 마련하였다는 점에서 주목된다. 신후담은 「서학변」에서 예수회 선교사들이 저술한 「영언려작(靈言蠡勺)」·「천주실의」(마테오 리치, 天主實義, 1603년 8월)·「직방외기」의 교리서 및 서양문물의 소개서를 도(道)와 기(器)(기技, 술術)를 엄격히 구분하여 비교, 검토하고 비판했다. 즉, 도(道)에서 유학의 도가 서학의 도와 비교하여 더 우수하고 우월하면 유학의 도를 지키고 서학의 도를 배척해야 하며, 또한 기(器, 技)에서 동양의 기(器)가 저급하고 서양의 기(器, 技)가 우수하고 우월하면 그것을 받아들여 활용해야 한다고 주장하였다. 특히 신후담은 삼비아소(F. Sambiaso, 필방제 畢方濟)의 「영언려작」를 비판함으로써 스콜라 철학에 기초한 가톨릭교의 영혼론을 성리학의 심·혼백·귀신(心·魂魄·鬼神) 개념과 대비하여 토론한 것은 유교·가톨릭교의 심－영혼론(心－靈魂論)의 쟁점을 제기한 의미를 지닌다. 「직방외기」(줄리오 알레니, Giulio Aleni)는 중국이 영향력을 행사하던 국가 이외 세계에 대한 지구상 각국의 지리적 지식과 문물을 소개하는 인문지리서이다. 신후담은, 특히 유교의 틀 안에서 서양의 학문 및 교육제도와의 비교에 깊은 관심을 보였다.

안정복은 1785년 서학 비판서로서 「천학문답(天學問答)」과 「천학고(天學考)」를 저술하여 이미 1784년부터 천주교 신앙이 성호학파의 후학들 사이에서 일어나는 것을 경계하고자 했다. 이에 앞서 안정복은 1730년대에 이미 이익에 보낸 편지에서 서학의 영혼 개념을 비판하면서 서학 비판의 입장을 정립하고 있었다.

5. 성호학파의 신서파: 과학적 연구에서 신앙으로 서학을 수용

신서파를 대표하는 인물은 이익으로부터 직접 배운 권철신(權哲身, 1736~1801)과 이가환(李家煥, 1742~1801)이 대표적이다. 신서파의 선두주자라고 할 수 있는 권철신을 중심으로 문인들이 모여들어 강학하던 천진암·주어사 강학회(天眞庵·走魚寺 講學會)(1777~1779)에서는 당시 가톨릭 교리에 깊은 이해와 확신을 가졌던 이벽(李檗, 1754~1785)이 참여하면서 사실상 가톨릭 교리에 관한 토론이 시작되었다. 이익의 종손인 이가환은 수학과 천문학 등 서양 과학에 해박했다 한다.

이벽은 신서파를 서양 과학의 연구에서 가톨릭 신앙으로 이끈 가톨릭 교리에 가장 해박한 이론가로, 「성교요지(聖敎要旨)」나 「천주공경가(天主恭敬歌)」라는 가톨릭 교리를 해설하고 찬양하는 가사를 저술하였다. 이벽의 가톨릭 관련 저술은 가톨릭 교리 전달에 머문 것이 아니라, 유교와 가톨릭의 조화를 염두에 둔 예수회의 보유론적 논리를 계승하는 것이었다. 이는 신서파들이 가지고 있던 신앙 자체가 적응주의, 즉 가톨릭 신앙과 유교는 매우 친밀하며 서로 보완할 수 있다는 견해를 반영한 것이다.

정약용(丁若鏞, 1762~1836)은 20대의 청년 시절에 이벽을 통해 가톨릭 신앙에 입교하였으나 뒤에 배교하였다. 그러나 그의 실학적 세계관 속에는 가톨릭 교리에 의해 받았던 영향이 광범하고 깊이 있게 녹아 있다. 신서파의 사상은 유교와 가톨릭의 조화에 기초한 '한역 서학서'에 의해 수용되었고, 과학적 연구에서 신앙으로 옮겨간 경우라고 할 수 있다.

6. 실학은 조선 후기 시대정신을 이끌 새로운 패러다임을 제시하였나?

지금까지 우리는 서양(유럽)이 동양 특히 서학의 이름으로 한국 실학에 미친 영향과 그 반응에 대하여 알아보았다. 성호학파의 활동은 임진왜란·병자호란을 거친 뒤의 사회적 동요가 심한 조선 후기로 접어든 17, 18세기에 와서 조선왕조의 통치이념인 도학―주자학의 정통성이 쇠퇴해 가는 과정에서, 서학에 반응한 실학을 하나의 학문 체계로 정립시켰다고 할 수 있다. 이 과정에서 신후담, 안정복 등 공서파는 도학―주자학의 정통성을 표방하면서 서학에서 비롯된 새로운 조류에 비판적 입장을 강화해 갔으며, 권철신을 비롯한 신서파는 서양과학에 관심을 기울이다가 가톨릭 신앙을 수용하기에 이른다. 이들 모두는 서학을 계기로 실학의 사상가들로서 그 위치를 확보하고 있으며, 아울러 성호학파는 18세기 한국 실학에서 중요한 위치를 차지하게 된다.

종합적으로 보아 성호학파의 실학은 17세기 초기 실학의 발생 단계와 19세기 후기 실학의 전성시대 사이에 놓인 중간적 전환 과정에서 전통적인 요소와 새로운 조류로서 서학을 본격적으로 수용하여 서학 이해의 수준을 한층 끌어올렸다고 평가를 받고 있다. 서학의 수용과 비판이라는 두 요소가 성호학파 안에 녹아 있다. 특히 신서파의 가톨릭 신앙 운동은 이후 조선 후기 사회를 뿌리에서부터 동요시키는 충격적인 사건으로 등장하게 된다. 실학이 태동하던 시기는 서양의 힘이 동양으로 뻗어 오던 서세동점의 세계사적 전환기였고, 임진왜란과 병자호란으로 인한 사회적인 혼란을 겪은 시기로, 이 시대를 이끌 새로운 통치이념이 필요하던 시기였다. 그러나 당시의 실학운동이 서양의 과학 문물을 보다 적극적으로 수용하고 조선 후기의 시대정신을 이끌 새로운 대안이나 통치이념을 제시하는 역할을 하였다고 말하기는 쉽지 않다. 오히려 한국 실학이 서학을 수용하여 능동적으로 세계사적 전환기에 대응할 새로운 패러다임을 제시하기보다는 유학의 틀 안에서 서학을 비판하고 수용한 제한적 접근에 머문 것은 아니었는지 반문해 보고 싶다.

참고문헌 ....

저서

마테오 리치, 「천주실의」, 송영배 등 옮김 (2012), 서울대학교출판문화원

신후담, 「하빈 신후담의 돈와 서학변」, 김선희 옮김 (2014), 재단법인 실시학사 편, 사람의 무늬

정민 (2022), 「서학, 조선을 관통하다」, 김영사

최동희 (1995), 「西學에 대한 韓國實學의 反應」, 고려대학교 민족문화연구소, 민족문화연구총서 12

폴 케네디, 「21세기 준비」, 변도은·이왈수 역 (1993), 한국경제신문사

논문

강병수 (2018), "하빈 신후담의 경학사상 고찰", 하빈학 연구발표, 제4회 하빈학술 연구발표회, 2018. 10.

금장태 (1999), "성호학파의 두 갈래 −신서파(信西派)와 공서파(攻西派)−", 「한국유학의 탐구」, 네이버 지식백과 (2022. 9. 5. 검색)

신용하 (2018), "河濱 愼後聃, 「서학변」의 문명론적 연구", 하빈학 연구발표, 제4회 하빈학술 연구발표회, 2018. 10.

제 2 부

삶의 여정

경제통합론 연구로 맺어진 인연들

손병해*

　　김세원 교수님 타계 일주기를 맞이하여 교수님을 추모하는 EU학 총서를 발간하게 된 것을 기쁘게 생각한다. 김교수님께서는 평소 학자로서 또 교육자로서 남다른 열정을 가지고 학술활동과 후진양성에 기여해 오셨다. 회원들 간의 학술 공동체인 한국EU학회도 교수님께서 남겨 주신 귀중한 사회적 자산이 되고 있다. 필자는 교수님과의 만남을 통해 그리고 교수님께서 이끌어 주신 EU학회를 통해 많은 학문적 동지를 만날 수 있었고 식견을 넓힐 수도 있었다. 그 가운데 특히 교수님과 나누었던 졸저 「경제통합론」 출판에 얽힌 사연은 잊을 수 없는 미담이기에 추모의 마음으로 그 한 장면을 글로 남기고자 한다. 그리고 30여 년 전 교수님께서 감수해 주신 「경제통합론」이라는 책 한 권을 내기까지 있었던 프랑스 유학 전후의 과정과 거기서 맺어진 인연들도 타산지석의 소재가 될까 하여 함께 전하고자 한다.

* 경북대학교 경제통상학부 명예교수, bhsohn@kyungpook.ac.kr

1. 「경제통합론」으로 맺어진 김세원 교수님과 인연

필자가 김세원 교수님과 처음 인연을 맺게 된 것은 1978년 경북대학교에 발령받고 교수님과 같은 분야의 무역정책과 경제통합론 강의를 시작하면서부터였다. 그 당시에는 국내에서 경제통합론 강좌는 서울대학교와 경북대학교 두 곳에서만 개설되고 있었기에 같은 강의를 하는 것만으로도 교류의 명분이 컸던 때이다. 그러나 당시만 하더라도 경제통합론이나 EC와 같은 지역공동체 연구는 거의 황무지 상태였으므로 강의 자료나 연구 자료 확보가 쉽지 않았고 학술적으로 교류할 기회도 많지 않았다.

그러던 중 불어불문학 교수 중심으로 운영되던 프랑스 정부 장학생 제도에 경제학 분야가 포함되어 필자에게도 응시 기회가 주어졌고 대학시절부터 10년 가까이 공부해 온 불어 덕분에 프랑스 정부의 초청을 받을 수 있게 되었다. 그래서 1980년부터 Paris 2대학교에서 DEA d'économie européenne 과정을 밟을 수 있었고, 1984년에는 "EC와 동아시아 경제의 지역화 추세" 연구로 유럽경제 전공 3e cycle 박사학위를 받게 되었다. 그때 DEA 수강 과목 중 경제통합이론과 유럽공동체의 무역정책 과목은 필자에게 너무나 귀한 학술정보의 보급 루트가 아닐 수 없었다. 특히 유럽공동체 연구의 대가로 알려진 C. Nême 교수의 경제통합이론 수업은 한 마디의 설명도 놓치지 않으려고 아침 일찍 녹음기까지 충전하여 파리 북쪽 낭떼르대학 기숙사에서 지역고속전철(RER)로 2대학 Panthéon 강의실까지 허겁지겁 쫓아다녔던 일들은 힘들었지만 지금 돌아보면 아름다운 추억이 아닐 수 없다. 수업 중 소개된 참고자료를 먼저 확인하기 위해 2대학 뒤쪽의 Cujas 도서관을 수업 끝나기 무섭게 달려가곤 했던 일들, 그리고 국내에서 구할 수 없었던 문헌 자료들을 그곳 Cujas 도서관에서는 신청하는 대로 확인하고 복사할 수 있었던 순간들은 지금 돌아보아도 신나고 즐거운 일이었다. 그러나 경제통합이론의 고전으로 간주되어 왔던 J. Viner의 「The Customs Union Issues」(Steven and Sens, London, 1950)는 구하지 못했고 출판사에도 절판된 상태라 아쉬움을 안은 채 귀국해야만 했다. 그 후 함께 유학을 떠나 그르노블 대학교로 갔던 신용대 박사님이 학위를 마치고 귀국하면서 그 책의 복사본을 전해 주었다. 지금까지도 그 고마움을 잊지 않고 있다.

이렇게 해서 수집한 자료와 DEA 수강 노트를 바탕으로 1984년 귀국 직후부터 국내에서 우선 필요로 하는 경제통합론 교재 저술을 준비하게 되었다. 교재용 자료 중에는 귀국 후 몇 년간 프랑스의 CROUS에서 무료로 보내 준 경제잡지「Problèmes économiques」도 유럽통합뿐만 아니라 국제경제 일반의 시사 정보를 얻는 데 큰 도움이 되었다. 불문 자료는 직접 번역하여 강의 노트로 만들고 영문 자료는 대학원 교재로 활용하거나 세미나 자료로 활용하여 내용을 검토한 후 교재 수준에 맞게끔 정리하였다. 자료 정리와 원고 작성에 3년여 시간이 소요되어 교재 원고를 준비할 수 있었다.

그러나 선행된 출판물이 거의 없는 상태였기 때문에 어느 수준에서 텍스트 내용을 정리하여야 할지가 문제였다. 그리고 아직은 학문이나 경륜이 일천한 사람이 선배 교수님들을 앞질러 교과서라는 명분으로 저서를 내도 될 것인가에 대한 두려움으로 출간을 망설이게 되었다. 그래서 귀국 후 학문적 교분을 가져 왔고 서울대학교에서 같은 과목을 강의하고 계셨던 김세원 교수님께 자문을 청하게 되었다. 200자 원고지에 쓴 원고 뭉치를 들고 교수님을 찾아뵙고 지도와 감수를 부탁드렸다. 강의뿐만 아니라 통신개발연구원 원장 등 바쁜 일정이셨지만 일주일 후에 바로 연락을 하셨다. 교수님께서는 "나도 관심 있는 분야라서 전체 내용을 일독해 보았는데 내용이나 구성 면에서 완벽할 정도로 우수한 수준이고 진지한 학문적 자세가 보이는 노작으로 인정되니 출간하자"고 말씀하시고 그 자리에서 추천사까지 써 주신 덕분에 바로 출판사에 원고를 넘기게 되었다. 그 책이 1988년 법문사에서 나온 국내 최초의「경제통합론」이다. 더욱이 지금까지 교수님을 잊지 못하는 감사의 마음은 추천사 원고를 주시면서 "사실은 나도 무역경영사와 경제통합론 출판 계약을 하고 있는데 아직 준비가 안 되었고 손교수 원고를 보고 나니 나는 다년간 출간하지 않는 게 좋겠다. 우선 이 책으로 출발하자"는 격려 말씀 때문이었다. 그 후 교수님께서는 많은 저서와 논문을 발표하셨지만 경제통합론 이름의 저서는 내지 않으셨다. 필자에 대한 무언의 약속이자 배려였는지 모르겠다.

　교수님의 그러한 배려는 예나 지금이나 결코 쉬운 일이 아니다. 교수님의 학문적 경륜과 재능 그리고 사회적 입지에서 볼 때 자신의 출간 계획을 미루고 필자와 같은 무명서생의 글을 원고만 보고 추천사를 써주면서 출간을 독려해 준다는 것은 현실적으로 흔한 일은 아니기 때문이다. 후학을 위해 길을 열어 주시려는 학자적 양식이 없이는 행하기 어려운 결정이다. 그러기에 30여 년이 지난 지금까지도 그때의 사랑과 배려의 정을 잊지 못하고 있다.

　그렇게 해서 출간하게 된 「경제통합론」은 1980년대 말 이후 경제통합론 개설 대학이 늘어나고 1990년대 이후 확산된 제2차 지역주의와 그로 인한 독자층의 확대로 매년 인쇄를 거듭하는 호황을 누리기도 하였다. 경제통합 현실에 대한 연구도 1990년대 이후부터는 EU의 역내시장 단일화, ASEAN의 확대, NAFTA의 창설 등을 계기로 활발히 전개되기 시작하였다. 국책 및 민간 연구소를 중심으로 시장통합 효과의 실증분석이 잇따랐고 중력모형이나 CGE모형과 같은 새로운 분석 수단이나 기법도 이때부터 도입되기 시작하였다.

2. KIEP 파견과 국지적 경제통합 모형

　필자의 경제통합론 연구에서 잊을 수 없는 또 하나의 사건은 1990년대 벽두부터 시작된 냉전체제의 붕괴와 그로 인한 동북아 협력질서의 재편 움직임이었다. 소련의 개혁 개방, 중국의 시장화 개혁이 진행되면서 한반도 주변의 시장질서에도 변화가 생겨났던 것이다. 남북 분단으로 냉전의 피해를 가장 많이 받아온 한국으로서는 이러한 시대적 조류에 편승하여 새로운 동북아 협력질서를 모색하는 데 관심을 두지 않을 수 없었다. 그러한 연구의 필요성이 정부 차원에서도 인식되어 필자는 대외경제정책연구원(KIEP)에 파견(1991/92)되어 동북아 경제협력 문제를 집중 연구하기도 하였다. 그때 발표한 연구 결과가 「동북아 선형자유무역지대 구상과 그 기대효과」였다. 이 구상은 한·중·일. 북한, 러시아 극동

지역의 개방도시를 하나의 자유무역지대로 연결하는 국지적 경제통합 방안이다. 이는 개방 도시 간 관세 철폐가 해당 지방정부 간의 합의만으로 해결될 수 없고 중앙 정부 차원에서는 아직 국제적 합의에 이르지 못한 현실적 장벽 때문에 하나의 구상으로만 끝나고 말았다. 그러나 한반도의 분단이 지속되고 동북아 국가 간의 체제장벽이 남아 있는 현실 속에서 차선책으로 생각해 볼 수 있는 통합모형이라는 점에서 국내뿐만 아니라 일본(세계경제평론, 1992.6), 중국(특히 발해만 지역신문, 1995)에서도 연구자들의 관심을 모은 바 있다. 이 구상은 비록 현실에 적용되지는 못했지만 1992년 KIEP 연구 보고서로 발표된 것을 계기로 동북아 및 남북한 경제통합에 대한 연구가 활성화되고 후속 연구의 참고 모델로 널리 인용될 수 있었다는 점에서는 그 나름대로의 의미는 있었던 것으로 보였다. 특히 필자의 국제 협업형 국지적 통합모형은 그 후 이어지는 두만강 개발 프로젝트, 라진 선봉 개방 특구로의 접근 방안 모색에도 하나의 참고 기준이 될 수 있었다.

이렇듯 필자의 KIEP 파견 연구가 소기의 성과를 낼 수 있었던 것은 시대 변화를 예측하고 동북아 연구팀을 미리부터 준비시킨 당시 김적교 원장님의 혜안과 연구조정실장을 맡고 계셨던 김박수 박사님의 배려에 힘입은 바가 컸다. 같은 시기에 프랑스 유학을 함께 했던 김박사님은 KIEP 체류기간 동안 낯선 기관에서의 연구에 불편함이 없도록 여러모로 신경을 써주셨고 마지막 연구 보고서가 나올 무렵에는 "교수들은 좋은 글 써놓고도 포장을 잘못해서 인정을 못 받을 수 있다."면서 보고서의 제목과 홍보물 요약을 잘 써 줄 것을 조언하기도 하였다. 오래전 일이지만 오늘까지 그때의 배려를 잊지 않고 있다.

3. Celine 수녀님의 봉사정신과 프랑스어 지도

필자의 경제통합론 연구 인생에서 잊을 수 없는 또 다른 인연은 안동 그리스도 교육수녀회의 셀린(Celine) 원장 수녀님과 Paris 2대학에서 경제통합이론을 강의했던 꼴레프 넴므(Colette Nême) 교수와의 만남을 들 수 있다. 셀린 수녀님은 룩셈부르크 출신으로 스트라스부르그 대학교 불어과를 나온 수녀님이셨다. 국내 어려운 청년들의 직업교육을 위해 경북 안동으로 와서 청소년 직업교육에 헌신 하시다 한국 땅에서 돌아가신 훌륭한 성직자셨다. 필자는 1970년대 초반 대학 졸업 후 다니던 은행을 그만 두고 그 수녀회가 운영하는 직업전문학교의 경제학 교수로 몇 년 봉사한 적이 있었다. 그때 수녀님은 대도시의 직장을 그만 두고 지 방 학교로 자원해준 데 대한 감사의 뜻으로 필자가 익히고 싶어 하는 프랑스어 개인 지도를 약속해 주셨다. 주일 하루를 제외하고는 눈이 오나 비가 오나 매일 정해진 시간에 3년을 하루같이 지도해 주셨다. 신앙심과 희생정신 없이는 그렇게 성의를 가지고 철저하게 약속을 지키기는 어려웠을 것이다. 믿음이나 보수를 요 구하는 것도 아니었다. 오로지 배움에 목말라하는 자에게 가르침으로 베풀고자 하는 봉사정신을 몸으로 느끼게 해주신 분이셨다. 불어만 배운 것이 아니라 희생 과 봉사의 자세를 함께 배웠다. 유학의 꿈을 심어 주신 스승이기도 하셨다. 노후 를 맞고 있는 지금까지도 그 고귀한 삶의 모습에 고개 숙이게 된다.

프랑스 정부장학생 면담시험에 합격한 것도, 유학 시절 DEA 과정을 무난히 마치고 박사 논문 심사에서는 최고의 성적을 받게 된 것도 돌이켜 보면 그 수녀 님으로부터 표준 불어를 제대로 익힐 수 있었던 덕분이었다. 유학 후 찾아뵈었을 때는 이미 하느님의 부름을 받으신 뒤였다. 수녀원 측 전언으로는 셀린 수녀님께 서는 필자의 유학이 성공리에 마칠 수 있도록 기도해 주셨다고 했다. 소박한 묘 비에 꽃다발 하나 올리고 돌아서기엔 그리움과 허전함이 너무 크게 느껴졌다. 종 교적 믿음이 없이 현실에만 충실하고자 했던 필자는 그 후 수녀님의 헌신적 봉사 에 감명 받아 교리를 배우고 영세를 받아 가톨릭 신자가 되었다.

4. C. Nême 교수와의 학위 과정

필자의 경제통합론 연구의 학문적 기초를 제공하고 교단생활과 연구 자세에 직접 영향을 미친 또 한분의 귀인은 Paris 2대학의 지도교수였던 꼴레뜨 넴므

(Colette Nême) 교수이다. 여자 교수님이라 학교에서는 마담 넴므(Madame Nême)로 통했다. DEA 교실에서 처음 만났을 무렵에는 엄격하고 냉정한 분으로 보였다. 비 불어권 학생들의 언어 장벽 호소에는 "내가 당신네 나라로 유학 가더라도 당신네 언어는 내가 익혀서 가야 되지 않느냐"고 반문하며 외국학생이라고 예외를 두지 않았다. 모든 수강생은 긴장하며 수업에 임할 수밖에 없었고 수시로 부과되는 reading paper 과제로 인해 독해력과 요약 능력이 약한 학생들은 수시 평가(c/c) 과정에서 탈락하기 일쑤였다. 15명으로 시작했던 유럽경제 전공 DEA 등록생 중 EU권 밖에서 온 사람은 필자뿐이었다. 그럼에도 기말고사와 DEA 논문(mémoire)까지 마치고 계획 기간 내에 최종 학위 논문 단계까지 도달한 학생은 필자 포함 두 명에 불과했다.

학위논문(제목) 등록 이후부터는 오로지 본인의 책임하에 논문을 준비해야 했다. 자료원 파악, 통계처리, 불어 문장 작성이 그리 쉬운 일이 아니었다. 힘들여 한 chapter 준비해서 지도교수를 찾아 가면 초기 원고는 온통 붉은 줄 투성이로 돌아왔다. 구성이 시원치 않고 문장이 바르지 못할 경우에는 붉은 교정지가 바닥으로 던져지기도 하였다. 포기하고 싶은 순간도 있었다. 그러나 더 집중하라는 사인으로 읽혀졌다. 다시 시도하고 또 시도하여 붉은 줄을 줄여 나갔다. 포기하고 싶을 만큼 냉정하게 훈련시키던 교수님도 붉은 줄이 줄어들고 논문의 윤곽이 드러나자 관대해지기 시작했다. 논문이 마무리 단계에 왔을 때는 누가 불어 문장을 도와주는 사람이 있느냐고 물을 만큼 논문 진도와 내용 구성에 만족하는 모습이었다.

그런 과정을 거쳐 논문 시작 2년 만에 논문 발표 날이 되었다. 양털 모자와 붉은 가운의 전통 재판관 복장으로 입장한 심사위원 앞에서 발표와 질의응답 절차를 마쳤다. 심사 결과는 두 가지 점에서 필자를 놀라게 했다. 논문 평점을 발표하기 전 지도교수의 지도의견을 먼저 발표하는데 넴므 교수는 지난 4년 여 기간 동안 필자의 모든 학업 과정과 논문 작성 과정을 관찰한 결과를 공개하였다. 자세하고 객관적이었다. 무관심의 대상인 줄로만 알았던 필자를 그렇게 자세히 관찰하고 있었으리라고는 생각지 못했다. 어학 수준을 읽고 있었고 수업 자세를 기억하고 있었으며, 연구 주제에 접근하는 과정을 모두 기록하고 있었던 것이다. 결과는 지도의 성과가 매우 높게 인정된다는 것이었다. 냉정한 분으로만 보였던 교수님이 그 순간 인간미가 있는 존경스러운 교육자로 느껴졌다.

두 번째 놀라웠던 점은 통과(passable)만 되기를 기다리던 필자에게 심사위원회에서는 최고 수준의 논문 평점(Mention: très bien/very good)이 내려진 것이다. 어머니를 여의고 집안 사정상 가족을 두고 혼자 떠나와 고군분투했던 지난 4년여 기간이 그야말로 주마등처럼 지나가는 순간이었다. DEA 초기 서운할 만큼 차갑게 느껴졌던 넴므 교수님이 그때부터는 인간적 은인이고 학자로 단련시켜준 참 스승으로 다가오기 시작했다. 그 교수님 역시 자기 방식의 지도과정을 성실히 수행하고 très bien급의 논문을 발표해 준 보답으로 필자를 제네바 소재 UN 대표부에 추천하여 일자리를 만들어 주기까지 했다. 그러나 필자는 고령의 아버지를 모셔야 하는 등의 가정 사정으로 귀국하지 않을 수 없었다. 지금까지도 아쉬움이 남는 자리였다. 그리고 그 교수님은 1992년과 2000년에는 Paris 2대학교 경제학과의 초청교수로 초치하여 강의 경험과 그곳 교수들과의 친분을 쌓게 해 주기도 하였다. 두 번째 초청은 단순 특강이 아니라 프랑스 교육부에서 신분증을 발급하고 사회보장 번호가 주어지는 정규 초빙교수 신분이었다. Paris 2대학교에서는 과거 식민지였던 베트남 교수를 한번 초청한 이후 아시아인으로서는 두 번째라고 했다. 초기의 냉정함이 혹시나 출신 국가나 비 EC권에 대한 차별은 아닐까 생각한 적도 있었으나 전혀 그런 분은 아니었다. 철저히 능력과 성과 위주로 평가해 주셨고 평가에 따른 대우를 해준 분이셨다. 그 교수님과의 학위 과정은 고진감래를 체험하는 과정 그 자체였다. 넴므 교수의 경제통합이론 강의 노트는 그 후 필자의 「경제통합론」 저술의 기초가 되었다. 귀한 인연이고 값진 경험이었다.

이렇듯 필자는 약관(弱冠) 시절에는 셀린 수녀님과의 인연에서 봉사하는 삶을 배웠고 유학의 꿈을 키웠다. Paris로 유학 가서는 넴므 교수를 만나 경제통합이론을 전수 받았고 학자와 교육자로서의 자질을 단련시킬 수 있었다. 그리고 유학 후 귀국하여서는 김세원 교수님을 만나면서 그 간의 학업 성과를 「경제통합론」이라는 저술 한 권으로 꽃을 피울 수 있었다. 무엇보다 김교수님께서 세우신

EU학회를 통해 훌륭한 후배 학자들을 만날 수 있었던 것은 청송 산골 출신의 필자로서는 큰 복이 아닐 수 없다. 김세원 교수님의 공덕을 기리며 두서없는 글로나마 그리움을 대신하고자 한다.

기울어진 한중관계 바로잡기

평생의 스승이신 김세원 교수님을 추모하며 드리는 글

안세영*

중국은 수천 년 역사를 같이한 이웃 나라이자, 오늘날 우리나라의 최대 무역 및 투자 협력 대상국이다. 1978년 등샤오핑의 개혁·개방을 시작으로 중국은 세계 자유무역 체제에 동참하여 오늘날 세계 2위 경제대국으로 부상하였다. 그러나 2050년 세계 1위의 경제대국이 되겠다는 '중국몽'을 내세운 중국은 2017년부터 미국과 심각한 패권전쟁을 하고 있다. 초강대국인 미국과 중국의 패권전쟁은 우리나라에 경제, 안보, 외교 등 다양한 측면에서 큰 영향을 미치고 있다.

2022년 5월 미국 대통령의 방한으로 우리나라와 미국 관계는 그간의 단순한 군사동맹에서 기술 및 안보동맹관계로 격상되었다. 이제 우리에게 남은 중요한 과제는 중국과 그간에 기울어진 한중관계를 바로잡는 것이다.

세계적 여론 조사기관인 퓨(PEW)리서치에 의하면 2000년대 초만 해도 한국인의 2/3가 중국에 대해 호감을 가질 정도로 한중관계는 정부 차원은 물론 민간 차원에서도 아주 좋았다. 그러나 오늘날 한국인의 77%가 중국에 대해 부정적인

* 서강대학교 국제대학원 명예교수, syahn7777@gmail.com

이미지를 가지고 있다. 여기에는 중국의 사드보복, 역사왜곡 등 여러 가지 요인이 있다.

이 같은 배경에서 이 글에서는 한중관계를 국제통상, 무역, 역사, 등 다양한 측면에서 분석해 보고자 한다.

1. 1980년대 미·일 무역전쟁과 21세기 미·중 패권전쟁

역사를 되돌아볼 때 초강대국 사이의 무역전쟁은 한국 같은 경제 중진국에게는 위기이자 기회가 될 수 있다. 그 좋은 예가 1980년대 미일 무역전쟁이다.

1980년대 국제사회의 분위기는 '뜨는 일본 – 기우는 미국'이었다. 밀려오는 일본 상품에 위기의식을 느낀 미국은 일본을 무섭게 후려쳤는데, 첫 대상이 연비가 좋아 자국 소비자가 선호하는 일본 소형차였다. 두 나라는 1981년 일본 자동차의 대미수출을 연간 165만 대로 묶는 수출 자율규제 협정을 맺었다. 이에 도요타, 혼다는 싸구려 소형차 대신 렉서스 같은 고급차를 개발하여 수출하였다. 당연히 미국 소형차 시장에 공백이 생기고 이를 한국의 포니가 뚫고 들어가 1986년 수출 첫 해에 무려 30만대를 파는 쾌거를 이루었다.

다음은 미국의 일본 C－TV에 대한 반덤핑 폭탄이다. 물론 고전하던 제니스 같은 가전기업을 보호하기 위한 것인데, 일본제품을 막으니 엉뚱하게 '메이드 인 코리아' C－TV가 미국시장을 휩쓸었다. 역시 결정적 한 수는 미일 반도체 싸움이다. 당시 NEC, 도시바 같은 일본 반도체가 미국시장을 휩쓸고 있었다. 그런데 1986년 미국이 일본 팔을 비틀어 반도체 협정을 맺고 일본 반도체를 거의 초토화시켜 버렸다. 덕분에 후발주자로 고전하던 삼성전자가 기사회생하여 오늘날 우리나라가 반도체 대국이 되었다.

이같이 과거 우리산업은 얼결에 어부지리(!)로 미일 무역전쟁의 반사적 이익을 보았다. 그렇다면 지금 한창 격화되고 있는 미중 패권전쟁에서도 팔짱끼고 가만히 있어도 과거와 같이 공짜 점심(free lunch)을 먹을 수 있을까? 여기에 대한 대답은 '어림없다'이다.

과거의 미일 무역전쟁과 지금의 미중 패권전쟁은 갈등의 폭과 깊이가 전혀 다르다. 과거의 갈등이 순수한 경제전쟁이었다면, 지금은 그 단계를 넘어 기술전쟁, 공급망패권, 군사적 경쟁의 양상을 띠고 있다. 또한, 패전국의 죄의식을 가지고 있던 일본은 팍스 아메리카에 도전하지는 않았다. 하지만 중국몽은 세계 패권을 꿈꾼다.

미국에 대한 단순한 경제적 도전을 넘어 이념전쟁으로 중국식 공산주의의 우월성을 세계에 선전하고자 한다. 미국의 반격은 아주 단호하다. 무역, 투자, 기술 분야에서 전방위 디커플링(decoupling)을 하여 중국경제를 받치고 있는 기둥을 아예 뽑아 버리겠다는 것이다. 과거엔 미일 두 나라만의 다툼이었기에 우리는 방관자로 있어도 반사적 이익을 누릴 수 있었다. 그런데 지금은 편 가르기 싸움이다.

반중동맹에 선 일본, 호주, 인도 같은 나라들까지 합세하여 중국을 압박하고 있다. 따라서 한국은 과거와 달리 전략적 선택을 해야 한다. 가장 중요한 선택은 미중 패권전쟁의 흐름을 잘 읽어 승자 편에 서는 것이다.

대중 수출 의존도가 40%에 가까운 호주가 결연히 탈중국화하고 오커스(Aukus)에 가입한 이유는 간단하다. 어차피 이길 승자, 미국편에 서겠다는 것이다. 한때 '2030년 - 중국패권론'이 대세였으나, 요즘은 '중국경제 정점론'이 힘을 받고 있다. 자유무역 체제 덕분에 미국경제력의 2/3까지 따라 왔으나, 여기가 중국경제의 정점이고 이제부터 내리막이라는 것이다.

어느 나라건 내리막길에 들어서면 어설픈 늑대외교로 호주 석탄에 대한 무역제재를 한 것 같은 어처구니없는 자충수를 둔다. 덕분에 석탄 부족으로 전력대란이 와 오죽하면 애플 관련 중국공장이 가동을 중단했겠는가. 가뜩이나 짐 싸고 싶어하던 외국기업들이 중국 대탈출로 이어질 판이다.

중국을 '시멘트경제'라고 부를 정도로 그간 내수를 단단히 뒷받침하던 것은 부채주도형 부동산 경제였다. 그런데 이도 헝다그룹의 파산위기에서 보듯이 이미 한계에 이른 것 같다. 요즘같이 국제질서가 요동칠 때 전략적 선택을 잘하는 나라에게 기회가 주어진다.

2. 중국과 무역전쟁을 한 호주의 전략적 선택

불과 5년 전만 해도 '차이나'에 우호적이었거나, 적어도 중립적이었던 나라들이 속속 등을 돌리고 있다. 미국과 거리를 유지하는 비동맹국가였던 인도는 전통적인 친중 국가였다. 그런데 2021년 히말라야에서 중국이 도발한 영토분쟁으로 인해 반중으로 돌아서 미국과 손잡고 쿼드(Quad)에 가입하였다.

월남전 때 중국은 미국과 싸우는 베트남을 도운 혈맹이었다. 그런데 남중국해에서의 영토분쟁으로 베트남이 반중으로 완전히 돌아섰다. 미국의 오스틴 국방장관에 이어 해리스 부통령까지 방문하여 양국관계를 준(準)군사동맹수준으로 끌어올리고 있다. 불과 반세기 만에 혈맹이 적대국이 되고 적국이 우방이 된 셈이다. 우리가 깊게 되새겨야 할 국제관계의 냉혹함이다. 누가 뭐래도 베이징의 가장 큰 외교적 실책은 호주를 얕보고 무역전쟁을 벌인 것이다.

석탄, 와인, 밀 등에 대해 무역제재를 하면 대중 수출의존도가 40%에 가까운 호주가 무릎을 꿇을 줄 알았다. 그런데 반대로 엄청난 자충수가 되어 중국경제를 강타하고 있다. 호주산 철광석 가격이 폭등하고, 심각한 석탄부족으로 중국 발전소가 제대로 가동하지 못해 반도체, 철강산업 등이 타격을 받고 있다. 호주의 반격은 여기에 그치지 않고 미국, 영국 등과 손잡은 오커스(Aukus) 안보협의체를 만들어 반중전선의 선봉에 섰다.

이들 국가들이 돌아선 이유는 히말라야, 남중국해에서 영토분쟁, 그리고 베이징의 오만한 늑대외교 탓이 크다. 하지만 또 다른 이유는 미중 패권전쟁에서 '승자의 편에 서겠다'는 외교적 선택일 것이다.

역사를 되돌아볼 때 초강대국들이 패권다툼을 할 때 한국 같은 '미들 파워(middle power)'의 흥망은 어느 편에 줄 서는가에 달려있다. 일본이 러일전쟁에서 승리한 것은 러시아 발틱함대의 수에즈운하 통과를 막은 영일동맹의 힘이 컸다.

말하자면 일본이 줄을 잘 선 것이다. 그런데 제국주의의 광기에 휘말려 제2차 세계대전에서 독일이 승리할 줄 알고 주축국에 줄을 섰다가 패망하였다.

호주가 최대 경협국인 중국을 버린 것은 어차피 무너질 중국경제와 거리를 두고 승자가 될 미국을 선택하겠다는 것이다. 우리나라도 미중 패권전쟁의 실체를 정확히 파악하여 호주처럼 전략적 선택을 하여야 한다.

미중 패권전쟁은 흔히 생각하듯 차이나와 미합중국 사이의 갈등이 아니다. 중국 공산주의체제와 미국식 자유민주주의 체제 사이의 치열한 헤게모니 게임이다. 이렇게 볼 때 자유민주주의 국가인 대한민국의 선택은 분명하다.

3. '양키 고 홈(go-home)'을 외치던 필리핀의 역사적 교훈

미국의 어설픈 아프간 철수에 대해 세계 여론이 싸늘한데도 백악관은 예정된 철군을 강행하였다. 현재 무려 85개국에 약 27만 명의 미군이 주둔하고 있다. 동아시아에 약 11만 명, 중동에 4.4만 명, 그리고 유럽에 9만여 명 등이다.

바이든 대통령은 취임하자마자 오스틴 국방장관에게 전 세계 미군배치를 재검토하라는 지시를 내렸다. 미국이 마냥 세계의 경찰 노릇을 하지 않겠다는 트럼프 대통령의 생각과 맥을 같이 한다. 미국무성, 국방성, 그리고 워싱턴의 싱크탱크 등에서 흘러나오는 새로운 전략적 구상을 요약해보면 다음과 같다.

기본적으로 산만하게 배치된 미군을 미중 패권전쟁 시대 새로운 전략적 우선순위에 따라 전면 재배치하겠다는 것이다. 우선 중동 미군의 철수이다. 세일가스 혁명으로 중동석유의 안보적 가치가 퇴색했고, 기약 없이 테러와의 전쟁에 매달릴 수 없다는 것이다.

이렇게 본다면 아프칸 철수는 미국의 '탈(脫)중동전략'의 첫걸음일 뿐이다. 궁극적으로 페르시아만, 이라크의 미군까지 거의 빼낼 계획이다.

다음은 유럽 주둔 미군의 대폭 감축이다.

현재 영국, 프랑스, 독일 등 유럽NATO의 국방비가 러시아의 두 배에 가깝다. 이 정도면 부자 유럽 스스로의 힘으로 러시아의 위협에 대처하라는 것이다. 지금 미국 정부, 민주당, 공화당이 만장일치로 생각하는 국가안보의 최대 위협은 러시아도 아니고 탈레반도 아니다.

'차이나!' 좀 더 정확히 말하면 중국 공산당이다. 그래서, 워싱턴의 새로운 전략은 중동과 유럽에서 빼낸 병력을 아시아의 반중전선에 투입해 일본, 한국 등 동맹과 함께 공산중국의 군사적 팽창에 맞서겠다는 것이다.

미국의 입장에서 볼 때 한국의 전략적 가치는 아주 크다. 특히, 주한 미군의 전략적 가치는 북한 견제에서 중국 견제로 무게중심이 바뀌고 있다. 평택 험프리 기지는 전 세계에 있는 수많은 미군기지 중에서 베이징에 가장 가까이 있는 미군기지이다. 거꾸로 말하면 중국 인민해방군이 가장 껄끄럽게 생각하는 코 앞의 미군기지이다.

우리는 '양키 고 홈(go-home)'을 외치던 필리핀의 아픈 교훈을 반면교사로 삼아야 한다. 당시, 클라크와 수빅 미군기지 주변의 상인들까지 미군 철수 시위를 벌였다. '미군이 철수한 기지에 외국인 투자 공단을 만들면 훨씬 큰 돈을 벌수 있다'는 반미주의자들의 선동에 넘어간 것이다. '나가라!'고 하니 진짜 미군은 짐 싸고 나갔다. 그런데 미군을 쫓아낸 나라에 미국 기업들이 몰려갈 리가 없다. 결국, 필리핀 경제는 침체하고 기다렸다는 듯이 남중국해의 스프래틀리 군도를 집어삼키는 중국에 항의 한 번 제대로 못하는 수모를 당하고 있다.

중화사상에 젖은 베이징은 숙이고 들어오는 나라는 우습게 보지만, 강하게 나오는 나라에 대해서는 멈칫한다. 우리가 강한 군사력을 지닌 미국과 함께 하며 당당하게 할 말은 하면 베이징은 우리를 함부로 대하지 못할 것이다.

4. '3불(不)'로 꼬인 한중관계 어떻게 정상화하나?

우리나라는 과거의 어설픈 '3불'로 잘못 꼬인 한중관계를 '3탈(脫)'전략으로 바로 잡아야 한다. 편협한 양자외교, 중국자극론, 그리고 역사왜곡이라는 세 가지 덫에서 탈출하여 한중관계를 정상화시키는 것이다.

우선, 한중관계를 초강대국 중국과 한국이라는 양자관계로 보면 과거 '중화제국－속국' 같은 수직적 틀에서 벗어나기 힘들다. 하지만, 미중 패권전쟁으로 급변하는 신냉전 체제의 큰 그림 속에서 보면 오늘날 '코리아'의 국제적 위상이나 대중(對中) 협상력은 5년 전과 아주 다르다.

중국은 미중 갈라서기(decoupling) 그리고 남중국해 영토분쟁 등으로 국제적으로 고립되고 있다. 갈수록 외톨이가 되는 베이징이 보기에 그간 기특한(!) 이웃 나라가 있는데, 바로 한국이다. 미국과 군사동맹을 맺고도 미·일·호주·인도 4국 안보협력체 쿼드(Quad)에 가입하지 않았다.

미국과 중국 사이에서 확실한 자리매김을 안 하면서, 반중 전선에 뛰어들지 않은 것이다. 그러나 2022년 3월 대선에서 승리한 한국의 새 지도자는 취임 전 평택의 험프리 미군기지부터 방문하였다. 또한 2022년 5월에는 미국 대통령이 쿼드정상회담이 열리는 일본보다 먼저 우리나라를 방문하여 한미관계 70년의 획기적 전환점을 마련하였다. 이같이 급변하는 국제질서의 흐름을 타고 다자차원에서 접근하면 한중관계를 우리에게 좀 더 유리하게 재정립 할 수 있을 것이다.

둘째, 신(新)사대주의 냄새가 물씬 나는 '중국자극론'에서 벗어나야 한다. 대선 토론에서 '사드 추가배치로 중국을 자극하면 다시 보복 당한다'는 것이 화두가 된 적이 있다. 사실 중국은 그간 늑대외교로 우리뿐만 아니라 호주, 리투아니아 등에 무역보복의 칼날을 마구 휘둘렀다. 그러나 한국에 대해 늑대외교의 칼을 함부로 빼지는 못할 것이다.

미중반도체 전쟁으로 궁지에 몰린 중국경제의 발목을 잡을 수 있는 비장의 카드를 한국이 가지고 있기 때문이다. 바로 K－반도체이다. 백악관이 직접 나서서 인텔의 중국공장 증설을 막고 반도체 장비와 기술 유출을 철저히 봉쇄하고 있다. 대만정부도 TSMC를 통해 초강경 조치를 취하고 있다. 반도체 굴기를 내세우며 천문학적 예산을 퍼붓지만 자국민한테까지 사기 당하는 수모를 겪는 중국이 그나마 기댈 곳이 한국 반도체 산업이다.

베이징의 입장에서 보면 다행히 한국정부는 아직 반도체 대중(對中)투자나 기술이전을 적극 규제하지 않고 있다. 그런데, 섣부른 무역보복을 하다가 한국이 반도체로 대응보복을 하면 문제가 커진다. 역설적이지만. 이런 일이 일어나지 않게 하기 위해선 '또다시 보복하면 지난 정부와 달리 K-반도체로 맞대응하겠다'는 강한 전략적 의지를 베이징에 전달할 필요가 있다.

　　마지막으로 한중관계를 정상화하기 위해선 잘못된 역사 인식부터 바로 잡아야 한다. 2017년 미국을 방문한 시진핑 주석은 '역사적으로 한반도는 중국의 일부였다'고 트럼프 대통령에게 망언을 하였다.

　　또 다른 심각한 역사 왜곡은 인민해방군이 대한민국 수도 서울을 점령한 침략행위를 정의로운 항미원조 전쟁으로 미화하는 것이다. 적반하장인 파로호 개명 요구는 물론이고, 오죽하면 미국의 제재로 궁지에 몰린 화웨이의 런정페이 회장이 '항미원조 전쟁에서 승리한 상감령 전투 정신으로 미국에 맞서겠다'라고 망언을 했겠는가. 물론, 중국의 역사왜곡도 문제지만 그간 당당하게 중국에 대해 역사 바로잡기를 하지 못한 우리도 문제이다.

　　중국의 역사 왜곡에 대해 정부, 정치권은 물론 국민들이 들고 일어나 강력히 맞섰어야 했다. 과거 잘못 꼬인 한중관계는 반드시 정상화되어야 한다. 이를 위해선 우리나라의 당당한 '3탈 전략'으로 그간에 잘못 기울어진 한중관계를 바로잡아야 한다.

프랑스 와인

신성식*

　　김세원 선생님의 추천을 받아 프랑스 정부 장학생으로 1985년 여름 유학을 시작하면서, 유학생끼리 모여 삼겹살을 구워 먹을 때 맥주보다 비싸지 않으면서도 육류와 잘 어울리는 와인을 맛보기 시작했다. 와인의 매력에 빠졌고, 이후 필자에게 다양한 식사에 곁들이는 주류는 프랑스 각 지역 와인이 되었다. 김세원 선생님과의 한국에서의 식사 모임에도 자주 프랑스 와인을 챙겨갔었고, 좋은 와인에 대한 선생님의 평가는 단순·명확했다. "목넘김(여운)이 좋네!" 필자가 선생님으로부터 받은 평생 교훈도 한마디로 여운(조화와 균형)이라 표현할 수 있다. 프랑스 와인의 매력도 '조화와 균형'이라 할 수 있다. 보르도에서는 품종 간의 조화, 부르곤뉴에서는 하늘(天), 토양(地), 사람(人)의 조화가 중요하다. 이 글에서는 이들 보르도와 부르곤뉴 비교를 화두로 삼았다. 적절히 잘 익은 와인의 색깔과 향, 이를 뒷받침하는 맛, 마신 뒤에도 은은히 퍼져오는 여운, 이것은 우리 삶에도 적용될 수 있지 않을까 생각해 본다. 겉모습(향과 색깔)으로 모든 것을 판단하는 오류를 피해야 하고, 지속적으로 멋(맛)있는 사람으로 남을 수 있도록 수양(숙성)해야 하는 것이리라.

---

* 한국전자통신연구원 책임연구원, ssshin@etri.re.kr

1. 포도의 품종과 토양

보르도와 부르곤뉴의 차이는 우선 포도 품종에서 출발할 수 있다. 대서양 기후로 온화한 보르도에 비해 내륙인 부르곤뉴는 추운 지역에 적합한 피노누아 (Pinot Noir) 단일 품종을 사용한다.

보르도는 여러 포도 품종을 섞어서 와인을 제조하는데, 자갈과 모래 토양인 좌안(오메독·그라브)에는 색이 진하고 타닌이 많은 까베르네 소비뇽(Cabernet Sauvignon)이, 석회질과 진흙 토양인 우안(쌩떼밀리옹·뽀므롤)에는 부드럽고 감미로운 메를로(Merlot)가 적합하기에 블렌딩 시 각자 더 많은 양을 사용한다. 까베르네 프랑(Cabernet Franc)과 쁘띠 베르도(Petit Verdot)는 와인의 색깔과 향 구성에 보조적인 역할을 한다. 와이너리에 따라서는, 남미로 옮겨져서 주요 품종으로 사용되는 말벡(Malbec/아르헨티나)과 까르메네르(Carmenere/칠레)를 소량 첨가하기도 한다.

보르도가 포도 품종을 섞는 이유는 변화가 심한 기후와 해마다 편차가 심한 날씨에 대응하여 균질한 와인을 생산해내기 위함이다. 껍질이 두꺼운 포도는 부패에 강하지만 늦게까지 숙성을 기다려야 하고, 껍질이 얇은 품종은 빨리 익어 빠른 수확이 가능하다. 일조량이 부족하면 품질이 떨어지는 카베르네 쇼비뇽에 비해 덜 영향을 받는 메를로와 까베르네 프랑 등의 블렌딩 비율을 높여서 대응한다. 반대로 날씨가 좋았던 그레이트 빈티지들의 까베르네 쇼비뇽의 비율은 보통 평년보다 높다.

부르곤뉴의 피노누아는 껍질이 얇아 탄닌이 적고 벨벳같이 우아한 감촉을 지니는데, 다루기가 까다롭다. 단일 품종으로 만들어졌음에도 불구하고 와이너리별로 각기 다른 풍미를 지니는데, 이는 와이너리들의 차별적인 제조방식에도 기인하지만 토양의 독특함에 좌우된다. 이 지역은 지반의 융기에 의해 만들어진 완만한 경사의 구릉지인데, 쥐라기 시대에 퇴적되어 성분이 서로 다른 토양이 양파처럼 겹겹이 복잡한 구조로 형성되어 있다. 이 지역의 언덕은 동쪽으로만 경사져 있고 높낮이 차이는 200미터 정도나 된다. 위치가 낮고 평평한 밭들은 너무 많은 영양분 탓으로, 높은 위치의 밭들은 낮은 기온으로 인해 좋은 품질의 와인을 만들지 못한다. 중간 위치의 완만한 경사지에 좋은 밭들이 위치한다. 바로 길 건너의 와인들 사이에도 엄청난 품질·가격의 차이가 있을 수 있다.

부르곤뉴는 화이트 와인도 단일 품종인 샤르도네(Chardonnay)를 사용하는데, 대표적인 화이트 산지는 위쪽으로부터 샤블리(Chablis), 카롤링거 왕조의 샤를마뉴(Charlemagne) 대제가 수염을 더럽히지 않을 맑은 포도주를 만들기 위해 코트드본 지역의 코르통(Corton) 언덕에 샤르도네를 심어 즐겨 마셨다는 코르통 샤를마뉴, 몬테크리스토 백작의 작가 알렉상드르 뒤마가 '고딕 성당에서 울려 퍼지는 장엄한 파이프 오르간 소리 같은 느낌'이라고 했다는 몽라셰(Montrachet)가 있다. 프랑스 사람들이 와인의 여운을 공작새 꼬리의 펼침과 같다고 한 귀부와인 샤또 디켐이 보르도의 화이트를 대표하는데, 품종은 또한 블렌딩으로 보통 세미용(Semillon) 80%와 소비뇽 블랑(Sauvignon Blanc) 20%이다.

보르도와 부르곤뉴는 병 모양도 달라서, 병목까지 유선형 곡선을 그리며 서서히 좁아지는 부르곤뉴와 달리 보르도 와인병은 어깨가 높아 병목과 거의 수직으로 만난다. 보르도에서 와인 양조에 사용하는 까베르네 소비뇽을 비롯한 포도들의 두꺼운 껍질로 인해 숙성되면서 찌꺼기가 다량 발생하기에, 와인을 따를 때 침전물이 잔에 따라오지 않고 어깨 턱에 걸리게끔 한 것이다. 전용 와인 잔도 달라서 향에 집중할 수 있도록 부르곤뉴 와인잔이 볼이 넓고 입구가 좁다. 단순한 와인 병과 잔에도 과학이 숨어 있다.

보르도와 부르곤뉴는 와인병 비교

사진: 저자 촬영

2. 와이너리 명칭, 등급체계, 대표 마을

　주로 귀족들 소유로 내려오면서 샤또를 명칭으로 사용하며 대규모 포도원을 운영하여 직접 와인을 생산하는 보르도와는 달리, 프랑스 혁명으로 왕실과 수도원 포도밭이 몰수되어 농부들에게 경매로 배분된 부르곤뉴에서는 포도밭이 작은 단위로 나뉘어 포도 재배와 와인 제조가 따로 이어지는 경우도 많다. 예를 들면, 클로드부조(Clos de Vougeot)는 면적이 보르도 1개 샤또 수준인 50여 헥타르에 불과한데, 소유자가 70명 이상이다. 와이너리 명칭은 직접 재배한 포도로 와인을 만들면 도메인(Domaine)을 사용하고, 포도를 사들여 제조하는 경우 메종(Maison)에 제조사명(대부분 창립자 이름)을 붙여 사용한다.

　보르도는 지역별로 다수의 와인 등급 체계가 있는데 그중 가장 오래되고 권위를 인정받는 것은 1855년 메독(Médoc) 와인 등급이다. 프랑스는 파리 만국박람회를 개최하면서 보르도 와인의 우수성을 좀 더 체계적으로 알리라는 나폴레옹 3세의 지시에 따라, 보르도 상공회의소와 와인판매연합회는 보르도의 그랑크뤼(Grand Cru) 와인 61개를 1~5등급으로 선정했다. 보르도가 샤또를 대상으로 등급 와인을 지정한 것과는 달리 부르곤뉴에서는 포도밭에 등급을 매겼다. 따라서, 부르곤뉴는 그랑크뤼 포도밭이 33개에 불과하지만 밭마다 수많은 소유주로 인해 크랑크뤼 와인은 수백 개에 달하기에, 부르곤뉴 와인은 보르도의 와인에 비해 이해하기가 더 어렵다. 그랑크뤼보다 한 단계 아래인 프르미에크뤼 포도밭은 684개이니, 부르곤뉴 프르미에크뤼 와인은 적어도 수천 개다!

　보르도는 샤또 마고 등 오메독 5대 샤또를 품고 있는 마고와 뽀이약 마을, 샤또 페트뤼스의 뽀므롤과 쌩떼밀리옹 마을이 대표선수라면, 부르곤뉴는 세계에서 가장 비싼 와인으로 꼽히는 로마네꽁띠(Romanée-Conti)가 속한 본로마네(Vosne-Romanée) 마을, 나폴레옹이 전쟁터까지 공수해다가 마셨다는 샹베르땡(Chambertin) 그랑크뤼 9개가 속한 즈브레－샹베르땡(Gevrey-Chambertin) 마을 등을 포함하는 꼬뜨드뉘 지역이 세계적으로 가장 사랑받는 레드 와인을 생산한다.

3. 와이너리 풍광

한 잔의 와인은 문화와 자연 그리고 정성의 진수이다. "한 병의 와인에는 세상의 어떤 책보다 더 많은 철학이 있다"는 파스퇴르의 명언처럼 좋은 환경에서 포도를 재배하고 수확하고 숙성시키고 와인 병에 담기까지 와이너리의 정성과 철학이 투영된다. 와인 애호가에게 와이너리 투어는 현장에서 이를 확인해볼 수 있는 좋은 기회가 된다. 2016년 여름 연구원 창의연수를 활용한 보르도 와이너리 투어와 2019년 11월말 파리 출장에 이어 주말 휴일과 휴가를 연계한 부르곤뉴의 핵심 지역인 꼬뜨도르(Côte d'Or, 황금언덕) 와이너리 투어로 프랑스 와인에 대한 이해의 심도를 더할 수 있었다.

보르도는 와인 양조 시설이 잘 갖춰진 샤또가 건축물로서도 좋은 감상거리가 된다. 샤또 디켐과 샤또 오브리옹 등 다수의 특급 샤또들을 방문해서 와인 시음 전후 광활한 포도밭과 잘 어울어진 샤또 풍경도 즐겼다. 뽀이약 마을의 샤또 피숑-롱그빌 바롱(Pichon-Longueville Baron)은 샤또 앞에 위치한 지하 숙성고 위에 채광용 투명유리로 분리된 사각형의 인공 연못에 투영된 샤또의 풍광이 아

샤또 피숑-롱그빌 바롱(Pichon-Longueville Baron)

사진: 저자 촬영

름다웠다.

유명 샤또는 담장으로 접근이 어려운 보르도와는 달리, 대부분의 와이너리가 마을에 위치한 부르고뉴의 포도밭들은 접근이 용이하다. 낙엽지고 잔가지 처리까지 끝난 늦가을이라 포도밭은 황량했지만, 작거나 덜 익어 수확 시 배제되었을 자그마한 포도송이들이 군데군데 남아 있어서 와인 맛을 유추할 기회도 덤으로 있었다. 잘 정돈된 모습으로 필자에게 가장 인상적이고 멋있었던 포도밭은 그랑 크뤼인 로마네-꽁띠나 샹베르땡이 아닌, 샹볼-뮤지니의 프리미에 크뤼인 레자무레즈(les Amoureuses, 연인들)였다.

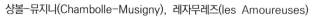
샹볼-뮤지니(Chambolle-Musigny), 레자무레즈(les Amoureuses)

사진: 저자 촬영

EU의 그린딜과 한국의 철강산업

1. 곁에 있지만, 늘 새롭게 들리는 철 이야기

철강업에 종사하면서 철과 관련한 다양한 내용들을 접하게 되는데, 과학도가 아닌 까닭에 들을 때마다 늘 새롭게 들리는 얘기들이 있다.

원자번호 26번을 부여 받은 철(Fe)은 핵자의 융합과 분해, 이를 통한 새로운 원소의 생성 등 핵융합 에너지로 살아가는 별의 자연적 생애에서 마지막 종착역을 차지하는 원소라고 한다. 철을 구성하는 원자핵은 26개의 양성자를 지니고 있는데, 다른 핵자와 융합하여 발생시킬 수 있는 에너지보다 융합을 시키기 위한 에너지가 더 많이 드는 까닭에 일종의 에너지 장벽이 쳐지기 때문이다. 이와 같이 철은 우주를 이루는 원소 중에 가장 안정적인 원자핵 구조를 가지게 되었다. 생명이 살 수 있는 안정적인 환경을 제공하는 지구 또한 그 중심부의 91%가 철로 이루어진 지구핵을 가지고 있어 소위 '철의 행성'이라고 불린다.

원자핵과 그 주위를 도는 전자라는 모형으로 설명되는 원자의 구조는 전자기학의 기본이 되는 맥스웰 방정식을 통해 모든 물질은 자기적 성질과 관련 있음을 자명하게 보여준다. 인류가 자성을 인지하고 활용한 역사는 약 3천 년 전 중

---

* (주)포스코 뉴미디어그룹 부장, juahn@posco.com

국 주나라 시대에 나침반을 사용한 기록까지 거슬러 올라갈 수 있다고 한다. 특히 철은 강한 자기적 성질을 지니고 있는 물질인데, 자성이란 단어 자체가 철을 끌어당기는 성질을 의미한다. 철이 강자성체라는 사실이 중요한 이유는 '철의 행성' 지구의 자전을 통해 자기장을 형성함으로써 태양이 초고속으로 내뿜는 태양풍의 진행 방향을 왜곡시켜 대기층을 보존하여 안전한 생명 공간을 만들어내기 때문이다. 극지방 상공에서 관찰되는 오로라는 태양풍의 극히 일부가 '철의 방어막'을 뚫고 대기권에 침투해 플라스마를 생성하는 현상이라고 한다.

철강회사에서 신입사원 교육을 하면 으레 '철 없는 사람', '철 모르는 철不知', '철 들었다' 등 언어유희를 활용한 조별 작명이 있기 마련이다. 의학적으로 철분은 적혈구 내 헤모글로빈의 주요 성분으로 철 이온과 산소가 가역적으로 결합하는 성질에 따라 몸속 구석구석 산소를 운반하는 역할을 한다. 철분이 부족하면 빈혈의 원인이 되는 것이다. 저출산, 고령화 현상으로 사회 전체적으로도 혈액 부족이 심각해지고 있는데 건강한 혈액을 가진 청년층은 줄어 들고 혈액이 필요한 중장년층이 늘어나고 있기 때문이다. 그래서 더 이상 헌혈에 의존할 수 없어 인공혈액 기술 확보가 중요하고, 특히 산소를 운반하는 적혈구 생성 기술이 핵심이라고 한다. 2022년 3월 보건의료 R&D 다부처 공동사업의 제1호 사업으로 인공혈액 제조 원천기술 확보에 매진한다고 하니 의학계에도 '제철보국'을 기대해 본다.

2. 세계 최고가 된 한국 철강산업 이야기

철강회사에 다니면서 갖는 자부심 중 하나는 한국의 철강산업은 양적으로나 질적으로나 세계 최고 수준이라는 점인데 그 시작과 경쟁력의 원천을 짚어본다.

전쟁의 폐허를 딛고 공업국가로 이륙하기 위해 1960년대 우리 정부는 교통과 기초소재 인프라에서부터 초석을 다지고자 했다. 경부고속도로 프로젝트와 종합제철소 건설 프로젝트가 바로 그것이다. 대규모 자본이 필요한 상황에서 '조상의 핏값'으로 받은 대일 청구권 자금을 전용하여 포항제철소의 설비 구입이 시작되었음은 잘 알려진 바와 같다. 다만, 그 이전 10년 동안 미국기업의 기술과 자본을 타진했다가 실패하고, 이후 미국, 독일, 영국, 이탈리아, 프랑스 선진 5개국과 국제적 차원의 오랜 노력도 세계은행의 실무담당자가 부정적으로 기술한 한국경제 평가보고서 하나로 순식간에 허무하게 물거품이 되고 말았다는 저개발국 설움의 역사는 잘 기억되지 않는 것 같다. 당시로서는 냉정했던 현실론을 탓할 수는 없으나, 그만큼 포항제철 성공의 절박함은 역사정신, 무한한 책임감, 사명의식을 빼고 논할 수는 없다.

1970년대는 철강왕 카네기로 대표되는 미국 철강산업이 시대의 변화를 따라가지 못하고 철강산업의 주도권을 일본에게 막 넘겨주던 때이다. 일본은 대형고로, 산소전로, 연속주조 등 혁신 설비 투자에 적극적이었으며, 해외 원료의 대량 수송 체제, 상품화된 수출용 철강제품 생산이라는 새로운 패러다임을 확립하였다. 생산성, 원가절감 등 규모의 경제를 체화한 소위 '임해제철소' 모델을 선도한 것이다. 포항제철소가 위치한 포항은 임해제철소 모델을 위한 최적의 입지라고 할 수 있다. 광양제철소는 바다를 메워 바다 위에 건설하였는데 원료부터 제품까지 가공 과정을 일직선으로 디자인한 이상적인 임해제철소이다. 특기할 사항은 현재 연간 조강생산량 1,800만톤의 광양제철소와 1,500만톤의 포항제철소는 단일 장소에 운영되는 제철소로는 규모면에서 현재까지도 세계 제1위, 제2위이다. 포스코의 성공 스토리 바탕에는 유리한 입지 선정을 통해 철강업 뉴패러다임의 경제지리적 핵심을 실현한 경영자의 혜안도 한 몫을 했다.

포스코는 내용적 기준 세계 초대형 고로 12기 중 6기를 운영하고 있고, 세계 최초로 접합 방식의 끊김 없는 압연(endless rolling) 등 조업기술뿐만 아니라, 차세대 자동차 강판인 기가스틸, 녹슬지 않는 철인 포스맥, 세계 최초 독자 개발한 극저온용 고망간강 등 고부가가치 제품 개발에서도 한 발 앞서 나가고 있다. 또한, 이른바 4차 산업혁명 시대라는 도전을 맞아, 조업 결과를 예측한 뒤 조업조건을 선제적으로 자동 제어할 수 있는 AI 고로기술 적용 등 2019년 세계경제포럼에서 세계 제조업의 미래를 선도할 '등대공장'으로 선정된 바 있다. 이러한 성장과 혁신의 노력으로 지난 12년 동안 종합경쟁력 세계 1위를 놓치지 않고 유지하고 있다. 그럼에도 불구하고 최근의 투자시장은 철강산업의 미래를 매우 냉혹하게 바라보고 있는 것 같다. 코로나19 사태 이후 주식시장을 살펴보면, 전후방 연관효과가 큰 국가 기간산업, 산업의 쌀과 같은 필수 기초소재 등 철강산업에 대한 수식어는 메아리 없는 미사여구에 그치는 모양새다. 이른바 'Net Zero (탄소중립)'라는 대전환의 시대는 이미 우리 앞에 와 있고 시장과 사회의 요구는 점점 명확해지고 있는 것이리라.

3. 저탄소 친환경 대전환 속 철강의 미래 이야기

EU는 2019년 12월 유럽 '그린딜(Green Deal)'을 발표한 후 유럽 기후법 채택을 통해 '2050 탄소중립' 비전 달성을 법제화하였고, 더 나아가 2021년 7월 탄소 가격결정, 감축목표 설정, 규정 강화 관련 등 12개 입법안 패키지인 'Fit for 55'를 발표한 바 있다. 이에는 국가간 '탄소누출'을 막기 위해 2026년부터 탄소국경조정제도를 도입하겠다는 내용도 포함되어 있는데 철강 제품도 관세 성격의 탄소국경조정세 대상이 된다. 이제 기후변화위기 대응은 각 국가별 정책 수립과 기업 및 대형 투자자 등 민간부문의 참여로 구체화 되고 있다. 현재 140여 개 국가가 탄소중립을 선언하였고, 법제화를 완료한 국가도 14개에 이른다. 우리나라도 2020년 10월 '2050 탄소중립'을 선언하였고 탄소중립기본법을 제정하였다. 포스코도 2020년 12월 2050 탄소중립 비전 발표, 2021년 2월 국내 산학연관 협의체 '그린철강위원회' 출범 등 발빠르게 움직이고 있다.

철강산업은 대표적인 온실가스 다량 배출 산업이다. 우리나라 전체 배출에서 약 15%, 산업부분만 놓고 보면 약 40%를 차지하고 있다. 자연상태에서 산화물로 존재하는 철광석에서 철을 얻기 위해서는 산소를 떼어 내는 환원 공정을 거쳐야 하는데 인류 역사 이래 철광석의 환원제로 다량의 화석에너지를 이용해왔다. 즉 생산을 늘릴수록 온실가스 배출량도 비례적으로 증가하는 구조이므로 탄소중립 목표의 달성이란 사실상 철강회사에는 생존의 문제인 것이다. 산업혁명 시대 이후 150년간 유지된 전통적 생산방식을 넘어 화석 연원료에서 근원적으로 벗어나기 위한 제철기술의 대혁신, RE100과 같은 전력수급 대전환, 밸류체인의 대변혁이 요구되기 때문이다. 특히 전체 공정에서 약 80%의 온실가스 배출 비중을 차지하는 고로 기반의 제선공정 혁신이 핵심이라고 할 수 있다.

세계 철강산업계는 전방위적으로 탄소중립 혁신 기술을 연구 중인데 그 중에서 수소환원제철은 수소를 환원제로 활용함으로써 온실가스 발생 기제 자체가 사라지게 되므로 탄소중립에 가장 근접한 기술로 관심을 모으고 있다. 수소환원제철 기술 개발에서 앞서 나가는 포스코와 유럽의 SSAB는 2022년 10월 스웨덴에서 공동으로 제2회 수소환원제철 국제포럼(HyIS 2022; Hydrogen Iron & Steel Making Forum)을 개최하여 탄소중립을 향한 세계 철강산업계의 R&D 노력을 집약시켰다. 한편 수소환원제철 공정은 다량의 수소를 원료로 하므로 수소의 생산, 저장, 운송 등 광범위한 수소 인프라가 전제되어야 한다. 이른바 수소경제 체제로의 전환이 필요하며 이를 위해 막대한 연구 투자와 정책적 지원이 동시에 진행되어야 한다. 탄소시대가 수소시대로 대전환되는 것이며 이를 위해 각국은 국가적 차원에서 그린 기금을 대규모로 조성하고 R&D 활동을 전략적으로 추진하고 있다. 수소시대에도 기계 등 산업의 인프라, 신재생 에너지의 인프라를 위해 친환경 철강 소재는 지속 활용되어야 한다. 포스코가 개발중인 HyREX(Hydrogen Reduction) 기술의 성공으로 한국 철강산업의 성공 스토리가 다시 한 번 쓰여지길 기대해 본다.

끝으로, 다가올 미래에 수소는 에너지 산업은 물론 제조업에 미치는 영향력이 매우 크다. 2050년에는 발전용 수소와 산업용 수소가 전체 수소 수요의 60%를 차지한다는 전망도 있다. 대규모 수소의 수급을 위해서는 궁극의 그린수소뿐만 아니라 중간단계로서 블루수소와 그레이수소도 필요하다고 한다. 블루수소와 그레이수소의 원료는 천연가스이다. 천연가스 자원과 가스 공급 인프라를 매개로 하여 철강산업이 다시 한 번 평화로운 지역공동체의 통합 모델에 기여할 수도 있지 않을까 하는 바람을 가져본다. 19세기 독일 통일의 주역 비스마르크가 철혈

재상으로 불린 데서 알 수 있듯이 서유럽에서 철강과 석탄이 밀집된 지역은 말그
대로 '자원전쟁'의 중심이었다. 이후 제2차 세계대전까지 연이은 전쟁의 참화를
겪고 난 유럽이 이를 해결하기 위해 '유럽석탄철강공동체(ECSC)'를 만들었고 결
국 이를 모태로 현재의 EU가 탄생한 전례가 있기 때문이다.

참고문헌 ....

권오준 (2020), 철을 보니 세상이 보인다, 페로타임즈

송호근 (2018), 혁신의 용광로, 나남.

안병화·여상환 (2018), 우리 쇳물은 제철보국이었네, 페로타임즈

이재윤·양진혁 (2022), "철강산업의 탄소중립 추진 전략과 정책과제", 산업연구원

Peter Warrian (2015), 세계 철강산업구조조정 역사와 현주소

브렉시트와 영국

김흥종*

2016년 6월 24일 낮 12시경, 필자는 뉴스 앵커와 함께 모 방송국 스튜디오에서 밤새도록 진행되는 브렉시트(Brexit) 국민투표 개표방송을 실시간으로 현장 중계하고 있었다. 방송 지원용으로 사용되는 별도의 모니터는 개표가 30%를 넘어가면서 브렉시트 찬성이 반대를 수십만 표 앞서고 있는 영국 현지의 상황을 알려 주고 있었다. 격차는 시간이 지날수록 점점 더 커졌다. 전혀 예상치 못한 결과였다. 브렉시트 반대가 4%p 정도 더 높게 나오는 투표 당일 여론조사 결과도 받아 놓은 상황이었다. "아무래도 브렉시트를 할 것 같습니다." 자료 화면이 나가는 동안 필자는 뉴스 앵커에게 속삭였고, 스튜디오는 벌집을 건드린 듯 북새통이 되었다. 브렉시트 투표 부결 결과를 상정한 모든 진행 상황을 정반대로 바꿀 수밖에 없었다. 그리고 최종 결과는 우리 모두가 알고 있듯이 "브렉시트"였다.

필자가 브렉시트 국민투표 가결이라는 결과 앞에서 느낀 당혹감은 이루 말할 수 없었다. 투표 며칠 전 런던으로부터 "어떠한 설명을 해도 브렉시티어(Brexiteer, 브렉시트 찬성론자)들을 설득할 수 없다"는 말을 듣기는 했다. 하지만, 그 어떤 회의나 의심도 이렇게 명백하게 손해나는 일을 영국 국민이 할 리는 없을 거라는 이성적 추론을 이길 수는 없었다. 지난 몇 달 동안 여러 회의와 세미나에 가서 주장했

---

* 대외경제정책연구원 원장, hckim@kiep.go.kr

던 필자의 예상은 틀렸다. 한, 두 시간의 특강이 끝나면 청중은 이렇게 묻고는 했다. "그래서 박사님은 영국이 브렉시트를 할 것으로 봅니까?" 나의 대답은 "아니오"였다. 물론 투표일에 가까워지면서는 "섣불리 단정할 수는 없으나 여러 가지 정황상 브렉시트를 할 것 같지는 않습니다"로 물러서기는 했지만.

어떻게 이런 일이 일어났을까? 어떻게 이런 일이 일어나는 것을 전혀 모르고 있었을까? 세상이 바뀌고 있다는 것을, 유럽의 민심이 이동하고 있다는 것을, 그리고 영국 국민의 생각이 바뀌고 있다는 것을, 그저 듣고 읽어서 지식으로 알고는 있었으나 제대로 정확하게 알고 있지 못했다는 낭패감이 들었다. 그러고 보니 내가 지금까지 교류해 온 영국인, 유럽인들이나 유럽 연구자들의 폭이 매우 좁고 편협했다는 생각도 들었다. 그들 거의 대부분은, 아니 모두 다 "그럼에도 불구하고 브렉시트는 일어나지 않는다. 국민투표는 하나의 해프닝으로 끝날 것이다"라고 말했었다. 런던에 있는 한인들도 마찬가지였다. 스스로 하나의 도그마에 빠져 서로가 서로의 믿음과 판단을 교환하며 맞다고 확신을 강화하는 오류의 순환 고리에 빠져 있었는지도 모른다.

2016년 하반기는 브렉시트가 어떠한 형태로 진행될지, 진행 과정에서 어떤 제도적, 법적 문제가 있는지 그리고 그것이 한국과 세계 경제에 어떤 영향을 줄 것인지에 관해 연구하느라, 왜 브렉시트가 일어났는지에 관해 충분히 생각해 볼 시간이 없었다. 영국을 방문해서 브렉시트 담당 부서에서 관계자들과 미팅도 했지만, 어수선한 상황에서 그들도 준비가 되지 않고 좀 정신이 없는 듯했다. 당연히 원론적인 답변밖에는 할 수 없는 상황이었다. 미팅룸으로 가는 도중 부서를 새로 만드느라 책상도 제대로 갖춰져 있지 않은 사무실들을 여럿 보았다. 우리가 연구한 결과 중 일부를 제시했을 때 그들이 전혀 생각해보지 못했던 이슈여서 당황해하는 모습도 보았다.

해가 바뀌어 2017년 3월 말 영국 메이정부가 EU와 탈퇴 협상을 시작할 즈음, 필자는 유럽 현지 모니터링 사업을 수행하느라 파리에서 체류할 수 있는 기회가 생겼다.[1] 5월과 7월에 프랑스 대선과 총선에서 중도파 마크롱 정당이 압승을 거두었을 때였다. 프랑스가, 프랑스인들이 가지고 있는 영국에 대한 불신을 확인하는 기회이기도 했다. 당시 프랑스에서 언급되던 대외 이슈로는 트럼프 집권 후 미국의 대유럽 정책 변화에 대한 우려 및 프랑스의 대응, 중국의 대유럽 투자에 대한 경각심 고조, 그리고 아프리카 사헬지역 안보와 관련한 프랑스군 파병 문제 등 몇 가지가 있었다. 그중에서도 브렉시트 협상은 막 시작된 단계였지만 프랑스가 상당한 관심을 가지고 지켜보는 주제였다. 프랑스의 관심은 영국이 어느 정도로 유럽대륙과 프랑스와 단절하고 나갈 것인가, 그것이 과연 가능할 것인가에 관한 것이었고, 필자가 만나 본 프랑스 일반인들은 이왕 브렉시트가 되었으니 빨리 나가는 것이 오히려 속 편하다는 의견들이 많았다. 이제 EU에서 독일의 비중이 너무 커졌기 때문에 EU는 더욱 프랑스화가 되어야 한다고 생각하는 사람들도 많았던 것으로 기억한다.

2017년 7월 영국을 다시 방문했다. 미국 Rand 연구소의 영국 사무소장을 만나서 브렉시트 이후 Rand 연구소의 유럽지부에 어떤 변화가 있는지 문의했다. Rand 연구소는 영국 케임브리지와 벨기에 브뤼셀에 유럽 사무소가 있는데 노동시장에 대한 규제 때문에 영국 사무소가 70~80명의 연구원을 고용하고 있는데 반해 브뤼셀 사무소는 10명 이내로 운용해 왔다고 했다. 실제로 나중에 방문해 본 Rand 브뤼셀 사무소는 공간은 매우 넓은데 근무하는 인원은 거의 없었다. 그동안 유럽 대륙에서 연구 프로젝트가 많아서 영국 사무소에서 브뤼셀로 몇 달씩 장기 출장을 가서 프로젝트를 수행하고 다시 영국으로 돌아오는 방식을 운용해왔는데, 브렉시트 이후에는 아무래도 영국 사무소의 인원을 줄이고 브뤼셀 사무소를 더 키워야 할 것 같다는 답변을 들었다. 브렉시트는 많은 사람들에게 영향을 미치고 있었다.

2018년 여름 프랑스에서 귀국하여 여러 가지 연구 프로젝트를 수행하던 중

---

1) 2017년 6월 10일 경 김세원 교수님께서 사모님과 함께 파리를 방문하셨다. 당시 OECD에 나가 있던 KDI 김용성 박사를 소개시켜 드리고 OECD 방문을 주선했다. 마침 대외경제정책연구원의 이현진 전문연구원이 파리에 와 있어서 김세원 교수님과 사모님께서 이전문연구원과 함께 오를레앙에 다녀오셨다. 오를레앙에서 돌아오신 당일 저녁에 뤽상부르공원 바로 앞의 오래된 카페에서 세 분을 뵙고 근처 식당에서 저녁을 했다. 매년 여름에 파리에 오신다는 말씀을 하셨고, 2018년 여름에 다시 만나자고 하면서 떠나셨는데, 끝내 그 약속은 지키지 못하셨다.

에도 브렉시트 협상 소식은 계속 언론의 주요 기사로 보도되고 있었다. 협상은 그야말로 막장드라마 같은 극한의 혼란한 모습을 보여주면서 진행되고 있었다. 브렉시트는 이제 수습하기 어려운 자학적 일탈행위이자 남에게도 피해를 주는 황당한 사건으로 발전하고 있었다. 왜 이런 일이 일어났는가. 이 문제를 다시 들여다볼 필요가 있었다. 우리가 일반적으로 흔히 알고 있던 이유, 영국의 유럽대륙에 대한 경제적 의존도가 낮다던가, 역사적으로 유럽대륙의 균형추 역할을 했던 독특한 위치, 소득 불평등의 확대에 따른 노동계층의 반란 등 여러 가지 이유를 들고 있다. 일면 타당한 이유가 된다고 생각했다. 하지만 이번 경우에는 이를 보다 면밀하게 살펴볼 필요가 있다.[2]

흔히 브렉시트는 트럼프의 등장과 함께 소득 불평등의 확대에 따른 중하층의 반란으로 이해되고 있다. 지난 30여 년간의 세계화 과정에서 상대적으로 소외된 국민들이 세계화로 인한 저숙련 일자리의 소멸과 임금 정체, 그리고 불법, 합법 이민의 증가로 인해 높아진 불만이 터져 나온 결과라는 것이다. 이것은 적어도 브렉시트의 경우만을 보자면 반은 맞고 반은 틀린 해석이다. 글로벌 경제위기 이후 양호한 경제성장에도 불구하고 영국은 카메론의 보수당 정부에서 단행한 긴축정책으로 중하층은 고통받고 있었다. 그러나 투표 결과를 보면 영국에서 특히 잉글랜드에서 브렉시트를 찬성한 지역이나 계층은 잉글랜드 중북부나 노동계급뿐만이 아니었다. 세계화의 혜택에서 소외된 노동계층에서 브렉시트를 찬성한 비율이 높은 것은 사실이지만, 노동계층만 브렉시트를 더 많이 찬성한 것은 아니었다. 또한 이주민이 많은 지역에서 브렉시트의 찬성률이 높았던 것도 아니었다. 중간계급과 상류층, 외국인의 비율이 매우 낮은 잉글랜드 남부에서도 브렉시트의 찬성 비율은 높게 나타났다. 2014년 이후 불가리아와 루마니아의 단일시장 통합, 2015년 시리아 난민 위기가 브렉시트를 추동한 것은 분명한 사실이지만, 중간계층에서도 외국인 비율이 적은 지역에서도 브렉시트 찬성 비율은 높았다. 이것은

---

2) 다음 두개의 패러그라프는, 김흥종(2019), 기조발제문, 「브렉시트, 그 의미와 한국경제」, 한국EU학회, 한국금융연구원, 대외경제정책연구원 공동주최 브렉시트 특별세미나. 2019.04.19.에서 인용

현실화되지 않은 공포에 대한 반응으로서, 잠재된 불안과 불만의 표출로 볼 수 있다. 그렇다면 왜 영국인들에게는 공포와 불안과 불만의 수준이 높았던 것일까? 여기에는 소득 불평등 확대로 인한 반세계화로 설명되지 않는 영국만의 고유성이 있다고 해석해야 한다.

영국만의 고유성을 보자면 결국 대영제국의 끈질긴 기억과 맞닿게 된다. 브렉시트를 추진한 엘리트 세력은 영국의 최고 교육을 받은 특권층이다. 예컨대 보수당의 열렬한 브렉시트 찬성론자뿐만 아니라 과거 브렉시트 찬성에 큰 역할을 했던 영국독립당(UKIP)의 많은 지도자들은 과거 영국식민지 출생이거나 한동안 아프리카 등지에서 교육받고 삶을 영위한 인물들로서 대영제국의 과거의 영화를 체화하고 있다. 더디게 바뀌는 교과과정은 사립학교에서 더욱 늦게 바뀌어 특권층의 사고방식은 아직도 과거에 머물러 있다. 이러한 영국민의 특징은 상위계층에 국한되지 않는다. 대영제국 시절 영국 내 계급적 질서가 제국 식민지로 확장되어 형성된 확장된 계급의식은 지금도 영국민의 사고체계에 강하게 남아 있고 1980년대 이전에 교육받은 중장년 세대에 그대로 투영되어 있다. Take back control, 즉, "사사건건 발목을 잡는 EU의 간섭에서 벗어나서 과거처럼 전 세계를 직접 상대하는 자유로운 나라의 국민으로 살고 싶다"는 주장이 큰 호소력을 갖게 된 것은 우연이 아니다. 역내 이민통제권을 회복하겠다는 메이 총리의 발언 중, "우리가 브렉시트를 하게 되면 (중·동구) 역내에서 무분별하게 들어오는 저숙련 인력을 통제하고 인도의 매우 유능한 인재들을 유치할 수 있다"는 발언은 EU보다는 영연방을 우선하는 과거 대영제국의 기억으로밖에는 해석할 수 없다.

영국민이 가지고 있는 제국의 향수와 관련하여 필자는 몇 가지 단상이 떠오른다. 1994년 프랑스 남부 마르세이유에서 있었던 경제학 여름학기에서 만난 어느 옥스퍼드 학생은, 뜨거운 프랑스 남부 해변에서도 검은색 양복을 입고 나와서 걷고 있었는데, 필자를 포함한 다른 사람들은 예의상 미소를 머금은 채 그 사람을 좀 이상하게 보았었다. 우연히 같은 차, 옆 좌석에 탔을 때 그는 파란색 영국 여권을 보여주면서 좀 있으면 자주색 EU여권으로 바뀌는데 정말 여권을 바꾸기 싫다는 것이다. 말투로 미루어보아 lower middle이나 working class 출신인 그가 가지고 있는 영국 국민으로서의 선민의식을 필자는 흥미롭게 바라보았던 기억이 있다. 그 뒤 아프리카 짐바브웨의 빅토리아폭포를 방문했을 때의 충격도 생생하다. 필자가 100년 전 벨 에포크(Belle Époque) 시절로 돌아갔나 하는 생각이 들었기 때문이다. 호텔 로비와 야외에는 백인 남녀들이 마치 100년 전에나 유행했을 법한 에드워드왕조 시절 옷차림으로 앉아 있거나 누워서 폭포를 감상하고 있었으며, 흑인들은 열심히 왔다 갔다 하며 서빙을 하고 있었다. 지금에야 아시아인들도 방문하겠지만 당시 필자가 본 풍경은, 모든 누리는 사람들은 백인, 그리고 모든 일하는 사람들은 흑인들이었다. 호텔의 벽화는 1931년 대영제국이 아프리카에서 (고맙게도) 사 준 상품들을 나열하고 있었다. '와, 이건 대단하군' 필자는 혼잣말을 할 수밖에 없었다. 브렉시트를 단행한 영국인들은 아프리카 남단에 와서 과거의 향수를 느끼며 힘을 얻어갈 거란 생각이 든다.

2019년 여름, 필자는 보통의 영국인을 만날 계획을 세웠다. 7월부터 9월까지 거의 두 달 동안 브리튼 섬과 아일랜드를 다니면서, 관광지가 아닌 보통의 마을과 도시를 방문하면서 많은 영국인들과 얘기를 나누었다. Pub에서는 주인이나 종업원, 또는 함께 와서 술을 마시는 주민들과 어울렸다. 놀랍게도 저녁 때 pub에 나타나는 남성들은 대다수가 브렉시트 찬성론자였다. 대부분은 왜 브렉시트를 찬성했는가에 대한 이유가 명확하지는 않았다. 다만 브렉시트가 런던에 사는 잘난 체하는 자들이나 손해가 크겠지만 자신에게는 별 피해가 없는 것 같고, 영국은 과거와 같은 영화를 누리기 위해서는 브뤼셀로부터 독립해야 한다는 것이다. 명확한 이유가 있는 사람도 있었다. 카펫 청소업자는 2004년 이전에는 사업이 잘 되었는데(사실 그는 그 마을에서 독점적 지위를 누리고 있었다) 그 이후 폴란드에서, 최근에는 불가리아에서 경쟁자들이 많이 와서 힘들다고 했다.

길거리에서 개와 함께 산책하던 어느 은퇴한 노신사도 브렉시트 찬성론자였다. 그는 젊은이들이 브렉시트를 많이 반대했는데 그들은 영국이 유럽공동체에 가입하기 전이 어떠했는지 전혀 모르기 때문이라고 했다. '과거는 좋았다.' 그는 1950~60년대 영국을 아주 좋았던 시절로 기억하고 있었다. 영국이 지리적으로 유럽에 위치해 있지만, 영국은 유럽국가가 아니기 때문에 EU에 얽매여 있으면

안 된다는 생각을 가지고 있는 B&B 주인도 있었다. 다만, 그는 브렉시트 이후 관광객이 줄어들까 우려하고 있었다. 좀 다른 이유로 브렉시트를 찬성하는 영국인도 있었다. 아일랜드인들은 주정뱅이에 폭력적이고 준법정신이 부족한데 이들과 같은 단일시장으로 있는 것은 안 될 일이라고 말한 노포크 펜션 주인과의 대화는 놀라움의 연속이었다.

브렉시트 반대론자들은 주로 런던과 아일랜드에서 만날 수 있었다. 영국은 완전히 망했다고 절망적으로 토로하는 젊은이들을 만난 것은 런던 브릿지에서 글로브극장으로 가는 템즈강변 카페에서였다. 아일랜드의 펜션 주인 메어리는 브렉시트로 아일랜드의 고립감이 더 심화되는 것을 걱정했다. 그동안 유럽 단일시장과의 공급망은 영국을 통해서 이루어져 왔는데 이제는 더블린과 코크가 직접 대륙과 연결되어야 한다. 이것은 한 번도 해보지 않았던 일이기 때문에 힘들 것이고 시간이 걸릴 것이라고 걱정했다. 처음 들어보는 얘기였다.

지금 브렉시트는 완전히 이행되었는가? 놀랍게도 여전히 브렉시트 협상은 진행 중이다. 북아일랜드조약과 관련하여 영국은 EU 및 아일랜드와 여전히 협상 중에 있으며 북아일랜드 문제를 조화롭게 해결할 방안을 모색 중이다. 필자의 판단으로는 북아일랜드 문제(벨파스트 협정)와 EU 단일시장과 브렉시트, 이 세 가지를 동시에 만족시키는 해법은 없다. 결국 EU가 벨파스트 협정을 준수하고 EU 단일시장을 효과적으로 작동하는데 성공한다면, 그것은 불완전한 브렉시트로 남을 것이다. 브렉시트를 찬성하는 측의 마음가짐은 독립을 염원하는 민족과 유사한 모습을 보인다. 독립을 통하여 더 높은 단계로 나아가고자 한다., 그러나, 이 상황에서 완전한 브렉시트를 추구한다면 그것은 영국(United Kingdom)의 분열밖에는 해법이 없다.

밀란 쿤데라의 글귀를 마지막으로 삼고자 한다.

"Anyone whose goal is 'something higher' must expect someday to suffer vertigo.... It is the voice of the emptiness below us which tempts and lures us,.. it is the desire to fall, against which, terrified, we defend ourselves."

Milan Kundera(1984), *The Unbearable Lightness of Being*,

나의 몇 인생 장면
feat. 김세원 교수님

황희영*

　　1989년 12월 초였을까 나는 미국 유학을 가겠다는 일념으로 입학원서를 우편으로 보낸 직후였다. 그러나 내 생각과는 달리 인생행로가 바뀌고 내 인생의 최근 10년을 아프리카에 보내게 된 사건의 씨앗이 그때 뿌려졌다. 논문 지도교수이신 이지순 교수님은 프랑스 정부장학생 T/O가 있으니 지원 의사가 있는지 내게 물으셨다. 그 질문을 받자마자 바로 그 순간부터 질문에 답을 하기 위해 그 다음날 아침까지 뜬눈으로 고민했다. 미국이 아니라 프랑스? 전혀 생각해 본 적이 없던 뜬금없는 질문에 오래 고민할 수밖에 없었다. 정말 긴 밤이었다. 그러나 답을 드리는 데 지체하지는 않았다. 며칠 뒤 김세원 교수님과 함께 주한 프랑스 대사관의 문화과학기술담당 참사관이었던 제롬 파스키에 씨를 만났다. 30년도 더 된 과거지만 어제처럼 생생한 내 인생 장면 중 하나이다.

　　그렇지만 김세원 교수님과의 인연은 실상은 이 만남 이전에 이미, 어쩌면 남들보다 더 많은 디테일한 사건들로 짜여 있었다. 1986년 1월 대학원 입학을 하지도 않았는데, 이미 사회과학연구소에서 그해 9월에 있었던 국제컨퍼런스를

---

* 前 펠릭스우푸에부아니대학교 교수, yado.hwang@gmail.com

준비하는 일을 맡아 아침부터 밤까지 연구소에서 살다시피 했다. 그 당시에는 도무지 공부에 집중할 수 없어서 연구소를 도피처로 삼았고, 연구소 학술행사가 있을 때마다 초청장이 담긴 우편물 200통을 들고 우체국에서 풀로 봉합하고 우표를 붙이는 단순한 일에 과몰입 하던 때였다. 당시 연구소를 드나들던 동기와 후배들이 수다 떨던 장면이 영화처럼 지나간다. 당시 소장이셨던 김세원 교수님이 연구소 행정 직원을 찾으실 때마다 "미스 권!"이라고 부르던 목소리가 귀에 쟁쟁하다.

김세원 교수님과 관계가 있는 또 하나의 장면은 아마도 뤽상부르공원 맞은편 계뤼싹 가(rue Gay – Lussac)의 카페였을 것이다. 김세원 교수님이 파리에 오셔서 우리 유학생들을 불러 모아 서로 이야기를 나누었다. 하지만 나는 사람들이 많은 곳에서는 그다지 말을 많이 하는 편이 아니었다. 시내가 아니면 공항에서라도 우리는 교수님을 만났다. 공항에 가느라 동기인 염용섭 박사가 그 당시 몰던 자동차에 동승했다. 그 자동차는 뒷자리에 앉아 있으면 바닥에 구멍이 나있어서 흘깃 도로의 땅바닥이 내다보이는 아주 오래된 중고차였다. 그런 자동차는 내가 2012년 코트디부아르 아비장에 도착해서 서민들이 타는 합승택시를 탔을 때의 데자뷔였다. 아무튼 우리는 그렇게 모였고, 그다지 주도적이지 않았던 나는 불편감이 있었다. 나는 그 불편감을 뜻밖에 오래 간직했고, 그리고 묵상했다. 왜 그랬을까?

그 후 30년이 눈 깜빡 할 사이에 흘렀다. 마치 타임 슬립으로 순간 이동한 것처럼… 나는 코로나 사태로 아비장에서 서울로 돌아왔다. 오랜만의 휴식이었다. 그리고 김태황 박사와 함께 한 한방병원에서 김세원 교수님을 만나 뵈었다. 내 눈이 아직 적응하지 못하였는지 병실은 대체로 어두웠고, 병상 위에 야윈 몸의 교수님이 누워 계셨다. 긴 시간은 아니었지만 우리는 서로 이야기를 했다. 우리는 눈으로 이야기했고, 그리고 서로 잡은 손으로도 이야기했다. 교수님의 눈빛은 따뜻했고, 비록 내 귀에 닿는 소리를 문자로 치환하지는 못했지만 그 뜻은 내가 잡은 야윈 손을 통해 내 마음에 다 전달이 되었다. 나는 그 손을 잡고 병상에서 온전히 회복하여 일어나실 수 있기를 기도했다.

내 인생에 있어서 내가 아프리카로 떠났던 2012년 이전과 그 후는 마치 데칼코마니 같다. 한국에서 대학에서 학생들을 가르치다가 돌연 코트디부아르로 가서 2년 간 대사관 업무를 하였고, 그 후 펠릭스우푸에부아니대학교에서 한국 경제를 가르쳤다. 교육이 내게는 천직이었는지 20년 이상 학생들을 가르쳤고, 그러면서 도대체 교육이란 것이 무엇인지 고민을 많이 했다. 그 과정에 찾게 된 하나의 메타포는 교육은 마치 틀에서 떡이나 과자를 찍어내는 것 같다는 것이었다.

그 한방병원에서 데칼코마니처럼 펼쳐진 내 인생의 한쪽 면에는 김세원 교수님이 나를 주한 프랑스대사관으로 그리고 이어서 프랑스로 이끌어주셨던 모습이 찍혀있고, 다른 쪽 면에는 나 자신이 코트디부아르와 부르키나파소의 학생들을 한국정부 장학생으로 보내는 모습이 보인다. 나는 2015년부터 펠릭스우푸에부아니대학교의 경제경영대학에서 가르치기 시작했고, 2017년에는 대학원 과정으로 한국학 전공을 개설했다. 그 후 우리 학생들 여럿이 계속 한국정부 장학생으로 입국했다. 그리고 내가 한국으로 들어올 때마다 나는 그 학생들을 카페든 혹은 식당이든 불러 모았다. 마치 그 옛날의 경험을 과자 틀에 찍어내는 것처럼. 물론 이것은 김세원 교수님과 나 자신을 비교하려고 하는 것은 아니다. 꿈에라도…

오히려 한국에서 불러 모은 이 학생들 중 누군가는 너무 내향적이어서 불편감을 느낄 수 있을지도 모른다. 물론 아프리카 학생들 중에는 과거의 나처럼 내향적인 사람이 많지는 않겠지만. 그렇지만 정말 불편해 할 수도 있을 것이다. 왜냐하면 나는 잔소리를 많이 하기 때문이다. 내가 이들에게 한국어를 더 잘 할 수 있게 공부를 열심히 해라, 돈 모아서 집에 보낼 생각하지 말고 영양가 있는 음식 먹어라, 기숙사에 박혀있지 말고 가능하면 여행을 하라는 등 조용히 내버려두질 않았으니까.

이러한 데칼코마니 현상의 발견 이후로는 내 안에 오래 남아있던 불편감이 사라졌다. 내가 그 불편감을 학생들에게 잔소리하면서 넘겨버렸기 때문일까? 아니면 교수님의 야윈 손을 잡고 기도했을 때 손가락 끝에서 사라졌을까? 주고받았던 눈빛의 섬광이 태워버렸을까?

한국EU학회 연구총서 제2권
유럽통합 탐구의 반세기 여정 김세원 교수 추모 논문집

초판발행	2022년 12월 9일
엮은이	한국EU학회
펴낸이	안종만·안상준
편 집	전채린
기획/마케팅	정성혁
표지디자인	BEN STORY
제 작	고철민·조영환
펴낸곳	(주)**박영사**
	서울특별시 금천구 가산디지털2로 53, 210호(가산동, 한라시그마밸리)
	등록 1959. 3. 11. 제300-1959-1호(倫)
전 화	02)733-6771
f a x	02)736-4818
e-mail	pys@pybook.co.kr
homepage	www.pybook.co.kr
ISBN	979-11-303-1642-0 93320

정 가   28,000원